中国林业发展报告

2011

国　家　林　业　局

2011 中国林业发展报告

编辑委员会

编写组

前　言

2011 年是“十二五”的开局之年。回顾总结过去一年及“十一五”的林业工作，对于科学判断形势，抓住发展机遇，迎接新的挑战,全面开创“十二五”现代林业建设的新局面,意义重大。

过去五年，党中央、国务院高度重视林业工作，颁发了《关于全面推进集体林权制度改革的意见》，召开了首次中央林业工作会议和全国集体林权制度改革百县经验交流会，明确了林业的“四个地位”、“四大使命”和“五大功能”，把林业摆上了前所未有的战略高度。全国务林人奋发进取，锐意改革，扎实工作，林业三大体系建设和各项工作取得了重大成就，林业的面貌发生了重大而深刻的变化。

过去五年，集体林权制度改革取得重大成果，为林业和农村发展注入了强大活力。一系列惠林支林政策、措施集中出台，农民得到巨大实惠。截至 2010 年底，全国 30 个省（自治区、直辖市）确权面积 1.62 亿公顷，占全国集体林地总面积的 88.8%，惠及全国 3 亿农户。集体林权制度改革已成为继土地家庭承包之后我国农村经营制度的又一重大变革和经济体制改革的又一突出亮点。

过去五年，生态建设和保护工作全面加强，国家生态安全屏障框架基本形成。围绕建设和保护森林生态系统、管理和修复湿地生态系统、治理和改善荒漠生态系统、维护生物多样性，全面加强了生态建设和保护。5 年共造林 3.79 亿亩

（1 亩 = 1/15 公顷，下同），义务植树 118 亿株。全国森林面积达到 29.32 亿亩，森林覆盖率达到 20.36%，森林蓄积量达到 137.21 亿立方米。人工林保存面积 9.25 亿亩，居世界首位。森林植被总碳储量 78.11 亿吨，年生态服务价值 10.01 万亿元。

过去五年，林业产业发展迈上了新的台阶，林产品生产和贸易大国地位已经确立。成功应对了国际金融危机的冲击，林业产业发展继续保持强劲势头。松香、人造板、木竹藤家具、木地板产量居世界第一，干鲜果品和花卉产量名列世界前茅，成为世界林产品生产和贸易大国。林产品进出口贸易额由“十五”末的 427 亿美元增加到“十一五”末的 938 亿美元。2010 年林业产业总产值首次突破 2 万亿元，为“十五”末的 2.69 倍。

过去五年，生态文化体系建设全面展开，全社会生态文明观念普遍树立。中央做出了建设生态文明的战略决策，形成了“五位一体”的现代化建设格局。建设生态文明成为各级党委政府和全社会的共同行动。各级林业部门加快构建繁荣的生态文化体系，并将其与林业生态体系和林业产业体系建设同步推进，实现了生态文化建设的良好开局。生态价值观、生态道德观、生态发展观、生态消费观、生态政绩观等问题的研究不断深入，取得了一批重要理论成果，强化了全社会生态文明观念。

过去五年，是我国林业发展史上极不平凡、成就辉煌、影响深远的五年，是林业地位不断提高、内涵不断丰富、功能不断拓展的五年，是林业改革波澜壮阔、林业活力进一步增强、林业发展亮点纷呈的五年，是林业投入力度最大、兴林富民成效最好、林农群众受益最多的五年，也是林业作用凸显、国际影响力显著、为国家大局和社会贡献突出的五年。

“十二五”是我国全面建设小康社会的关键时期，是深化改革开放、加快转变经济发展方式的攻坚时期，也是加快林业改革发展、全面推进现代林业建设的战略机遇期和黄金发展期。“十二五”时期的林业工作必须高举中国特色社会主义伟大旗帜，以邓小平理论和“三个代表”重要思想为指导，深入贯彻落实科学发展观，全面实施以生态建设为主的林业发展战略，以推动林业科学发展为主题，以加快转变林业发展方式为主线，以确保如期实现“双增”目标为核心，以兴林富民为宗旨，坚持依靠人民群众，坚持依靠科学技术，坚持依靠深化改革，加大生态建设与保护力度，加强森林抚育经营，加速培育主导产业，加快繁荣生态文化，全面开创现代林业科学发展新局面，为夺取全面建设小康社会新胜利做出新贡献。

力争到2015年，森林覆盖率达到21.66%，森林蓄积量达到143亿立方米以上，林地保有量达到3.09亿公顷，森林植被总碳储量达到84亿吨，林业产业总产值达到3.5万亿元，生态文明观念全面增强，为到2020年实现生态良好奠定坚实基础。在全面完成各项林业建设任务的基础上，重点建设“十大生态屏障”，加快发展“十大主导产业”，为维护国家生态安全和扩大内需、改善民生做出更大贡献。

贾治邦

2011年9月

目 录

前 言
摘 要 1
“十一五”林业发展 21
生态建设 29
产业发展 47
生态文化 57
林业投资 63
支撑与保障 71
区域林业 87
国际合作与交流 97
改革、政策与法制 105
林产品市场 121
附录 147
注释
后记

A P1-20

摘 要

摘　要

2010 年，各级林业主管部门和广大林业工作者，深入贯彻落实科学发展观，以中央林业工作会议和全国林业厅局长会议精神为指导，紧紧围绕林业中心工作，改革创新，锐意进取，狠抓各项林业政策落实，林业经济总体保持平稳较快发展。

1. 造林绿化工作扎实推进，全民义务植树深入开展

2010 年，各级林业主管部门认真贯彻落实中央林业工作会议和全国林业厅局长会议精神，加强组织领导，积极应对干旱、洪涝等灾害，扎实推进造林绿化工作。全国共完成荒山荒地造林面积 590.99 万公顷（8 865 万亩），其中，人工造林 387.28 万公顷，飞播造林 19.59 万公顷，无林地和疏林地新封山育林 184.12 万公顷。义务植树取得显著成绩，有 5.90 亿人次参加义务植树，共植树 26.03 亿株。截至 2010 年底，全国已有天津、内蒙古、新疆等 12 个省（自治区、直辖市）颁布了义务植树条例或管理办法。

2. 防沙治沙取得新成效，生物多样性保护力度加强

2010 年，随着防沙治沙激励约束机制的逐步实施，在防沙治沙综合示范区建设以及重点工程建设的推动下，全国防沙治沙取得积极进展，公布了第四次荒漠化沙化监测结果。据统计，2010 年全年共完成防治面积 140 多万公顷。生物多样性保护工作坚持保护优先，不断加大野生动植物拯救保护力度，加强监督管理，促进野生动植物保护和繁育利用行业健康发展，加强野生动物疫源疫病监测体系建设和防控。

3. 生态建设成效显著，林业重点工程顺利实施

2010 年，国家林业重点工程完成造林面积 366.96 万公顷，占全国造林面积的 62.09%。其中天然林资源保护工程、退耕还林工程（不含京津风沙源治理工程退耕）、京津风沙源治理工程、三北及长江流域等重点防护林体系建设工程、重点地区速生丰产用材林基地建设工程造林面积分别为 88.55 万公顷、98.26 万公顷、43.91 万公顷、136.06 万公顷和 0.18 万公顷，占全部造林面积的比例分别为 14.98%、16.63%、7.43%、23.02% 和 0.03%，其他社会造林占全部造林面积的 37.91%。

天然林资源保护工程 2010 年，天然林资源保护工程完成各项公益林建设面积 88.55 万公顷，其中人工造林 16.88 万公顷，飞播造林 7.33 万公顷，无林地和疏林地新封山育林 64.34 万公顷。森林管护面积为 10 486 万公顷。工程区累计一次性安置职工 67.20 万人，其中 2010 年一次性安置 1 668 人。天然林资源保护工程区年末全部在册职工人数为 87.04 万人，参加基本养老保险人数为 91.76 万人，参加基本医疗保险人数为 106.85 万人。2010 年工程区木材产量达到 1 299.48 万立方米，占全国木材总产量的 16.06%。

退耕还林工程 2010 年是巩固退耕还林成果专项建设的第三年，共完成造林面积 99.65 万公顷（含京津风沙源治理工程中 1.39 万公顷），其中退耕地造林 0.03 万公顷，荒山荒地造林 67.48 万公顷，无林地和疏林地新封山育林 32.14 万公顷。全年完成种草面积 0.49 万公顷。2010 年，退耕还林工程完成投资 322.05 亿元，其中造林种苗补助费 13.28 亿元，粮食补助资金和生活补助费 203.05 亿元，巩固退耕还林成果专项资金及其他费用 105.72 亿元。随着先期实施的退耕地补助陆续到期，从 2008 年起退耕还林工程涉及的粮款兑现面积呈逐年下降的趋势，2010 年涉及粮款兑现的退耕地面积为 812.44 万公顷。全年粮款兑现涉及 2 753 万农户。

京津风沙源治理工程 2010 年，京津风沙源治理工程范围内的 75 个县共完成造林 43.91 万公顷，其中人工造林 11.39 万公顷，飞播造林 12.26 万公顷，无林地和疏林地新封山育林 20.26 万公顷。草地治理面积 17.73 万公顷，小流域治理面积 13.40 万公顷，治理总面积达到 75.04 万公顷。另外，还建设暖棚 95.14 万平方米；购置各类饲料机械 1.13 万台；完成水利配套设施 1.47 万处；生态移民 1 322 人，涉及 324 户。

三北及长江流域等重点防护林体系建设工程 2010 年，三北及长江流域等重点防护林体系建设工程共完成造林面积 136.06 万公顷，其中人工造林 89.92 万公顷，无林地和疏林地新封山育林 46.14 万公顷。三北防护林四期工程完成造林面积 92.83 万公顷，长江流域防护林二期工程完成造林面积 11.88 万公顷，沿海防护林二期工程完成造林面积 17.32 万公顷，珠江流域防护林二期工程完成造林面积 6.68 万公顷，太行山绿化二期工程完成造林面积 6.92 万公顷，平原绿化二期工程完成造林面积 0.43 万公顷。在全部造林面积中，防护林面积所占比例为 83.90%。自 2001 年以来，工程累计完成人工造林 682.02 万公顷、飞播造林 29.11 万公顷、新封山育林 401.67 万公顷。其中，三北防护林四期工程累计完成人工造林 429.36 万公顷、飞播造林 10.12 万公顷、新封山育林 200.20 万公顷。

野生动植物保护及自然保护区建设工程 2010 年，保护区数量与保护区面积稳步增加，截至 2010 年底，林业系统自然保护区已达 2 035 处，总面积 1.24 亿公顷，占全国国土面积的 12.89%，其中，国家级自然保护区 247 处，面积 7 597.42 万公顷。年末实有自然保护小区 4.88 万个，总面积 1 588 万公顷。野生植物就地保护点 351 个，总面积为 476 万公顷。国家划定禁猎（采）区 2 425 个，总面积为 8 706 万公顷。野生动物种源繁育基地 560 个，野生植物种源培育基地 503 个。野生动物园 61 个，植物园 87 个，狩猎场 147 个。野生动植物保护管理站 5 456 个，野生动植物科研及监测机构 663 个，鸟类环志中心（站）148 个。全国从事野生动植物及自然保护区建设的人员达 4.87 万人，其中各类专业技术人员 1.38 万人。

湿地保护与恢复工程 2010 年，我国湿地保护与恢复工作进程加快，全国范围内的湿地得到有效保护。全年实施了 39 个林业湿地项目，完成中央投资 2.21 亿元。截至 2010 年底，湿地自然保护区达 550 多处，国家湿地公园试点达 145 处，国际重要湿地达 37 处，面积为 391 万公顷，湿地示范区面积为 251 万公顷。全国共有 1 820 万公顷的自然湿地得到有效保护，自然湿地保护率达到 50.3%。

石漠化综合治理工程　2010 年，继续加强推进《岩溶地区石漠化综合治理规划大纲（2006～2015 年）》规划，100 个试点县治理工作进展顺利。2010 年召开的岩溶地区石漠化综合治理工程第二次省部联席会会议，对加强石漠化综合治理起到有力促进作用，国家下达石漠化综合试点工程中央预算内投资 10 亿元，下达林业建设任务 21.17 公顷。截至 2010 年底，工程已累计完成林业建设任务 36.55 万公顷。

重点地区速生丰产用材林基地建设工程　2010 年，在信贷、保险以及采伐限额管理制度改革等多项政策措施的推动下，重点地区速生丰产用材林基地建设工程取得显著进展。2010 年，完成荒山荒地造林中速生树种造林 74.10 万公顷，占全部造林总面积的 12.54%。重点地区速生丰产用材林基地建设工程共造林 6 230 公顷，其中荒山荒地造林 1 777 公顷，更新造林 4 439 公顷。

4. 林业产业发展势头强劲，产值、产量持续增长

2010 年，全年实现林业产业总产值 22 779.02 亿元（按现价计算），比 2009 年增加 5 285.29 亿元，增长 30.21%。其中第一、二、三产业分别增长 23.11%、36.24% 和 29.43%。林业三次产业的产值结构由 2009 年的 41.30 ∶ 49.84 ∶ 8.86 调整为 39.05 ∶ 52.14 ∶ 8.81。分地区看，东部 10 省林业产业总产值比重较大，占全部林业产业总产值的 48.68%；中部 6 省林业产业总产值为 4 574.59 亿元。东部省份增长较快，比 2009 年增长 34.98%。林业产业总产值超过 1 000 亿元的省份共有 9 个，广东、山东、浙江、福建位居前四。

2010 年木材产量恢复增长，达到 8 089.62 万立方米，比 2009 年增长 14.45%。锯材产量持续增长，产量为 3 722.63 万立方米，比 2009 年增长 15.26%。人造板产量快速增长，产量达到 15 360.83 万立方米，比 2009 年增长 33.03%。其中，胶合板 7 139.66 万立方米，比 2009 年增长 60.40%；纤维板 4 354.54 万立方米，比 2009 年增长 24.82%；刨花板产量 1 264.20 万立方米，比 2009 年下降 11.66%；其他人造板 2 602.43 万立方米（细木工板占 63.49%），比 2009 年增长 19.61%。木竹地板产量快速增长，达到 4.79 亿平方米，比 2009 年增长 26.92%。其中，实木木地板 1.12 亿平方米，占全部木竹地板产量的 23.32%；复合木地板 2.68 亿平方米，占全部木竹地板的 55.97%；其他木地板 5 979.62 万平方米，占全部木地板产量的 12.48%；竹地板 3 940.40 万平方米，占全部木地板产量的 8.22%。2010 年，全国木制家具总产量 26 073 万件，比 2009 年增长 27.18%。木浆产量 708 万吨，比 2009 年增长 28.49%。

2010 年，新造经济林面积 111.09 万公顷，比 2009 年增长 10.81%。各类经济林产品总量达到 1.26 亿吨。竹材产量为 14.30 亿根，比 2009 年增长 5.42%。年末实有花卉种植面积 76.40 万公顷；切花切叶 125 亿支；盆栽植物 29 亿盆；观赏苗木 57 亿株；草坪 3.23 亿平方米。

2010 年，国有林区（包括 135 个木材采运企业和 20 个重点营林局）主要经济效益指标保持稳定。国有林区总资产贡献率 2.60%，比 2009 年下降 1.0 个百分点；企业资本保值增值率 100.80%，比 2009 年提高 1.7 个百分点；资产负债率 58.00%，比 2009 年提高 4.1 个百分点；流动资产周转率 0.6 次，比 2009 年减少 0.1 次；成本费用利润率 10.20%，比 2009 年下降 4.3 个百分点；企业全员劳动生产率 14 443 元 / 人，比 2009 年增加 3 256 元 / 人；产品销售率 87.90%，比 2009 年下降 4.3 个百分点。

5. 生态文化体系逐步完善，生态文明观念日益增强

生态文化基础设施越来越完善 全国新建生态文化场馆 78 处，全国首座防治荒漠化纪念馆——新疆防治荒漠化纪念馆在乌鲁木齐市开馆。全国新建生态文化休憩场所 159 处，我国规模最大、品种最全、科技含量最高的月季专类园——中华月季园在山东省莱州市正式运营。全国新建生态文化（文明）教育基地53处，国家林业局、教育部、共青团中央、中国生态文化协会授予北京大学等10单位“国家生态文明教育基地”称号，使“国家生态文明教育基地”达到30家。

生态文化产品越来越丰富 生态理论研究范围更加广泛，视野更加开阔，形成了许多具有前瞻性和开创性的学术成果。《关于发展现代林业与建设生态文明的思考》等学术论文集中反映了生态研究领域的最新认识，为推动现代林业科学发展，促进生态文明建设提供了有力的理论支撑。生态文艺创作活动更加活跃，体裁更加丰富，产生了一大批具有思想性和艺术性的精品力作。文艺评论《世纪初中国动物小说的新突破》、《生态批评视域下的中国知青小说》，报告文学《林海苍茫，路在何方》、《茶油时代》，散文《三月，我们去植树》、《壮美的兴安岭》，诗歌《林业赞歌》、《走进林区》，小说《可可西里狼》，小小说《租地》，漫画《林二毛成长记》，小品《两全其美》，歌曲《林改之歌》，山水画《胡杨礼赞》成为年度优秀生态文艺作品的杰出代表。

生态文化传播越来越广泛 2010年，中央主要新闻媒体和主要新闻网站刊发各类林业和生态报道及专题达到14 000余篇（条），较2009年增长7.69%。门户网站充分发挥自身优势，积极创新形式，通过专题链接、微博、博客、网上论坛、网络空间等多种渠道，不断增强生态文化传播的吸引力，不断扩大生态文化传播的覆盖面。中国林业网、关注森林网等一批新的生态文化网站建成开通运行，林业图书出版事业蓬勃发展，各类生态文化读物受到社会公众的追捧。内容丰富、形式多样、特色鲜明的展览、展会、论坛，适应了新型信息传媒快速发展和人们接受资讯方式变化的新形势，日益成为传播生态文化、弘扬生态文明的重要手段。

生态文化队伍越来越壮大 生态文化理论研究队伍建设取得新突破，国务院学位委员会第27次会议批准设置林业硕士专业学位，为满足生态文明建设对林业专门人才的迫切需要开辟了新的渠道；浙江林学院正式更名为浙江农林大学，增强了生态文化理论研究力量。生态文艺创作队伍建设取得新进展，由浙江省从事生态文化相关工作的科研、教学、技术推广、管理的企事业单位、社团组织和个人自愿联合组成的非营利性社会团体——浙江省生态文化协会成立。

6. 林业投入大幅增加，保障能力明显增强

2010年，林业系统实际到位各类建设资金1 662.56亿元，与2009年相比增长20.66%；资金到位率为107.64%。其中，实际到位中央林业资金944.96亿元，占全部实际到位资金总量的56.84%，比2009年下降4个百分点。在中央林业资金中，国家预算内基本建设资金169.41亿元，比2009年增长39.37%；国债资金34.44亿元，下降42.57%；中央财政专项资金511.92亿元，增长11.13%；其他国家预算内资金229.19亿元，增长16.90%。2010年，中央林业资金仍主要以工程资金形式注入林业，天然林资源保护工程、退耕还林工程、重点防护林体系建设工程、京津风沙源治理工程、野生动植物保护及自然保护区工程等五大林业重点生态工程为主要投入对象。中央林业资金投入5项工程的资金总量达444.87亿元，占全部中央林业资金的47.08%。

2010年，国家林业局下达林业贴息贷款项目建议计划180亿元，实际落实林业贴息贷款162.03亿元，占同期贷款计划的90.02%，其中：工业原料林（含木本油料及沙区石漠化地区种植业，下同）项目落实贷款54.37亿元，占当年贷款落实总额的33.56%，比2009年下降12.66%；经济林项目落实贷款40.58亿元，占当年贷款落实总额的25.04%，比2009年增长17.93%；其他种植业项目落实贷款12.78亿元，占当年贷款落实总额的7.89%，比2009年增长79.75%；多种经营项目落实贷款54.30亿元，占当年贷款落实总额的33.51%，比2009年下降3.26%。

2010年，实际利用外资规模达到6.57亿美元，比2009年增长

18.56%，占全国利用外资总水平（1 057.35 亿美元）的 0.62%。其中国外借款 0.84 亿美元，外商直接投资 5.50 亿美元，无偿援助 0.23 亿美元，分别占林业实际利用外资总规模的 12.85%、83.63% 和 3.52%。从利用外资方式上看，依然以外商直接投资为主，国外借款和无偿援助仅占林业利用外资的 16.37%；从利用外资的项目类型上看，以公益林和商品林造林项目为主，项目个数为 191 个，实际利用外资金额为 1.65 亿美元；从林业利用外资的区域上看，沿海省份利用外资比例较大，福建和广西两地林业利用外资占全部林业利用外资总额的 79.12%。

2010 年，全部林业固定资产投资完成额达到 1 553.32 亿元，比 2009 年增长 14.95%，其中：林业基本建设投资完成 1 449.19 亿元，比 2009 年增长 12.50%；更新改造投资完成 82.21 亿元，比 2009 年增长 57.92%；森工其他固定资产完成投资 21.93 亿元，比 2009 年增长 97.47%。国家投资完成 745.24 亿元，占全部林业投资完成额的 47.98%。

从结构看，营林固定资产基本建设投资完成 1 170.96 亿元，比 2009 年增长 5.54%；森工固定资产基本建设投资完成 278.22 亿元，比 2009 年增长 55.73%；营林和森工固定资产基本建设投资比为 4：1。营林更新改造固定资产投资完成 23.33 亿元，与 2009 年相比增长 249.84%；森工更新改造固定资产投资完成 58.88 亿元，比 2009 年增长 29.72%；营林和森工更新改造固定资产投资完成比为 1：2.5。

7. 林地管理进一步加强，森林经营制度进一步完善

2010 年，严格林地征占用情况检查，强化林地使用情况监督，林地资源管理水平迈上新台阶。全国共审核审批占用征收林地项目 1.7 万项，占用征收林地面积 16.95 万公顷，收取森林植被恢复费 103.92 亿元。2010 年，组织了对 29 省（自治区、直辖市）、新疆生产建设兵团、4 大林业森工集团的 70 个县级单位占用征收林地情况进行了检查，共检查 2009 年以来占用征收林地项目 1 277 项，到期临时占用林地275项，森林植被恢复费使用情况1 031项。检查的1 277项占用征收林地项目，实际占用征收林地面积7 157.0公顷。其中，违法占用征收林地项目186项，面积752.6公顷。2010年，制定下发了《森林经营方案编制与实施纲要》和《县级森林可持续经营规划编制指南》；编制完成了《森林经营方案编制与实施规范》和《简明森林经营方案编制技术规程》两个行业标准；完成了全国"十二五"期间年森林采伐限额编制及批复工作；切实加强了森林资源管理的基础工作，组织编制了《林业数表管理办法》、《全国林业数表体系建设导则》和《林业数表编制数据采集技术规程》，规范林业数表工作管理，提高经营管理水平。

8. 林木种苗建设成效明显，森林防火能力提升显著

2010年，中央预算内投资计划下达林木种苗工程建设总投资31 213万元，其中中央预算内资金20 000万元，地方配套资金11 213万元。与2009年相比，总投资增长了8.19%，地方配套投资增长了26.69%。2010年，国家开工建设林木种苗工程项目133个，建设规模11 896公顷。其中，林木良种基地项目97个，林木种质资源保存库项目28个，采种基地等项目4个，种苗基地等其他项目4个，建设规模分别为9 261公顷、1 646公顷、859公顷、130公顷。

2010年，全国森林防火能力建设成效显著。修订了《国家扑救重特大森林火灾应急预案》，制定了《应对重特大森林火灾直升机应急支援方案》、《武警森林部队扑救重特大森林火灾总体预案》，印发了《森林航空消防管理办法》，森林防火工作更加规范有序；共投入基本建设资金11亿元。防火物资储备中心共储备扑火物资3.6万件，并向有关省（自治区、直辖市）调拨扑火物资2.7万件，为火灾扑救工作提供了坚实的保障；引进了第三架米－26大型直升机，在江西、湖南、陕西新建了3处航空护林站，大庆基地正式启用；先后举办了20多期防火培训班，培训400多名扑火指挥员，举行2次扑火指挥系统实战演练，组织考察了中俄边境森林防火隔离带建设，提高了各级防火人员综合素质。

9. 林业有害生物防治形势严峻，野生动物疫源疫病监测防控工作继续加强

2010年，全国主要林业有害生物发生总面积1 176万公顷，其中虫害发生面积为852万公顷，病害129万公顷，鼠（兔）害183万公顷，有害植物12万公顷，共成灾107.8万公顷，成灾率4.6‰。与2009年相比，发生面积和成灾面积有所增加。

2010年，组织完成了《全国陆生野生动物疫源疫病监测防控体系建设规划（2010～2013)》的编制和论证；积极争取落实了边境地区、西部地区和少数民族地区省份50处国家级监测站的基本建设投资2 000万元；组织完成了对“野生动物疫源疫病监测信息网络直报系统”的验收；全年培训管理人员和技术骨干2 200余人次。加强野生动物疫源疫病日常监测防控，发现麋鹿魏氏梭菌病、野鸟高致病性禽流感等6起野生动物疫情，共计49起异常情况。强化现场督导和工作指导，指导湖北、北京等地麋鹿异常死亡情况进行应急处置和隐患排查，配合质检总局等相关部门联合开展北方边境地区非洲猪瘟等外来疫病专项督查。

10. 林业科技取得新进步，林业教育取得新成果

2010年，林业科技投入大幅增加，组织实施林业公益性行业科研专项、国家科技支撑计划等中央财政预算项目近800项，累计争取中央财政投入近7亿元，比2009年增长约21%。林业科学技术研究有序推进，国家科技支撑计划项目成果丰富。建立了“十二五”国家科技支撑计划项目储备库；选育、创制并保存了1 000多份油茶优良种质（品系），选育出普通油茶高产、优质、抗逆优良无性系91个，确定了42个良种的适生区域，累计示范面积达5 108公顷，建立油茶精深加工技术示范中试线、生产线8条，有机原料生产基地1 160公顷。2010年，共登记林业科技成果434项，其中，软科学类11项，基础理论类19项，应用技术类404项。

2010年，全国普通高等林业院校和其他高等学校、科研单位输出的毕业研究生大幅增加，全国普通高等林业院校和其他高等学校林科输出的毕业本、专科生小幅增加，中等林业（园林）学校和其他中等职业学校林科输出的毕业中专生大幅度增加。本学年博士、硕士毕业生5 398人，比2009年增长14.03%，其中，林业学科博士、硕士毕业生3 862人，比2009年增长11.23%；本、专科毕业生52 803人，比2009年增长1.19%，其中，林业学科专业本科、专科毕业生32 926人，比2009年增长7.50%。全国中等林业（园林）学校和其他中等职业学校林科毕业生共43 704人，比2009年增长53.63%。

11. 林业工作站建设力度加大，国有林场基础设施状况明显改善

2010年，全国完成林业工作站基本建设投资51 943万元，比2009年增加了5 564万元，其中，国家投资17 444万元，地方配套34 499万元。全国新建乡镇林业工作站219个，733个林业工作站新建了办公用房，604个工作站配备了通讯设备，943个工作站配备了机动交通工具。2010年，在全国选择了254个县（市、区）开展了林业重点工程区林业工作站建设重点县工作，为3 020个乡镇林业工作站配备了必要的设施设备。在全国选取82个乡镇林业工作站开展了标准化林业工作站建设试点工作。

2010年，全国国有林场改造林场和职工危旧房面积18万平方米，修建断头路975.30千米，维修和新建场区道路813.40千米，打机井135眼，建蓄水池78个，铺设输水管道262.30千米，新建和改造输电线路232.90千米。这些项目的实施，改善了住房、办公、通行等条件，解决了229个居住点4 730名职工及家属饮水安全、80个林场场部或分场通电、2个林场场部通讯问题。2010年，国有林场危旧房改造工程在2009年试点顺利实施的基础上全面启动，16.60万户改造任务已全部下达，各方筹资110亿元。截至2010年底，工程已竣工55 452户，面积3 684 843.80平方米。

12. 林业信息化建设加速推进，信息化水平全面提高

2010年，颁布了《全国林业信息化建设纲要》及《全国林业信息化建设技术指南》；编制了《全国林业信息化发展“十二五”规划》。2010年，全国林业专网节点由37个增至72个，建成了集传输文字、视频、语音等各类信息数据的高标准信息高速公路；各级林业部门积极加快办公内网建设，内部网络联通率显著提高；各地各单位多渠道筹措资金，加大了机房标准化建设力度，集中购置了服务器、计算机和安全监控等设备；各级林业部门实行有效整合、统一管理，有力提升了网站共建共享水平，形成了以中国林业网主站为龙头，以数百个子站为主体的中国林业网大规模网站群。林业开始迈入无纸化办公时代。各级林业部门以电子政务建设为重点，加快推进办公自动化进程，极大提高了工作效率。2010年，制定了《全国林业信息化工作管理办法》、《中国林业网管理办法》等10多项制度；成立了全国林业信息化标准委员会；发布了首部《中国林业信息化发展报告》。

13. 区域林业稳步发展，不均衡特征仍然明显

东部地区 区内生态状况总体良好为东部地区的经济快速发展奠定了坚实的基础，森林覆盖率达到35.68%。林业经济实力雄厚，林业产业持续高速发展，区内林业产业总产值为11 088.27亿元，比2009年增长34.98%，占全国林业产业总产值的48.68%；单位森林面积实现林业产业产值34 128.77元/公顷，是全国平均水平的2.93倍；林业三次产业结构比由2009年的32.2 : 63.1 : 4.7调整为29.7 : 65.8 : 4.5，第二产业实力进一步增强。区内林业产业体系完整，林业产业发达，在全国占有举足轻重的地位。

中部地区 生态建设力度持续加大，非公有制造林比例较高，2010年，区内造林面积为116.92万公顷，占全国造林总面积的19.78%。主要灾害在这一地区表现活跃，森林火灾发生率为0.74次/万公顷，是全国平均火灾发生率的近2倍。生态建设成效较2009年显著，但预防和控制森林火灾的任务依然艰巨。林业产出水平整体较强，单位森林面积实现林业产业产值 13 382.28 元 / 公顷，是全国平均水平的 1.15 倍。木本油料和木本药材种植成为这一区域的特色和优势，产量分别占全国的 61.72% 和 33.76%。

西部地区 西部地区一直是我国林业生态建设的主战场和林业投资的重点领域，全国五成以上的投资放在西部地区。2010 年区内造林面积为 342.77 万公顷，占全国造林总面积的 58.00%；区内共完成林业固定资产投资额 939.23 亿元，与 2009 年相比增长 22.82%。林业经济总体产出水平较低，单位森林面积实现林业产值 3 979.70 元 / 公顷，仅为全国平均水平的 34.15%，但与 2009 年相比，增幅高达 29.78%，产业发展持续增速，产业发展颇具潜力。区内林业系统在岗职工人数 40.99 万人，占全国的 30.43%；林业在岗职工年平均工资持续提高，为 22 807 元，略高于全国平均水平，比 2009 年增加 3 293 元，增幅为 16.88%。

东北地区 森林资源丰富，森林覆盖率为 40.22%，为四大区域中最高。区内造林力度加大，2010 年区内造林规模比 2009 年增加 36.64%。公有经济造林 26.21 万公顷，占 51.38%；重点工程造林 39.22 万公顷，占区内总造林面积的 76.89%，国有经济比重较高，重点工程造林作用突出。区内的资源优势尚未转变为经济优势，单位森林面积实现林业产业产值 7 769.98 元 / 公顷，仅为全国平均水平的 66.67%，林业产出能力较低。该区是我国林业公共财政投资的重点领域，单位投资水平居全国首位，单位造林面积固定资产投资额为 40 365.80 元 / 公顷，是全国平均投资水平的 1.5 倍。区内林业在岗职工人数约占全国的四成，职工收入水平有待提高。

14. 国际合作交流不断深化，履约工作顺利推进

2010 年，共争取到日本、韩国、国际热带木材组织、联合国粮农组织等多、双边政府间和民间合作项目 110 个，金额 2 055 万美元；世界银行贷款“林业综合发展项目”正式实施，2010 年项目完成新造混交型防风固沙林、生态经济型防风固沙林等多功能防护人工林 6 980.1 公顷；“欧投贷款江西生物质能源林示范基地建设项目”工作进展顺利，欧洲投资银行首批贷款资金 1 200 万美元已到达财政项目专户。2010 年，共签署 6 份双边林业部门间合作协议，召开了 9 个双边工作组会议，争取到对外援助培训项目 6 个，中美能源环境十年合作研究项目 1 个。GEF 项目在实施最后一年，撰写 6 部项目成果专著、9 个专题报告；保护区项目点开展了遥感和全球信息系统等先进技术的培训。防治荒漠化、野生动植物保护、湿地保护等专项合作进展顺利。《濒危野生动植物种国际贸易公约》(CITES)、《联合国防治荒漠化国际公约》(UNCCD)、《联合国气候变化框架公约》(UNFCCC)、《湿地公约》(RAMSAR) 履约按要求开展工作，取得丰富成果。

15. 林业政策取得新突破，强林惠林政策体系基本形成

在林业生态建设方面，2010 年，国务院决定实施天然林资源保护二期工程。一是继续实施森林管护补助政策。二是完善社会保险补助政策。三是完善政策性社会性支出补助政策。四是继续实行公益林建设投资补助政策。五是增加森林培育经营补助政策。国家发展和改革委员会等九委（部、局）联合出台了《巩固退耕还林成果专项规划建设项目管理办法》，从组织管理、建设管理、验收与管护等 7 个方面对退耕还林成果专项规划建设项目做出了规定。国家林业局与农业部联合下发了《关于加强鳄鱼管理有关工作的通知》，加强对鳄鱼驯养繁殖和经营利用的监督管理。国务院办公厅印发了《关于做好自然保护区管理有关工作的通知》，加强自然保护区内的开发建设活动管理，提高自然保护区建设管理水平和保护效果。

在林地林权管理方面，国务院《关于全国林地保护利用规划纲要（2010～2020 年）的批复》，进一步明确了林地用途管制和占用征收林地定额管理制度。国家林业局《关于下达“十二五”期间占用征收林地总额和 2011 年占用征收林地年度定额的通知》，明确国家下达的“十二五”期间占用征收林地总额，是各省“十二五”期间审核同意建设项目占用征收林地面积的上限，不得突破。按年度分解的占用林地年度定额实行“五年总控、年度调剂”，加强占用征收林地审核审批管理。国家林业局下发了《关于石油天然气管道建设使用林地有关问题的通知》，明确石油天然气管道工程“管道中心线两侧各5米范围内”按临时占地办理使用林地手续，分类型确定了临时占用林地补偿费标准。

在产业发展方面，国家林业局出台了《关于进一步加快发展沙产业的意见》，明确了促进和扶持沙产业发展的4项政策措施。一是多渠道增加投入。二是加大信贷支持力度。三是落实税收、保险等相关优惠政策。四是切实保障投资者合法权益。

在林业财政金融方面，中央财政加大了森林保险保费补贴力度，启动了中央财政造林、林木良种补贴试点以及湿地保护补助政策。国家将7类林业有害生物防治器械品目纳入了补贴范围，出台了林权抵押贷款指导意见，明确了贷款对象、用途和条件，重点支持领域等政策。

16. 林业立法步伐加快，林业执法力度增强

2010年，稳步推进《森林法》、《种子法》修改工作，加快《湿地保护条例》、《沿海防护林保护管理条例》立法进程，审查修改形成了《野生动植物进出口证书核发管理办法》（征求意见稿）、《大熊猫借展管理办法》（征求意见稿）、《国家级森林公园管理办法》（草案），组织开展了部门规章和规范性文件清理工作。林业执法及执法监督力度进一步加大。全国林业行政案件共发生30.45万起，与2009年相比略有增加。森林公安机关全年共立森林和野生动物刑事案件近2万起，打击处理违法犯罪人员近2万人，收缴林木9万余立方米、野生动物33余万头（只），涉案金额55亿余元。国家林业局各派驻森林资源监督机构共查办、督办各类林业行政案件400余起，结案率80%以上。进一步加大林业普法宣传力度，组织拍摄了系列普法短剧，广泛宣传《森林防火条例》、《种子法》等，全面总结验收林业“五五”普法工作。

17. 主要林产品供需基本平衡，进出口贸易大幅度增长

2010 年，全国木材产品市场总供给为 43 189.92 万立方米，比 2009 年增长 2.26%。其中：进口原木及其他木质林产品折合木材 18 356.08 万立方米，国内商品材产量为 8 089.62 万立方米，木质刨花板和纤维板折合木材（扣除与薪材供给的重复计算）9 374.78 万立方米，农民自用材和烧柴产量为 5 269.44 万立方米，超限额采伐、上年库存等形式形成的木材供给约为 2 100 万立方米。全国木材产品消耗总量为 43 177.04 万立方米，比 2009 年增长 2.34%。其中：工业与建筑用材消耗量为 31 726.53 万立方米，农民自用材（扣除农民建房用材）和烧柴消耗量为 3 662.19 万立方米，出口原木及其他木质林产品折合木材 7 788.33 万立方米。

2010 年林产品出口 463.17 亿美元，比 2009 年增长 27.54%，占全国商品出口额的 2.94%；林产品进口 475.07 亿美元，比 2009 年增长 40.13%，占全国商品进口额的 3.41%；林产品贸易逆差为 11.90 亿美元。

2010 年木质林产品进出口中，原木出口 2.84 万立方米，比 2009 年增长 123.62%，原木进口 3 434.75 万立方米，比 2009 年增长 22.41%；锯材（不包括特形材）出口 53.94 万立方米，比 2009 年下降 3.87%，锯材进口 1 481.22 万立方米，比 2009 年增长 49.09%；胶合板、纤维板和刨花板的出口量依次为 754.69 万立方米、256.95 万立方米和 16.55 万立方米，分别比 2009 年增长 33.93%、26.51% 和 32.51%，胶合板、纤维板和刨花板的进口量分别为 21.37 万立方米、40.01 万立方米和 53.94 万立方米，与 2009 年相比，胶合板和刨花板的进口量分别增长 19.25% 和 20.81%，纤维板的进口量下降 11.68%；木家具出口 161.57 亿美元、进口 3.88 亿美元，比 2009 年分别增长 34.25% 和 30.20%；木浆进口 1 130.00 万吨，比 2009 年下降16.78%；纸和纸制品（按木纤维浆比例折合值）出口515.80万吨、进口353.65万吨，分别比2009年增长7.40%和1.16%；废纸进口2 435.22万吨，比2009年下降11.45%。

2010年非木质林产品出口116.62亿美元，比2009年增长23.20%，占林产品出口额的25.18%；进口170.32亿美元，比2009年增长44.53%，占林产品进口额的35.85%。

2010年，林产品出口以美、日市场为主，进口则主要集中于美、东南亚、俄市场，但俄罗斯的市场份额有所下降。前5位出口贸易伙伴依次是美国23.98%、日本9.72%、中国香港5.24%、英国4.62%和德国3.23%；前5位进口贸易伙伴分别为美国12.88%、印度尼西亚11.03%、泰国10.36%、马来西亚9.90%和俄罗斯7.40%。

B

P21-28

“十一五”林业发展

- 我国林业建设进入科学发展新阶段
- 林业建设取得的主要成就
- 林业发展的基本经验

“十一五”林业发展

（一）我国林业建设进入科学发展新阶段

“十一五”时期是我国经济社会发展极不平凡的五年，是我国林业由传统林业向现代林业转变、全面实施以生态建设为主林业发展战略具有里程碑意义的重要时期。我国林业建设全面贯彻落实科学发展观，积极转变林业发展方式，准确把握世情、国情和林情，遵循自然规律和经济发展规律，采取综合措施促进了林业又好又快发展。

1. 确立了林业在经济社会发展全局中的新地位

党中央、国务院高度重视林业建设，2008年颁发了《中共中央国务院关于全面推进集体林权制度改革的意见》（中发[2008]10号），2009年中央首次召开了林业工作会议，明确了林业在国民经济和社会发展中的战略地位和使命，林业地位得到显著提升。中央林业工作会议指出：“在贯彻可持续发展战略中林业具有重要地位，在生态建设中林业具有首要地位，在西部大开发中林业具有基础地位，在应对气候变化中林业具有特殊地位”，“实现科学发展必须把发展林业作为重大举措，建设生态文明必须把发展林业作为首要任务，应对气候变化必须把发展林业作为战略选择，解决‘三农’问题必须把发展林业作为重要途径”。林业具备的生态、经济、社会、碳汇和文化功能，在全社会进一步形成了共识。

2. 开创了现代林业发展的新局面

国家林业局党组按照党中央、国务院的部署，站在经济社会发展全局的高度，提出了“发展现代林业、建设生态文明、推动科学发展”的现代林业建设总体思路。发展现代林业成为林业工作的总任务，建设生态文明成为林业工作的总目标，推动科学发展成为林业工作的总要求，三者紧密联系、有机统一，共同构成了我国林业发展总体思路的核心和主题，成为林业建设的旗帜和方向。其核心内容是构建完善的林业生态体系、发达的林业产业体系、繁荣的生态文化体系，全面开发和不断提升林业的多种功能，努力提高林业的生态、经济、社会效益，满足社会对林业日益增长的多样化需求。

3. 取得了集体林权制度改革的新突破

按照党中央和国务院的总体部署，各地积极推进集体林权制度改革，明晰产权、承包到户的主体改革任务取得重大突破，相关配套改革政策措施进一步完善。全国已确权林地面积达1.62亿公顷，占集体林地总面积的88.8%，有18个省（自治区、直辖市）基本完成了明晰产权、承包到户的改革任务。重新核发林权证的集体林地面积达1.34亿公顷，涉及全国3亿农户。全国已建立林权保护管理机构851个，森林资源资产评估机构618个，出台了集体林采伐管理改革政策9项。集体林权制度改革真正实现了“山定权、树定根、人定心”，极大地调动了农民发展林业的积极性，解放了林业生产力。集体林区开始呈现森林资源增加、农民群众增收和生活改善、林业经济增长、林区社会和谐稳定的良好局面，被誉为我国农村土地经营制度的又一次重大变革，成为我国经济体制改革的一大亮点。

4. 形成了促进林业发展的新机制

国家出台了一系列支持林业发展的政策措施，公共财政支持林业的政策体系初步建立。人工造林中央投入标准由100元/亩提高到200元/亩，中央财政对属集体和个人的国家级公益林补偿标准由每年每亩5元提高到10元，27个省（自治区、自辖市）实施了地方森林生态效益补偿基金制度。首次开展了森林抚育、森林保险、林木良种和造林中央财政补贴以及湿地保护补助试点。改革了育林基金制度，征收标准由20%降至10%以下，减轻了农民负担，并逐步将基层林业部门行政事业经费纳入同级财政预算。建立了省级政府防沙治沙目标责任制。进一步完善了林业贷款贴息政策，相继颁布实施了《林业产业政策要点》、《林业产业振兴规划》和《全国油茶产业发展规划》。

5. 构建了林地管理新体系

2010年7月25日，国务院批准了《全国林地保护利用规划纲要（2010～2020）》，这是我国第一个中长期林地保护利用规划，确定了今后10年全国林地保护利用的主要任务：到2020年，林地保有量增加到3.12亿公顷，占国土面积比例提高到32.5%以上；森林保有量达到2.23亿公顷，比2005年增加4 000万公顷，森林覆盖率达到23%以上；重点公益林达到12 490万公顷，达到林地总面积的40%；全国林地生产率达到90立方米/公顷以上，现有乔木林地的林地生产率力争达到102立方米/公顷；全国森林蓄积量增加到150亿立方米以上；2011～2020年，全国征占用林地总额控制在105.5万公顷以内。《全国林地保护利用规划纲要（2010～2020年）》明确，构建国家、省、县三级规划体系，建立林地用途管制、定额转用、分级保护、差别管理制度等林地管理新体系，进一步巩固和拓展林地发展空间，对依法保护科学利用林地起到重要的保障作用。

6. 树立了我国林业的国际新形象

林业在国际重大问题上的话语权不断增强，林业产业的全球化步伐不断加快，林业发展的国际空间不断拓宽，一个全方位、多层次、宽领域的林业对外开放新格局正在形成。在应对气候变化等国际政治和外交博弈中，我国提出的到2020年新增4 000万公顷森林面积和13亿立方米森林蓄积的发展目标，纳入了应对气候变化行动，成为国际林业应对气候变化的重要风向标，树立了中国林业的国际形象。林业成为亚太经合组织、中非合作论坛、中欧和中俄、中美等首脑会议的重要议题，特别是亚太森林恢复和可持续管理网络的成功建立和有效运行，以及积极参与全球森林资源评估工作，凸显了我国林业在国际林业和区域林业发展中的地位和作用。气候变化、荒漠化防治、生物多样性保护、湿地保护等国际公约谈判规则的制定和负责任的履约，赢得了我国林业在国际林业事务中的主动权。林产品对外贸易发展迅速，林业利用外资和对外投资更加活跃，为提升我国林业国际竞争力奠定了坚实的基础。

（二）林业建设取得的主要成就

林业“十一五”规划顺利实施，各项任务和指标顺利完成，主要发展目标提前实现。

“十一五”期间，全国共完成造林面积2 527万公顷，其中，林业重点工程完成造林面积1 720万公顷。全民义务植树运动不断深入，全国参加义务植树人数达27.7亿人次，植树118亿株。林业投入大幅度增加，国家对林业投入2 979亿元，其中，中央基本建设投资479亿元，中央财政专项资金2 500亿元；地方政府投入林业资金1 900多亿元。林业实际利用外资总规模为37.87亿美元，主要林产品对外贸易总额3 524亿美元。

1. 森林资源快速增长

完成第七次（2004～2008年）全国森林资源清查，全国森林面积1.95亿公顷，森林覆盖率20.36%，森林蓄积量137.21亿立方米。一是森林面积、蓄积持续增长。森林面积净增2 054.30万公顷，全国森林覆盖率上升了2.15个百分点，森林蓄积量净增12.65亿立方米，继续呈现长大于消的良好态势。其中天然林面积净增393.05万公顷，天然林蓄积量净增6.76亿立方米；人工林面积净增843.11万公顷，人工林蓄积量净增4.47亿立方米。二是森林质量有所提高。乔木林每公顷蓄积量平均增加1.15立方米，每公顷年均生长量增加0.30立方米，混交林比例上升9.17个百分点。三是以采伐天然林为主向以采伐人工林为主的战略转变稳步推进。人工林采伐量占全国森林采伐量的39.44%，上升了12.27个百分点。四是首次开展了全国森林生态功能及价值综合评价，森林植被总碳储量达到78.11亿吨，森林生态服务功能年价值量达到10.01万亿元。

2. 生态建设取得显著成效

“十一五”期间，林业重点生态工程稳步推进，工程区生态状况明显改善。天然林资源保护工程有效管护森林1.05亿公顷，完成公益林建设任务476万公顷。退耕还林工程完成造林任务547万公顷，国务院完善了退耕还林政策，延长退耕还林补助期限，实施了巩固还林成果专项规划，退耕成果得到有效巩固，退耕地造林保存率达99%，工程区水土流失和风沙危害明显减轻。京津风沙源治理工程完成造林207万公顷。三北防护林体系建设工程完成造林任务339万公顷。沿海、长江、珠江等防护林体系建设和太行山、平原绿化等工程累计造林177万公顷，森林防护功能稳步提高。无林、少林的广大平原地区森林覆盖率提高到15.8%，农田林网控制率达到74%，促进了农业稳产高产。全国完成沙化土地治理面积1 081.41万公顷，沙化土地由20世纪末的年均扩展3 436平方千米变为目前的年均减少1 717平方千米，土地沙化总体上得到初步遏制。湿地保护取得重大进展，新建国家湿地公园试点140处、国际重要湿地16处，全国已累计建立国家湿地公园试点145处、国际重要湿地37处，50%的自然湿地得到有效保护。野生动植物保护进一步加强，对多种珍稀濒危野生动植物实施野外巡护、栖息地恢复、原生地和迁地保护、人工繁育和放（回）归自然等措施，使我国濒危野生动植物生存状况日益改善，野外种群稳中有升。林业系统新建各级各类自然保护区336处，新增面积382.38万公顷，全国林业系统已累计建立森林生态、湿地、荒漠、野生动植物等各级各类自然保护区2 035处，总面积12 370.92万公顷。国有林场和森林公园已经成为林业生态建设的重要力量，新增国有林场41个、森林公园655个，全国已累计建立国有林场4 557个、各级森林公园2 583个。

3. 林业产业不断壮大

“十一五”期间，我国林业产业继续保持了较快的发展势头，2006年林业产业总产值超过1万亿元，2008年虽然受国际金融危机及自然灾害等因素的影响增速放缓，但2010年林业产业总产值仍达到2.28万亿元。我国林业产业初步形成了以市场需求为导向、基地建设为手段、精深加工为带动、多主体共同发展的新格局。龙头企业不断涌现，企业建基地、基地连农户的模式对产业发展推动作用明显。一是经济林产品的种植与采集业成为林业第一产业的亮点。以包括油茶等木本粮油、干鲜果品、茶、中药材以及森林食品在内的经济林产品的种植与采集业产值达1.88万亿元。二是以木、竹加工为主的林业第二产业主要产品产量持续增长。锯材产量1.51亿立方米，人造板产量5.26亿立方米（其中，胶合板产量2.14亿立方米），木竹地板产量18.11亿平方米，木制家具产量10.43亿件，松香类产品产量506.08万吨。三是森林旅游业成为林业第三产业新的增长点，产值达到3 892.69亿元。四是野生动植物驯养繁育利用产业发展迅猛，产值在706.47亿元以上。五是花卉苗木产业已发展成为综合性朝阳产业。

4. 生态文化体系建设进展顺利

“十一五”以来，生态文化理论体系和组织体系逐步完善，生态文化内涵不断丰富，逐步向自然、社会和人文文化等领域拓展，向经济、科技、教育等领域渗透。成立了各类生态文化协会、学会、研究会、促进会等社团组织，生态文化管理、研究、创作和宣传队伍不断加强，截至2010年底，各类生态文化组织已达100多家。生态文化基础建设快速推进，建设了一批以自然保护区、森林公园、湿地公园、博物馆等为依托的生态文明和生态文化教育基地，开展了创建国家级和省级森林城市和“创绿色家园、建富裕新村”活动。截至2010年底，建成生态文化场馆379家，生态文化休憩场所896处，国家生态文明教育基地30处。林业宣传和生态文化传播力度加大，充分利用报纸、广播、电视等传统媒体和网络、手机等现代媒体持续广泛地宣传林业，制作播出了一批生态科普文化作品。同时，森林、湿地、野生动植物、民族和民俗等文化内涵得到进一步挖掘，通过植树节、公益广告、野生动物保护宣传月、爱鸟周、世界湿地日、荒漠化日和举办绿化博览会、花卉博览会、森林旅游节、湿地文化节和各种论坛等活动，以及整理出版以《中华大典——林业典》为代表的一批森林文化典籍，进一步扩大了生态文化影响力。

5. 森林保护能力不断增强

一是森林采伐管理逐步完善。“十一五”森林采伐限额得到有效执行，在全国24个省（自治区、直辖市）193个县开展了森林采伐管理改革试点，初步建立了森林可持续经营管理体系基本框架，科学编制了全国“十二五”期间森林采伐限额，有力保障了森林资源合理利用和可持续发展。二是森林防火工作进一步加强。修订了《森林防火条例》，实施了《全国森林防火中长期发展规划》，组织指挥机构和应急管理不断完善，森林消防队伍建设稳步推进，装备和基础设施明显改善，森林火灾综合防控能力显著提高，年均森林火灾受害率低于1‰，好于同期林业发达国家的平均水平。三是森林公安建设得到强化。编制经费问题取得重大突破，民警培训、警务督察、抚优抚恤工作进一步加强，队伍正规化建设取得新进展，装备和基础设施建设显著增强，开展“绿盾”、“飞鹰”等一系列严打整治行动，森林公安执法能力和社会形象进一步提升。四是林业有害生物防治工作取得长足进展。初步建立了监测预警、检疫御灾、应急防控三大体系，已建成各级林业有害生物防治检疫站3 111个，国家级中心测报点1 000个，对重点危险性松材线虫病和美国白蛾实行了政府目标责任属地目标管理，主要有害生物发生面积进一步得到控制，成灾率下降到5‰以下。

6. 支撑保障能力得到加强

一是林业科技支撑不断强化。截至2010年底，全国已建立地市以上级林业科研机构232个，省、市、县级林业科技推广机构2 638个，全国林业标准化委员会23个，局级林业重点实验室34个，陆地生态系统定位研究站79个，国家级（局级）林业产品质量检验检测中心（站）26个。取得重要科技成果1 036项、专利9 569件，林业科技进步贡献率达到了43%，科技成果应用率超过50%。林业植物新品种保护和生物安全管理得到加强。截至2010年底，完成编制21项测试指南，发布四批共78个种属的保护名录，受理林业植物新品种申请723件，授权320件，“十一五”期间的受理量和授权量，分别比“十五”增加了81%和115%；受理许可林木转基因工程活动申请123项，并重点实施了对转基因杨树、槐树等23项转基因活动的安全监测。森林认证体系建设和林业知识产权保护工作取得重大进展，试点工作全面启动，各项具体实施工作正在稳步推进。二是林木种苗建设进一步加强。全国已建立良种基地28.5万公顷、采种基地158.1万公顷、苗圃48.71万公顷，年种子生产能力2 500万千克，穗条产量15亿条（根），合格苗木产量300多亿株，建立了13个国家级林木种质资源库和131个国家级重点林木良种基地，林木良种使用率达到51%。三是林业工作站、木材检查站等基层机构得到稳定发展，森林资源监督体系建设取得重大突破。全国已建立省（自治区、直辖市）及新疆生产建设兵团林业站管理机构22个，地市级林业站306个，县级林业站2 171个，乡镇林业站28 112个。已建立木材检查站4 236个，木材检查人员2.9万人。国家林业局向全国派驻了14个森林资源监督专员办事处，森林资源监督实现了除港、澳、台外的全覆盖。四是林业立法不断完善，执法体系逐步加强，林业案件查处率大幅提高。五是林业信息化建设全面推进，确定了林业信息化总体思路和顶层设计，制定了一系列林业信息化管理制度和标准，信息化机构队伍建设取得重大突破，启动实施了一批重点工程。七是林业技能人才培养有新突破，新建林业行业职业技能鉴定站15家，培训鉴定林业技能人才14.2万人次。

7. 林区民生不断改善

一是启动实施了林业棚户区（危旧房）改造工程，林区134万户列入全国保障性住房建设规划，已完成林业棚户区（危旧房）改造任务52.47万户，成为新中国成立60多年来惠及林区上百万林业职工、数百万人口的一项最大的民生工程。二是林区职工收入不断提高，生活条件不断改善，基本养老、医疗等社会保障基本覆盖林区职工。三是林区安全饮水全部纳入了全国农村饮水安全工程规划，林区部分道路纳入了全国农村公路调查范围，林区供电、广播电视等基础设施建设也取得了进展，为进一步改善林区民生奠定了良好基础。

（三）林业发展的基本经验

1. 坚持着眼全局谋划发展

主动适应建设生态文明和实施可持续发展战略的要求，将林业纳入国民经济和社会发展的全局来谋划。以经济社会发展对林业的主导需求为核心，紧紧围绕以生态建设为主的林业发展战略，统筹国际国内两种资源、两个市场，着眼全局谋划林业发展。坚持科教兴林和人才强林，不断增强林业生态、物质和文化产品的供给能力，满足经济社会发展对林业的多样化需求。

2. 坚持深化改革推进发展

坚持把改革作为推动林业又好又快发展的根本动力，努力发展和形成符合现代社会发展要求的林业生产力和生产关系。实现了理念上由以林为本到以人为本的转变，管理方式上由政府主导到政府主导与社会发动并重的转变，政策取向上由取之于林向予之于林的转变。特别是集体林权制度改革的深入推进，各种生产要素开始向林业集聚，非公有制林业快速发展，投资主体多元化、经营形式多样化，全国动员、全民动手、全社会办林业的格局基本形成。

3. 坚持重点工程带动发展

实施重点工程是我国林业转变发展方式、实施可持续发展战略的成功范例。通过重点工程的实施，调整和优化了林业生产力布局，以重点突破带动了林业的全面快速发展和整体管理水平的提高，形成了林业大发展的良好态势。

在国家工程带动下，各地根据发展的实际，规划启动了适应地方发展要求的各项工程，逐步形成了以国家生态建设工程为主，地方工程配合，合力推进生态建设的新格局。

4. 坚持兴林富民促进发展

兴林是林业发展之本，富民是林业发展之基，只有正确处理好兴林和富民的关系，为人民谋利益，为老百姓增福祉，才能促进林业又好又快发展。我国丰富的林地资源、物种资源、景观资源蕴藏着巨大的发展潜力，随着林业产业迅猛发展，林地、物种、景观等生态资源加速转化为发展资本，不断地解放和发展了林业生产力，林业的经济潜力逐步得到挖掘，群众实实在在分享到了现代林业发展的成果，也激发出了更高的造林、育林、护林积极性，进一步促进了现代林业建设。

5. 坚持科教兴林、人才强林提升发展

坚持“科学技术是第一生产力，人才资源是第一资源”的战略思想。通过不断建设和完善科技创新体系、成果转化推广体系、质量标准检验检测体系和能力建设，充分发挥林业科技引领发展、支撑建设、服务全局的能力。大力加强各类人才队伍建设，加强林业学科、专业建设和人才培养，深化干部人事制度改革，建立健全人才选拔培养使用制度，人才总量持续增长、素质不断提高、效能得到发挥，人才在现代林业建设中的作用日益凸显。

6. 坚持三大体系协调发展

发展现代林业，必须坚持以生态建设为主的林业发展战略，努力构建完善的林业生态体系、发达的林业产业体系和繁荣的生态文化体系。没有完善的林业生态体系，林业产业就是无源之水；没有发达的林业产业体系，生态建设就没有活力和动力；没有生态文化的大发展，人们的生态文明观就难以牢固树立。三大体系相互依赖、相互促进，任何一个体系的缺位或者弱化，都不能满足可持续发展的要求和建设生态文明的需要。

专栏1 林业“十一五”规划主要指标实现情况

指标	2005年	“十一五”目标	2010年
森林覆盖率（%）	18.21	20	20.36
森林蓄积量（亿立方米）	125	132	137
新增沙化土地治理面积（万公顷）		750	1 081
自然湿地保护率（%）	40	50	50
林业自然保护区面积占国土面积（%）	12.36	13	12.89
国家级公益林保护面积（万公顷）		5 700	7 000
林业产业总产值（万亿元）	0.85	1.2	2.28

C

P29-46

生态建设

- 全国造林绿化工作
- 全国防沙治沙
- 全国湿地保护
- 全国生物多样性保护
- 林业重点工程建设

生态建设

2010年，各级林业部门围绕林业“双增”目标，以集体林权制度改革为动力，加强组织领导，采取有效措施，全面加强生态建设和保护。全年生态建设的工作重心紧紧围绕建设和保护森林生态系统、保护和恢复湿地生态系统、治理和改善荒漠生态系统，维护和发展生物多样性，扎实推进林业生态建设各项工作。

（一）全国造林绿化工作

1. 造林绿化工作扎实推进

2010年，全国共完成荒山荒地造林面积590.99万公顷，比2009年下降5.63%。2010年造林面积较2009年有所减少的原因，一方面是由于今年我国特大干旱、严重洪涝等自然灾害对新造林产生一定影响；另一方面，2008年第四季度中央扩大内需新增255万公顷造林任务使2009年的造林面积大幅增长，若扣除这一因素，2010年造林仍保持较大规模。全年完成的荒山荒地造林总面积中包括人工造林387.28万公顷，飞播造林19.59万公顷，无林地和疏林地新封山育林184.12万公顷（图1）。西部12个省（自治区）（含新疆生产建设兵团）共完成造林面积342.77万公顷，占全部造林面积的58.00%。完成有林地造林面积38.80万公顷；更新造林30.67万公顷；“四旁”（零星）植树24.69亿株。全国苗木产量和育苗面积分别为414.18亿株和66.04万公顷，林木种子采集量为5.09万吨。

义务植树取得显著成绩　2010年，全年有5.90亿人次参加义务植树，植树26.03亿株。截至2010年底，累计有127亿人次参加义务植树，植树589亿株。

图1　2001～2010年全国造林面积变化趋势

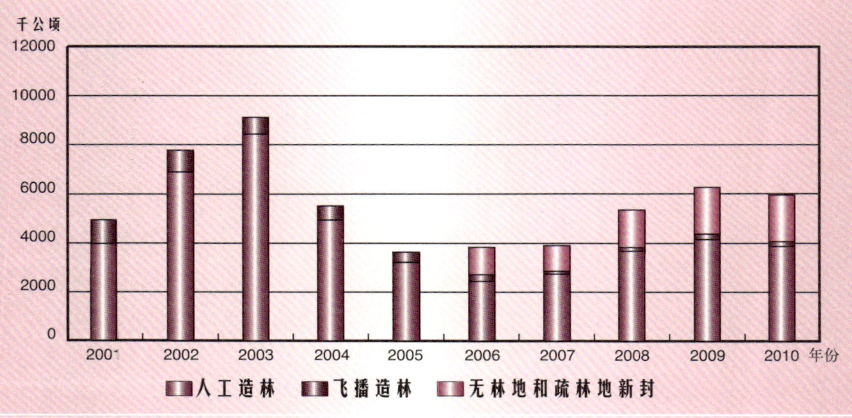

部门绿化空间不断拓展 2010年，各部门（系统）按照全国绿化委员会的安排部署，开展了丰富多彩的部门绿化活动。中央直属机关全年新建绿地12万余平方米，改建绿地20万余平方米。农垦系统全年新建农田林网5.68万公顷。中国人民解放军和武装警察部队创建全军绿色营区、生态营区120多个，完成“三荒”（荒山、荒地、荒坡）造林2.67万公顷。交通运输系统新增公路绿化里程17.04万千米，累计实现我国公路绿化194.33万千米，其中，国道绿化12.99万千米，公路宜绿化路段绿化率91.2%；省道绿化23.08万千米，绿化率86.4%；农村公路（县、乡、村道）绿化155.13万千米，绿化率53.9%；各类专用公路绿化3.1万千米，绿化率56.7%。高速公路已基本实现绿化。铁道系统在全国铁路沿线共栽植乔木647.5万株，灌木8 626.2万株。截至2010年底，已实现绿化达标的宜林线路3.43万千米，占宜林线路的74.40%。水利系统完成湖泊、水库周边绿化3 900公顷，累计绿化湖泊、水库周边1.03万公顷；江河沿岸绿化长度5 300千米，累计绿化江河沿岸长度5.07万千米。

城乡绿化成效显著 2010年，全国城市建成区绿化覆盖面积已达149.45万公顷、绿地面积133.81万公顷、公园绿地面积40.16万公顷；建成区绿化覆盖率38.22%、绿地率34.17%、人均公园绿地面积10.66平方米。

2. 造林林种、树种结构逐步优化

生态公益林保持较高比重 从林种结构看，在全部造林面积中，用材林80.99万公顷、经济林111.09万公顷、防护林394.34万公顷、薪炭林1.89万公顷、特种用途林2.68万公顷，占全部造林面积的比重分别为13.70%、18.80%、66.73%、0.32%和0.45%。公益林（防护林和特种用途林）占全部造林面积的比重为67.18%，仍保持较高水平。

乡土树种比重增大 从树种类型看，在全部造林面积中，使用乡土树种的面积为340.43万公顷，所占比重为57.60%。使用珍贵树种的面积为10.15万公顷，使用速生树种的面积为74.10万公顷。

混交林所占比重有待提高 从结构类型看，在全部造林面积中，纯林面积319.67万公顷，混交林面积216.32万公顷，其他类型55.00万公顷，所占比重分别为54.09%、36.60%和9.31%，混交林比重有待提高。

3. 森林经营不断加强

2010年，中央财政森林抚育补贴试点由2009年的11个省（自治区、直辖市）（单位）扩大到27个省（自治区、直辖市）（单位），共安排资金20亿元，全国森林抚育面积继续扩大，全年共完成中幼龄林抚育面积666.17万公顷，比2009年增长4.70%；完成低产低效林改造面积66.56万公顷，比2009年增长22.48%。

4. 全国营造林综合核查情况

2010年，全国共抽查了除西藏外的30个省（自治区、直辖市）和新疆生产建设兵团、四大森工（林业）集团共计35个省级单位的413个县、1 371个乡，共

33 991个小班和127个播区，抽查营造林面积441.84万亩。

全国营造林规模持续增长质量提高 2009年度全国营造林上报完成面积达到680.00万公顷，比2008年度增长15.8%；核实总面积641.98万公顷，比2008年度增长19.8%。在遭受特大旱灾的情况下，营造林质量仍稳步提高。2009年度全国营造林合格总面积577.81万公顷，总体合格率90.0%，为近4年来的最好水平。根据对2006年度人工造林（更新）保存状况和2004年度封山育林、飞播造林成效的核查，全国相关年度营造林成效总面积398.48万公顷，综合成效率90.2%。

林业重点工程造林强劲推进 2009年度全国林业重点工程营造林上报完成面积451.64万公顷，核实总面积为414.89万公顷，合格总面积为368.66万公顷，合格率为88.86%，与2008年度同比上升3.86个百分点，与2008年度比较，上报面积增加129.11万公顷，核实面积增加123.49万公顷，合格面积增加120.98万公顷，增幅均超过40%。重点工程营造林面积占全国的比重也在上升，核实面积占全国的比重为64.6%，较2008年度上升了10.2个百分点；合格面积占全国的比重为63.8%，较2008年度上升了10.2个百分点。相关年度重点工程营造林成效面积263.49万公顷，对全国营造林成效的贡献率达到66.1%，继续发挥了营造林主战场的作用。

非公有制造林保持良好发展态势 2009年度非公有制人工造林核实面积占全国的67.2%，比2008年度提高2.1个百分点，核实面积增加40万公顷。全国有10个省个体造林比例超过70%。

木本粮油、生物质能源林等资源培育进程加快 2009年度全国商品林造林核实面积达到190多万公顷，占全国的48.0%。速生树种营造规模扩大，全国用材林造林面积中，杨树、桉树分别占21.0%、28.1%。经济林造林占全国的16.0%，木本粮油林、生物质能源林成为造林新的增长点。核桃、枣、高产油茶林造林面积分别占全国的16.7%、3.1%、1.2%，较2008年度分别提高了6.0、2.9、0.9个百分点；生物质能源林造林占全国的2.8%，提高了0.1个百分点。

问题 自然灾害对营造林质量影响较大。据测算，因特大旱灾，西南五省2009年度有12.72万公顷造林失败，其中涉及重点工程造林7.53万公顷；干旱特别严重的贵州、云南两省2009年度人工造林合格率分别只有40.8%、65.7%，比2008年度分别下降了58.6、9.2个百分点；营造林难度加大，现有重点工程投资标准偏低，新造林抚育管护欠账较多；生态公益林造林树种单一，混交林比例较低，影响工程建设效益。

（二）全国防沙治沙

2010年，全国防沙治沙工作取得积极进展，全年共完成沙化土地治理面积140多万公顷。

加强防沙治沙重点项目建设 2010年，编制了《国家级沙化土地封禁保护区规划（2011～2020年）》，并组织了专家论证。编制了《全国防沙治沙综合示范区建设规划》，并已批复实施。协调新疆维吾尔自治区组织编制了新疆塔里木盆地周边和准噶尔盆地南缘两大防沙治沙工程规划，会同甘肃省编制了甘肃石羊河流域防沙治沙及生态恢复规划。

扎实推进国家重点工程建设 2010年，京津风沙源治理工程完成林业建设任务43.91万公顷，石漠化综合治理完成林业建设任务16.87万公顷。京津风沙源治理工程开展了“质量年”活动，有效克服了工程区五十年不遇特大旱灾的不利影响，确保了工程建设成效，核实率达100%，政策兑现更加及时、透明，群众满意度明显提高。石漠化综合治理工程由试点期转入全面建设期，确立了以林草植被建设为核心的建设思路，总结出近百套石漠化治理经验和模式。

切实稳固和规范沙产业发展 在认真调查研究的基础上，制定出台了《国家林业局关于进一步加快发展沙产业的意见》，明确了加快发展沙产业的指导思想、原则和目标，提出了沙产业发展的总体布局和重点领域，明确了促进和扶持沙产业发展的政策措施和保障措施。

全面完成第四次荒漠化沙化监测 第四次全国荒漠化沙化监测结果显示，2005～2009年，全国荒漠化土地面积年均减少2 491平方千米，沙化土地面积年均减少1 717平方千米。荒漠化和沙化土地面积持续净减少，程度持续减轻，沙区植被状况进一步改善，重点治理区生态环境明显改善。

推进荒漠化履约与国际合作 组织完成了第四次国家履约报告；宣传了中国民间企业治沙经验和模式，代表亚洲受荒漠化影响国家参加了“联合国防治荒漠化十年”启动活动。推动了荒漠化领域与国际社会交流与合作，与蒙古国、阿根廷、德国等国家及联合国粮农组织开展了荒漠化防治项目合作。荒漠化作为重要内容已纳入中国—阿拉伯国家、中国—突尼斯、中国—伊朗、中国—印度经贸合作或林业合作协议。

问题 一是认识还不到位。一些地方重经济、轻生态的思想依然比较严重，以破坏沙区生态为代价，换取短期经济利益的现象依然存在，个别地方滥开垦、滥放牧、滥采挖等现象还比较严重。二是任务非常艰巨。重点治理的沙化土地，沙化程度更重，自然条件更差，治理难度更大。三是投入严重不足。防沙治沙投入与实际需求相比还有很大差距。四是政策亟待完善。防沙治沙若干扶持政策措施需要认真贯彻落实，一些政策需要完善，工作机制需要活化，社会各方面参与防沙治沙的积极性尚需政策机制调动。

（三）全国湿地保护

2010年，全国湿地保护管理工作进一步加强。按照2009年中央1号文件关于启动湿地生态效益补偿试点的精神，中央财政首次设立了专项资金，实施了湿地保护补助项目。第二次全国湿地资源调查继续开展，目前已有9个省完成了调查任务，5个国家重要湿地得到确认。起草了《国家重要湿地确认办法》，履行《湿地公约》，切实加强国际合作。截至2010年底，全国已建立各级湿地自然保护区550多处，国家湿地公园试点145处，国际重要湿地37处，50.3%的自然湿地得到了有效保护。

湿地立法和标准制定稳步推进　一是进一步修改和完善了《湿地保护条例》，并争取纳入国家立法计划。二是督促和指导省级湿地立法工作，2010年，吉林、四川、西藏三省（自治区）出台地方湿地保护条例。三是颁布了《湿地分类》国家标准。

中央财政湿地保护补助项目顺利实施　2010年5月，财政部和国家林业局联合下发了《关于2010年湿地保护补助工作的实施意见》，并首次安排专项资金2亿元，用于补助20个国际重要湿地、16个湿地自然保护区和7个国家湿地公园，开展湿地监控监测和生态恢复项目。该项目已完成湿地恢复2 253公顷，清淤50.5万立方米，生态补水2亿立方米。

湿地公园建设和管理体系逐步完善　2010年新批国家湿地公园试点45处，保护湿地面积25万多公顷。为规范国家湿地公园的建设管理，颁布了《国家湿地公园管理办法》、《国家湿地公园总体规划导则》、《国家湿地公园试点验收办法》和《全国湿地公园发展规划》等一系列规范性文件；组织设计完成了中国国家湿地公园标志，编制了《中国国家湿地公园标志使用暂行办法》等工作，系统建立了国家湿地公园发展和建设的管理制度。

问题　湿地面积减少、功能退化、生物多样性衰退趋势还没有得到根本遏制。湿地开垦与改造、污染、泥沙淤积和水资源不合理利用依然严重。大量改变湿地功能、用途的不合理利用活动继续加剧加重。湿地保护投入短缺，远远不能满足保护管理工作的实际需要。

（四）全国生物多样性保护

坚持保护优先，不断加大野生动植物拯救保护力度　一是继续加强重点濒危物种的拯救，安排专项资金保护大熊猫、朱鹮、扬子鳄、野马、麋鹿、鹤类等260余种濒危物种，野外种群和人工繁育种群稳中有升，大熊猫人工圈养种群数量达312只，朱鹮野生种群突破1 000只；安排专项资金用于海南长臂猿、普氏原羚等栖息地巡护和监测，指导四川省完成地震损毁大熊猫栖息地恢复9.08万公顷，极度濒危野生动物的栖息环境得到有效改善。二是实施了野马、麋鹿、黄腹角雉、蟒蛇、塔里木马鹿放归自然，启动圈养大熊猫野化培训第二期项目，研究提出了拯救华南虎工作思路，开展了人工繁育朱鹮、金丝猴、华南虎优化配对繁殖方案的研究。三是编制评审《全国极小种群野生植物拯救保护一期实施方案》，推动极小种群野生植物的保护工作和苏铁、兰科植物等濒危野生植物回归自然示范项目建设，完成《重点保护野生植物就地保护有效性评价》，跟踪德保苏铁、杏黄兜兰、华盖木等野外回归的监测工作。四是正式启动全国野生动物资源调查试点工作，筹备全国野生植物资源调查工作，全面摸清重点保护野生动植物的本底，增加保护工作的针对性和有效性。

加强监督管理，促进野生动植物保护和繁育利用行业健康发展 一是下发了《关于对野生动物观赏展演单位野生动物驯养繁殖活动进行清理整顿和监督检查工作的通知》，组织开展了对清理整顿工作的监督检查；与农业部联合下发了《加强鳄鱼管理有关工作的通知》，规范了对鳄类繁育利用活动的管理。二是对实验用猴、麝香、羚羊角、穿山甲片等野生动物资源繁育的利用，继续实施年度消耗总量控制制度和对资源配置的科学评审制度，加强对资源消耗的宏观调控。三是继续推行和扩展野生动物标识管理试点范围，标识管理的企业和产品分别达到647家470个品种，还有177家单位实施了野生动物活体标记，积极探讨野生植物标识试点工作。四是积极探讨制定国家植物园评定标准，推动国家植物园体系建设。

问题 一是由于国家对野生动植物拯救繁育基本建设投入不足，影响了濒危物种拯救繁育工作进程。二是仍有许多国家重点保护野生动植物的栖息地处于退化状态，对野生动植物的种群生存构成威胁；三是乱捕滥猎野生动物的情况得到基本遏制，但非法经营和乱捕滥猎鸟类等野生动物的情况仍时有发生；四是公众野生动物保护意识有待进一步提高。

（五）林业重点工程建设

2010年，林业重点工程建设顺利推进，全年国家林业重点工程完成造林面积366.96万公顷，比2009年下降20.16%，占全国造林面积的62.09%（图2）。其中天然林资源保护工程、退耕还林工程（不含京津风沙源治理工程退耕）、京津风沙源治理工程、三北及长江流域等重点防护林体系建设工程、重点地区速生丰产用材林基地建设工程造林面积分别为88.55万公顷、98.26万公顷、43.91万公顷、136.06万公顷和0.18万公顷，占全部造林面积的比重分别为14.98%、16.63%、7.43%、23.02%和0.03%，其他社会造林占全部造林面积的37.91%（图3）。

林业重点工程投资完成额为472.01亿元，比2009年下降7.22%，占全部林业投资完成额的30.39%。其中天然林资源保护工程完成投资73.13亿元，退耕还林工程（不含京津风沙源治理工程退耕）完成投资292.73亿元，京津风沙源治理工程完成投资38.24亿元，三北及长江流域等重点防护林体系建设工程投资总额57.09亿元，野生动植物及自然保护区建设工程和重点地区速生丰产用材林基地建设工程投资分别为10.01亿元和0.81亿元。

图2　2001～2010年林业重点工程造林面积变化趋势

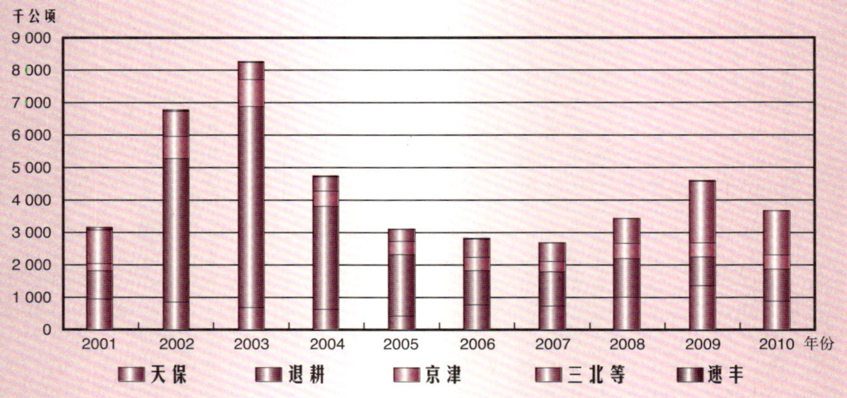

图3　2010年国家林业重点工程造林占全国造林的比重

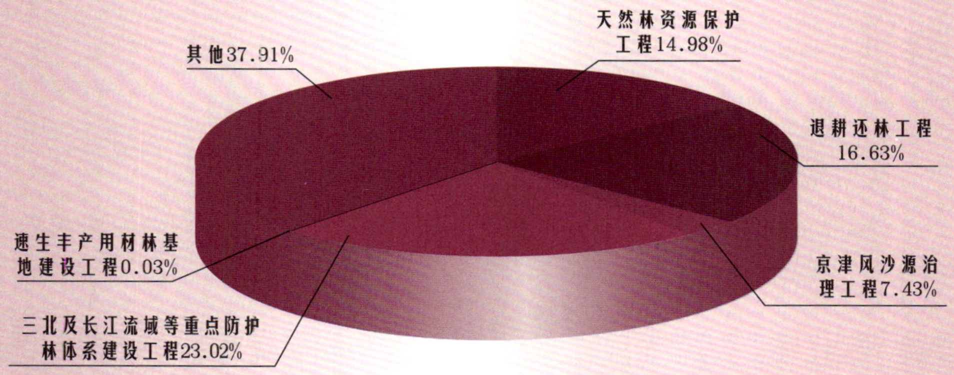

1. 天然林资源保护工程

2010年，天然林资源保护工程（以下简称天保工程）完成一期建设任务。经过十年的建设，天保工程区实现了森林资源由过度消耗向恢复性增长转变，生态状况由持续恶化向逐步好转转变，林区经济社会发展由举步维艰向稳步复苏转变。

公益林建设　2010年，天保工程完成各项公益林建设面积88.55万公顷，比2009年下降34.93%，其中人工造林16.88万公顷，飞播造林7.33万公顷，无林地

图4　2001～2010年天然林资源保护工程区木材产量及环比增长情况

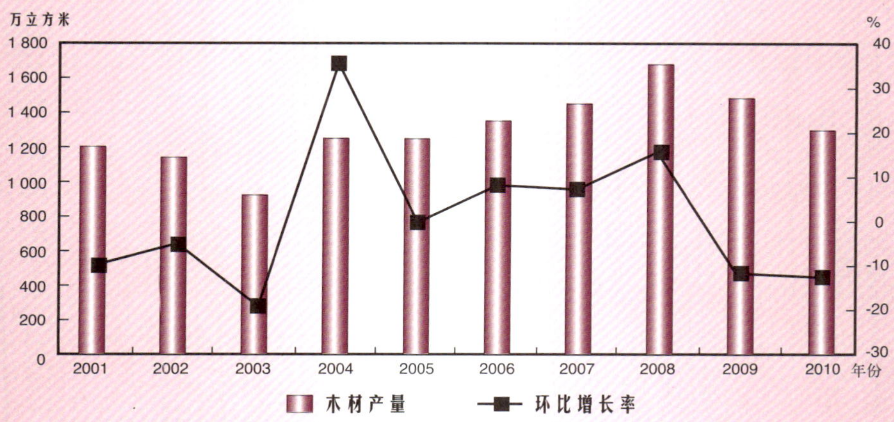

和疏林地新封山育林64.34万公顷。森林管护面积为10 486万公顷。自1998年工程实施以来，13年间工程已累计完成人工造林283.06万公顷、飞播造林326.60万公顷、新封山育林746.20万公顷。

人员结构及安置情况　天保工程实施13年来，工程区累计一次性安置职工67.20万人，其中2010年一次性安置1 668人。天保工程区2010年年末全部在册职工人数为87.04万人，其中在岗职工62.78万人，下岗待安置职工11.09万人，离开本单位保留劳动关系人员13.17万人。参加基本养老保险人数为91.76万人，参加基本医疗保险人数为106.85万人，分别比2009年增长4.45%和6.02%。

工程区木材产量　2010年，工程区木材产量达到1 299.48万立方米，比2009年下降12.43%，占全国木材总产量的16.06%。天保工程区木材产量于2008年达到最高峰后，近两年呈现下降趋势（图4）。

2010年国家林业重点工程社会经济效益监测通过对44个天然林资源保护、35个天然林资源保护森工企业监测结果显示：天保工程一期建设顺利完成，工程区森林植被呈现恢复性增长，生态状况好转，初步建立了森林管护体系，林区社会保持稳定。

公益林建设稳步推进。截至2010年，样本县累计完成造林87.38万公顷，累计造林保存幼林面积42.30万公顷。样本县2006年之后新增造林面积中，封山育林面积占66.74%，封山育林成为天保工程区公益林建设的主要手段。2010年，样本企业公益林建设总面积8.03万公顷，其中，人工造林2.22万公顷、无林地和疏林地新封5.81万公顷，分别占总面积的27.65%和72.35%。人工造林成活率为92.18%，人工造林保存率为87.34%，造林质量均达到技术规程要求。

森林资源持续恢复。与工程启动前的1997年相比，样本县工程区有林地面积增加了75.78万公顷，森林蓄积增加了6 216.65万立方米；2010年，样本企业森林面积为851.04万公顷，森林蓄积为9.81亿立方米。与1997年相比，样本企业森林面积增加了3.66万公顷，增长了0.43%。

富余人员妥善安置。2010年底，样本县在册林业职工11 995人，与1997年相比减少了3 996人。在岗职工中，分流到森林管护岗位6 639人，公益林建设1 288人，政社性人员1 277人，下岗待安置人员871人。2010年，样本企业在册职工人数为15.86万人，为1997年在册职工总数的45.98%，在册职工人数下降了一半以上。2010年，样本企业从事森林资源管护人数为2.57万人，营造林人数1.56万人，第三产业人数1.58万人，政社性人员共计2.65万人，分别占在岗职工总数的23.20%、14.13%、14.27%和23.91%。

森林管护体系初步建立。2010年，样本县管护林地面积785.95万公顷，占样本县有林地面积的77.01%；共有管护人员19 189人，其中承包管护人员16 110人，承包管护林地的农民占60.75%。2010年，样本企业管护森林面积1 130.07万公顷，为规划面积的104.32%，占林地总面积的93.86%，这说明样本企业在规划面积之外，将其他森林资源也纳入管护范围。从事森林资源管护人数为2.57万人。

2. 退耕还林工程

2010年，中央、国务院对退耕还林工程提出了“在重点生态脆弱区和重要生态区位，结合扶贫开发和库区移民，适当增加退耕还林任务”的要求，退耕还林工程按照紧紧围绕巩固和发展退耕还林成果这一目标，继续稳步推进退耕还林工程建设，努力创建巩固退耕还林成果的长效机制，不断提升工程建设质量，充分发挥工程的多种效益的总体思路，积极推进退耕还林工作，改善了工程区生态状况，增强了广大退耕农户的发展能力。2010年是巩固退耕还林成果专项规划的第三年，有关部门制定了《巩固退耕还林成果专项规划建设项目管理办法》，在陕西省柞木县召开了全国巩固退耕还林成果部际联席第一次会议暨现场会，对所有工程省区巩固成果建设项目进展情况进行了一次全面检查，扎实推进了退耕还林成果巩固和退耕农户生计解决。全年共完成造林面积99.65万公顷（含京津风沙源治理工程中1.39万公顷），比2009年增长10.89%，其中退耕地造林0.03万公顷，比2009年减少54.94%，荒山荒地造林67.48万公顷，无林地和疏林地新封山育林32.14万公顷，分别比2009年增长17.01%和0.05%。全年完成退耕地种草面积0.49万公顷。西部12个省（自治区）（含新疆生产建设兵团）共完成56.34万公顷的退耕还林任务，占退耕还林工程总造林面积的56.53%。

2010年，退耕还林工程投资完成额达322.05亿元，其中种苗造林补助费13.28亿元，粮食补助资金和生活补助费203.05亿元，巩固退耕还林成果专项资金86.22亿元（图5）。随着先期实施的退耕地补助陆续到期，从2008年起退耕还

图5　2010年退耕还林投资完成构成

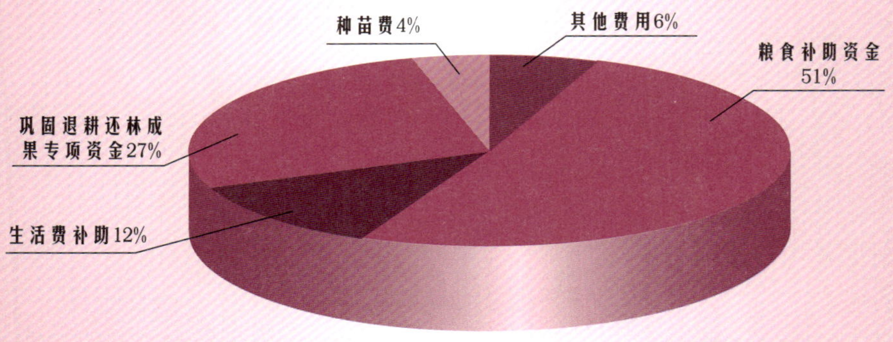

林工程涉及的粮款兑现面积呈逐年下降的趋势，2010年涉及粮款兑现的退耕地面积为812.44万公顷（1.22亿亩）。全年粮食补助资金163.50亿元，生活费兑现金额39.55亿元，全年粮款兑现涉及2 753万农户。

自1999年工程试点以来已累计完成退耕地造林906.29万公顷，荒山荒地造林1 481.20万公顷，新封山育林225.46万公顷。累计粮食补助资金总计1 804.23亿元，累计生活费兑现金额总计229.71亿元。

2010国家林业重点工程社会经济效益监测对100个退耕还林县、118个退耕还林村和1 156个退耕还林农户的监测结果表明：2010年，退耕还林工程继续深入推进，在巩固退耕还林成果和退耕农户长远生计方面取得初步进展。2010年，样本县共完成退耕还林投资35.75亿元，占2010年全国退耕还林总投资的11.10%，专项建设资金占当年全国专项建设资金的13.60%，完成造林任务5.54万公顷，占全国退耕造林面积的5.56%。

退耕还林专项建设取得初步成效。自2008年实施退耕还林专项建设3年来，100个样本县累计完成基本口粮田建设15.15万公顷；户用沼气池11万口，节煤节柴灶18万台，太阳灶（热水器）12万台，建成薪炭林2.55万公顷；完成生态移民80 922人；补植补造面积31.63万公顷；完成林果茶业、种植业等后续产业建设面积28.28万公顷，家禽、家畜养殖77.15万头（只），棚圈建设284.58万平方米。综合县、村、户三级监测结果发现，退耕还林专项建设对退耕农户的覆盖率在20%～35%之间，覆盖面偏小。

退耕地林木管理和经营得到加强。近1/3的样本农户对退耕地进行物质投入，户均投入162元，亩均投入13元。

退耕补助兑现有序进行，继续发挥重要的增收减贫作用。原补助、延长期补助及补助期满的退耕还林面积分别达52.77%、41.27%和5.96%，长江流域退耕补助兑现率96.16%，黄河流域退耕补助兑现率为99.76%，户均年退耕补助1 629元，占样本农户纯收入的6.01%，约2%的贫困退耕农户主要收入来源是退耕补助。

在国家强农惠农政策和退耕还林工程的双重支持下，退耕农户的长期生计基础逐步加强。样本农户人均耕地2.1亩，人均粮食产量554千克，粮食单产比退耕前提高47.51%，退耕地已能为农户提供17.95%的薪柴，以柴草为主要生活能源的农户比例为44.30%，沼气、太阳灶等新能源拥有率15%左右，户养老保险参保比重50%，新农村合作医疗保险参保率93%。

由于建设内容和对象不同于原政策，退耕还林专项建设与退耕农户结合得不够紧密，退耕还林投资结构和投资进度仍在调整之中。早期退耕还草和还经济林的退耕地中，约4%延长期补助已结束，需抓紧研究下一步退耕还林政策。

3. 京津风沙源治理工程

2010年，工程范围内的75个县共完成造林43.91万公顷，比2009年增长0.99%，其中人工造林11.39万公顷，飞播造林12.26万公顷，无林地和疏林地新封山育林20.26万公顷。草地治理面积17.73万公顷，小流域治理面积13.40万公顷，治理总面积达到75.04万公顷。另外，还建设暖棚95.14万平方米；购置各类饲料机械1.13万台；完成水利配套设施1.47万处；生态移民1 322人，涉及324户。

京津风沙源治理工程实施10年来，累计完成治理总面积达到889.79万公顷，其中林业工程576.76万公顷，草地治理221.22万公顷，小流域治理91.81万公顷。在林业工程中，累计完成人工造林291.35万公顷，飞播造林77.84万公顷，新封山育林207.57万公顷。

2010年国家林业重点工程社会经济效益监测通过对21个京津风沙源样本县监测结果显示：京津风沙源治理工程（以下简称京津工程）实施10年来，工程区植被明显恢复，生态恶化的趋势得到控制，原有植被得到了有效保护和恢复，林草植被覆盖率显著提高，林草面积扩大，地表起沙得到有效遏制，流动沙丘得到初步治理，同时，工程建设对带动区域经济发展、增加农民收入、改善工程区农民生活水平发挥了积极作用，取得了良好的生态、经济和社会效益。但京津风沙源区沙化土地治理是一个漫长、艰苦的过程，要实现京津工程的可持续发展，应进一步巩固、完善和提高工程的建设成果，加大公共财政投入力度，加强对工程区后续产业发展政策扶持，把加强生态建设与沙区产业发展相结合，拓宽农牧民增收渠道，提高工程对区域社会经济可持续发展的贡献率。

一是林草植被增长，沙化土地减少。与2009年相比，21个样本县（旗）的有林地面积增长11.08%，沙化土地面积下降0.54%，2010年样本县沙化耕地面积有所回升，比2009年增长11.76%，需要引起重视。

二是地区经济总量快速增长，工程对地区经济拉动效果显著。与2009年比，21个样本县（旗）样本县（旗）2010年地区生产总值1 150.17亿元，增长17.08%。根据我国投资和消费对GDP增长贡献率统计，2000～2009年，样本县京津工程投资对地区生产总值增长的贡献率为2.52%，退耕还林农户粮食和现金补助增加农村消费4.67亿元，对地区生产总值增长的贡献率为0.59%，工程建设对地区生产总值增长的直接贡献率为3.11%。

三是农村居民人均纯收入快速增长，工程对农民就业和增收效果明显。与2009 年相比，农村居民人均纯收入增长12.42%，增速高于2009年（7.38%）。同期，参与工程农户家庭净收入增幅比未参与工程农户高169.26元。根据沙区人工造林用工和国家统计局农村劳动力就业标准，样本县京津工程人工造林增加农村劳动力就业人数5.61万人，占同期样本县（旗）年末乡村从业人员增长量的28.89%。表明京津工程的实施促进了当地经济发展，促进了就业，增加了农民收入，提高了人民生活水平。

4. 三北及长江流域等重点防护林体系建设工程

2010年，三北及长江流域等重点防护林体系建设工程共完成造林面积136.06万公顷，比2009年下降28.13%，其中人工造林89.92万公顷，无林地和疏林地新封山育林46.14万公顷。分工程看，三北防护林四期工程完成造林面积92.83万公顷，长江流域防护林二期工程完成造林面积11.88万公顷，沿海防护林二期工程完成造林面积17.32万公顷，珠江流域防护林二期工程完成造林面积6.68万公顷，太行山绿化二期工程完成造林面积6.92万公顷，分别比2009年下降26.09%、46.51%、18.38%、18.55%、41.91%；平原绿化二期工程完成造林面积0.43万公顷，比2009年增长156.81%。

在全部造林面积中，防护林面积所占比重为83.90%，其中水土保持林和防风固沙林所占比重最高，分别达到了26.74%和22.53%。另外还完成低产低效防护林改造面积2.04万公顷。

自2001年以来，工程累计完成人工造林682.02万公顷、飞播造林29.11万公顷、新封山育林401.67万公顷。其中：三北四期工程累计完成人工造林429.36万公顷，飞播造林10.12万公顷，新封山育林200.20万公顷。

5. 野生动植物保护及自然保护区建设工程

截至2010年底，林业系统自然保护区已达2 035处，总面积1.24亿公顷，占全国国土面积的12.89%，其中，国家级自然保护区247处，面积7 597.42万公顷。与2009年相比，林业系统自然保护区数量增加23个，面积增加82.72万公顷。90%的陆地生态系统类型、85%的野生动物种群和65%的高等植物群落得到有效保护。

2010年，对53个国家级自然保护区投入基础设施建设资金2.85亿元，对103

个国家级保护区核发补助资金1亿元，使自然保护区基础设施得到极大改善。

截至2010年末，实有自然保护小区4.88万个，总面积1 588万公顷。野生植物就地保护点351个，总面积为476万公顷。国家划定禁猎（采）区2 425个，总面积为8 706万公顷。野生动物种源繁育基地560个，野生植物种源培育基地503个。野生动物园61个，植物园87个，狩猎场147个。野生动植物保护管理站5 456个，野生动植物科研及监测机构663个，鸟类环志中心（站）148个。全国从事野生动植物及自然保护区建设的人员达4.87万人，其中各类专业技术人员1.38万人。

2010年国家林业重点工程社会经济效益监测通过对40个自然保护区监测结果显示：保护区管护、宣教、科研监测能力进一步提高，区内生物多样性得到有效保护，生态状况进一步改善。同时，在带动周边居民就业，增加收入，促进当地经济发展发挥了重要作用。

一是野生动植物物种种类有所增加。2010年，40个样本保护区主要保护野生动植物物种种类，与2009年相比有所增加。有7个保护区反映新发现野生动物14种，种群累计700余头（只），有4个保护区反映保护区新发现野生植物12种，累计近7 000株。

二是野生动植物种群规模扩大，栖息环境稳定。2010年，部分样本保护区通过资源调查发现，区内物种种群规模发生了积极变化。如青海青海湖保护区2010年开展了野生动植物自然资源综合调查，国家一级保护动物普氏原羚种群14个，个体696只，比2009年增长了16%。保护区问卷调查显示，截至2010年，有18个样本保护区共设置固定样线2 489.8千米，与往年相比，监测对象野生动植物的生长、繁育及分布情况稳定，野生动植物种类和种群数量呈增长趋势，动物的活动迹象和分布密度增加；有30个样本保护区共设置固定样地1 125个，与往年相比，监测到的野生动植物栖息环境基本稳定，分布区域扩大，林木蓄积量增长，生态系统结构更趋合理，但个别样本保护区的监测对象种类数量有减少的趋势。

三是野生动物繁育放归和野生植物驯化栽培取得积极进展。截至2010年，40个样本保护区中有8个保护区开展了野生动物的人工繁育，共繁育大熊猫、滇金丝猴、麋鹿等国家重点保护野生动物13种，累计1 639头（只）；有3个保护区进行了人工驯养繁育野生动物野外放归实验，放归的野生动物有12种，共400余头（只），存活390余头（只）；有10个保护区开展了濒危野生植物的人工驯化栽培，共计驯化栽培珙桐、红豆杉等珍稀野生植物33种，累计60余万株。

四是宣传教育能力提升，范围进一步扩大。2010年，40个样本保护区共接待教学实习、参观和旅游等人员为645.89万人次，比2009年增长2.29%。其中，旅游实际接待人数为415.10万人次。

五是保护区带动就业能力进一步提升，社区居民收入明显增长。2010年，40个样本保护区通过工程建设、发展相关产业等为周边社区提供了50 561个就业机会，比2009年增长14.83%，获得收入59 393.47万元，比2009年增加32.57%。从样本村依托保护区就业和获得收入情况看，2010年，70个样本村依托保护区开展旅游项目、餐饮服务、开办家庭旅馆、参与保护区工程建设等就业人数3 295人，比2009年增加5.24%，获得收入6 474.44万元，比2009年增加36.74%。

六是对当地经济发展起到了一定的推动作用。保护区问卷调查显示，有95%样本保护区反映保护区工程建设对当地经济发展起到了一定的推动作用。在开展了生态旅游活动且提供了有效统计数据的20个样本保护区，生态旅游累计投入76 108万元，带动社会投资累计172 737.9万元，带动社会投资额是保护区投资额的2.27倍。保护区工程建设一定程度上促进了区域经济的发展。

6. 湿地保护与恢复工程

2010年，我国湿地保护与恢复工作进程加快，全国范围内的湿地得到有效保护。一是实施了39个林业湿地项目，完成中央投资2.21亿元。二是组织开展了10个湿地项目终期评估，形成了国家湿地保护工程的评估报告。三是指导地方开展湿地保护和恢复工作，指导和督促地方编制省级湿地保护中长期发展规划。四是启动了“十二五”规划的编制工作。五是对涉及湿地保护的60多项重大战略规划，包括全国水资源保护综合规划、区域规划以及省市级土地利用总体规划等进行了技术审核，提出了加强湿地保护的意见和建议。

截至2010年底，湿地自然保护区达550多处，国家湿地公园试点145处，国际重要湿地达37处，面积为391万公顷，湿地示范区面积为251万公顷。全国共有1 820万公顷的自然湿地得到有效保护，自然湿地保护率达到50.3%。

7. 石漠化综合治理工程

2010年，国家下达石漠化综合试点工程中央预算内投资10亿元，下达林业建设任务21.17万公顷，其中，封山育林任务14.66万公顷，人工造林任务6.51万公顷。2010年完成林业建设任务16.87万公顷，其中，封山育林任务11.64万公顷，人工造林任务5.23万公顷。截至2010年底，工程已累计完成林业建设任务36.55万公顷。

8. 重点地区速生丰产用材林基地建设工程

2010年，在信贷、保险以及采伐限额管理制度改革等多项政策措施的推动下，完成荒山荒地造林中速生树种造林74.10万公顷，占全部造林总面积的12.54%。重点地区速生丰产用材林基地建设工程共造林6 230公顷，其中荒山基地造林1 777公顷，更新造林4 439公顷。2010年大径材项目中央投资资金2 000万元，地方配套1 470万元，建设大径材基地0.52万公顷。初步形成了以粤、桂、琼、闽地区为代表的南方原料用材林产业带，以长江中下游地区与黄河中下游地区为代表的中东部工业原料用材林产业带，以东北、内蒙古地区为代表的用材林产业带。龙头企业和广大林农逐渐成为速生丰产用材林建设的主体。

专栏2 第四次全国荒漠化和沙化监测结果概述

2009年，国家林业局组织开展了第四次全国荒漠化和沙化监测工作，获得了2005年初至2009年底5年间我国荒漠化和沙化土地现状及动态变化信息。本次监测共动用技术人员6 000多名，调查图班592万个，获取各类数据2.5亿个。监测结果显示，截至2009年底，全国荒漠化土地面积262.37万平方千米，沙化土地面积173.11万平方千米，分别占国土总面积的27.33%和18.03%。5年间，全国荒漠化土地面积年均减少2 491平方千米，沙化土地面积年均减少1 717平方千米。监测表明，我国土地荒漠化和沙化呈整体得到初步遏制，荒漠化、沙化土地持续净减少，局部地区仍在扩展的局面。

第四次全国荒漠化和沙化监测与第三次监测间隔的5年内，中国防沙治沙工作呈现4个重要变化。

一是荒漠化和沙化土地面积持续净减少。5年间，全国荒漠化土地减少1.25万平方千米，沙化土地减少8 587平方千米，分别比上次监测时减少0.47%和0.49%。我国有荒漠化土地分布的18个省（自治区、直辖市），荒漠化土地均有所减少；有沙化土地分布的30个省（自治区、直辖市），绝大部分省（自治区、直辖市）沙化土地有所减少。二是荒漠化和沙化程度持续减轻。5年间，中度、重度、极重度三种类型的荒漠化土地分别减少1.69万平方千米、6 800平方千米和2.34万平方千米；中度、重度、极重度三种类型的沙化土地面积分别减少9 906平方千米、1.04万平方千米和1.56万平方千米；流动沙地、半固定沙地减少7 084平方千米。三是沙区植被状况进一步改善。5年间，沙化土地植被平均盖度由17.03%提高到17.63%，植被盖度50%以上的沙化土地面积增加1.03万平方千米，盖度小于10%的沙化土地面积减少1.36万平方千米。荒漠化和沙化重点保护治理区植物种类明显增加，植被群落稳定性增强。四是重点治理区生态环境明显改善。重点治理的科尔沁沙地、毛乌素沙地、浑善达克沙地、呼伦贝尔沙地、京津风沙源治理工程区等区域生态明显改善。以京津风沙源治理工程为例，与2001年相比，工程区土壤风蚀总量减少5.2亿吨，土壤水蚀总量减少2.87亿吨，地表释尘量减少1 352万吨，分别减少了44%、82%和43.3%，有效减缓了沙尘天气对京津地区的影响。

监测结果表明，我国采取的一系列重大政策措施，实施的防沙治沙重点工程，以及沙区广大人民群众的艰苦努力，取得了巨大成效。但是，监测结果也反映出，我国荒漠化和沙化土地防治工作依然面临着以下突出问题：一是土地荒漠化和沙化的趋势尚未得到根本改变。我国是世界上荒漠化、沙化面积最大的国家，荒漠化发生率居于高位，全国还有31万平方千米具有明显沙化趋势的土地。二是受过度放牧、滥开垦、水资源不合理利用以及降水量偏少等综合因素的共同影响，川西北、塔里木河下游等局部地区沙化土地仍在扩展。三是荒漠化地区植被总体上仍处于初步恢复阶段，自我调节能力较弱，稳定性、抗逆性较差，极易反弹、退化。四是人为活动对荒漠植被的负面影响还较严重，超载放牧、盲目开垦、滥采滥挖和不合理利用水资源等破坏植被行为依然存在。五是气候变化导致的持续干旱等极端气象灾害频繁发生，对植被建设和恢复影响甚大，土地荒漠化、沙化的危险性增大。

专栏3　2010年我国沙尘天气概况及灾情评估

2010年，我国北方地区共出现16次沙尘天气过程，其中扬沙、浮尘过程7次，沙尘暴过程7次，强沙尘暴过程2次。16次沙尘天气过程中，3月发生7次，4月发生5次，5月发生3次，11月发生1次。2010年沙尘暴灾害造成直接经济损失折合人民币约9.8亿元。

2010年沙尘暴灾害与往年相比，有以下特点：一是沙尘天气发生频次与近9年同期均值（15.8次）基本持平。二是沙尘天气强度较强。特别是4月24～25日发生在甘肃河西走廊和内蒙古阿拉善高原的沙尘暴过程强度较强，甘肃民勤4月24日晚甚至出现“黑风暴”。三是沙尘暴造成的灾情损失较重。4月24～25日发生在甘肃、内蒙古的沙尘暴造成直接经济损失约9.57亿元。四是沙尘天气主要起源于蒙古国南部和我国甘肃河西走廊—内蒙古西部地区。五是北京地区遭受3次沙尘天气影响，少于近9年同期均值（5.4次）。

D

P47-56

产业发展

- 林业产业总产值
- 产业结构
- 木材生产及林产工业
- 经济林、竹及花卉产业
- 森林公园建设及旅游
- 国有林区经济效益

产业发展

2010年，国家继续加强对林业产业发展的扶持和指导，成功应对国际金融危机对林业产业的冲击和影响，林业产业发展继续保持强劲势头。

（一）林业产业总产值

2010年，全年实现林业产业总产值22 779.02亿元（按现价计算），比2009年增加5 285.29亿元，增长30.21%（图6）。

分产业看，第一产业产值8 895.21亿元，占全部林业产业总产值的39.05%，比2009年增长23.11%；第二产业产值11 876.95亿元，占全部林业产业总产值的52.14%，比2009年增长36.24%；第三产业产值2 006.86亿元，占全部林业产业总产值的8.81%，比2009年增长29.43%。

分地区看，东部10省林业产业总产值比重较大，占全部林业产业总产值的48.68%；中部6省林业产业总产值为4 574.58亿元。东部省份增长较快，比2009年增长34.98%。林业产业总产值超过1 000亿元的省份共有9个，广东、山东、浙江、福建位居前四。

图6　2001～2010年林业产业总产值

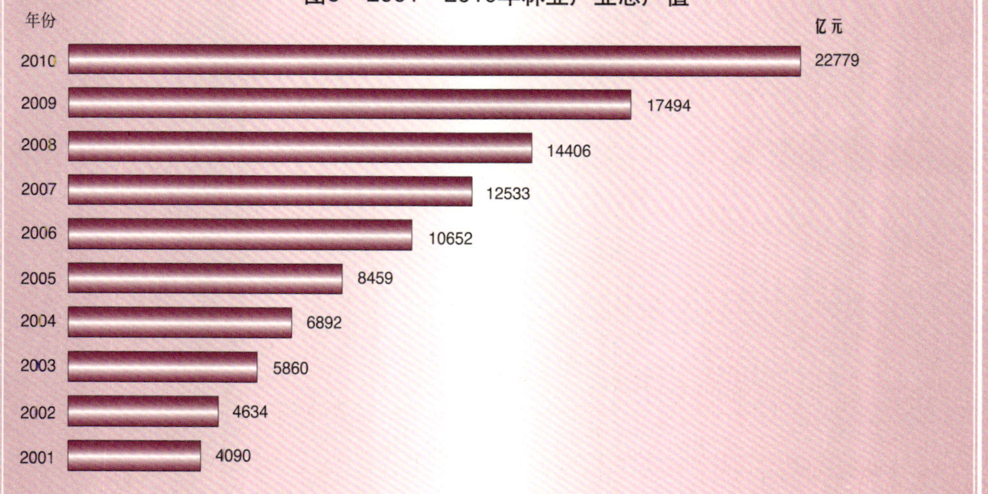

（二）产业结构

2010年，林业三次产业的产值结构由2009年的41.30：49.84：8.86调整为

39.05：52.14：8.81。第一产业比重下降，第二产业比重明显上升，第三产业比重比较稳定（图7）。

在林业产业发展中，涉林产业的产值贡献是全部林业产业产值的主体，2010年达到95.94%，非林产业仅占4.06%。从林业的一、二、三次产业内部结构看，一、二、三产业的涉林与非林的比重分别为96.29：3.71、97.34：2.66、86.12：13.88，林业第三产业的非林产业比重最大。

图7　2001～2010年林业三次产业产值结构变化

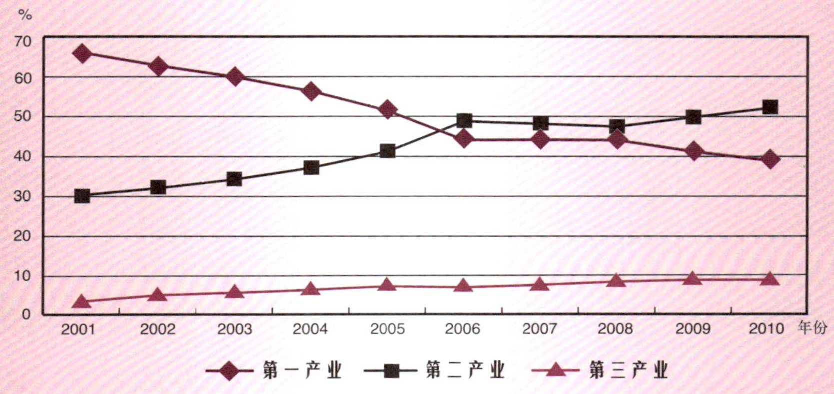

在林业的一、二、三次产业中，涉林产业的带动日益加强。

经济林产品的种植与采集业产值占到林业第一产业产值的一半以上　2010年，在全国林业产业总产值中，包括干鲜果品、木本油料、茶、中药材以及森林食品等在内的经济林产品的种植与采集业的产值达到5 158.19亿元，比2009年增长32.15%，占林业第一产业的57.99%；其他依次是林木的培育和种植业，产值1 478.57亿元，比重为16.62%；木竹材采运业产值881.52亿元，比重为9.91%；花卉的种植业产值为703.12亿元，比重为7.90%。

木材加工及木、竹制品制造业成为林业第二产业的主要组成部分　2010年，木材加工及木、竹制品制造业产值达到4 994.43亿元，比2009年增长27.11%，占林业第二产业的比重达到42.05%。其他主要产业按比重依次为木、竹、苇浆造纸业产值2 918.75亿元，占林业第二产业比重24.57%；木质、竹藤家具制造业产值1 635.46亿元，比重13.77%；非木质林产品加工制造业产值912.32亿元，比重为7.68%。

森林旅游业为林业第三产业的增长点　2010年，森林旅游及休闲服务业产值达到1 310.37亿元，比2009年增长35.76%，占林业第三产业的比重达到65.29%。其他主要产业按比重依次为：包括交通运输、批发零售及住宿餐饮业在内的非林产业产值278.46亿元，比重为13.88%；林业生态服务产值196.92亿元，比重为9.81%；林业公共管理服务业产值172.95亿元，比重为8.62%；林业专业技术服务产值48.16亿元，比重为2.40%。

以上三个龙头行业的产值分别占第一、二、三产业的比重为57.99%、42.05%和65.29%。对林业产值的贡献十分突出。

（三）木材生产及林产工业

木材产量恢复增长 2010年木材产量为8 089.62万立方米，比2009年增长14.45%。

从木材产品结构看，原木产量7 513.21万立方米，比2009年增长16.01%；薪材产量576.41万立方米，比2009年下降2.64%。

从木材生产单位看，林业系统内生产的木材为2 679.29万立方米，比2009年增长2.86%，占全部木材产量的33.12%；系统外企、事业单位采伐自营林地的木材266.02万立方米，比2009年增长19.30%，占全部木材产量的3.29%；乡（镇）集体企业及单位生产木材产量423.69万立方米，比2009年增长15.03%，占全部木材产量的5.24%；村及村以下各级组织和农民个人生产的木材4 720.62万立方米，比2009年增长21.91%，占全部木材产量的58.35%。

锯材产量持续增长 2010年，全部锯材产量3 722.63万立方米，比2009年增长15.26%。

人造板产量快速增长 2010年，人造板产量达到15 360.83万立方米，比2009年增长33.03%，是近5年增长速度最快的一年。在全部人造板产量中，胶合板7 139.66万立方米，比2009年增长60.40%，占全部人造板产量的46.48%；纤维板4 354.54万立方米，比2009年增长24.82%，占全部人造板产量的28.35%，其中中密度纤维板产量为3 894.24万立方米；刨花板产量1 264.20万立方米，比2009年下降11.66%，占全部人造板产量的8.23%；其他人造板2 602.43万立方米（细木工板占63.49%），比2009年增长19.61%，占全部人造板产量的16.94%。另外，2010年人造板表面装饰板产量为2.95亿平方米，单板产量为2 723.53万立方米（图8，图9）。

从分省情况看，人造板生产主要集中在东、中部地区，山东、江苏、广西、河北、河南、广东、福建、安徽8省（自治区）产量均超过700万立方米，8省（自治区）人造板产量共计11 921.95万立方米，占全国人造板总产量的77.61%，其中山东、江苏、广西、河北和河南5省（自治区）的人造板产量均突破1 000万立方米。

木竹地板产量快速增长 2010年，全部木竹地板产量达到4.79亿平方米，

图8　2001～2010年人造板（三板）比重趋势

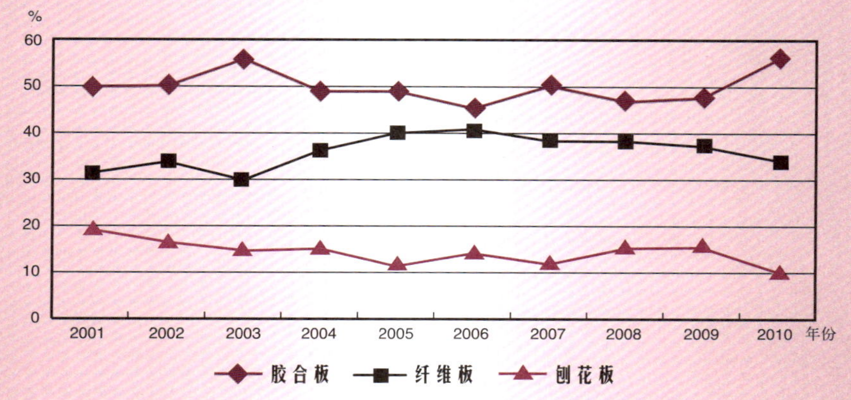

图9　2001～2010年全国森林工业主要产品产量

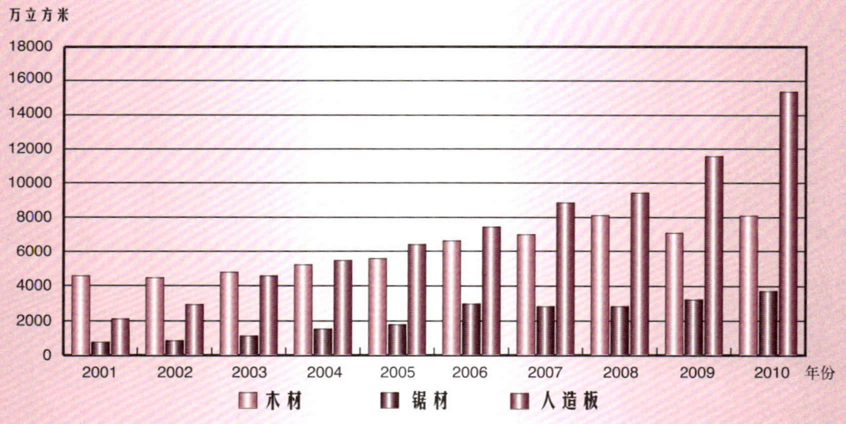

比2009年增长26.92%。在木竹地板产量中，实木木地板1.12亿平方米，占全部木竹地板产量的23.32%；复合地板2.68亿平方米，占全部木竹地板的55.97%；其他木地板5 979.62万平方米，占全部木地板产量的12.48%；竹地板3 940.40万平方米，占全部木地板产量的8.22%。木竹地板产量最大的省份是浙江省，产量达到8 014.40万平方米。

木制家具产量[①]　2010年，全国木制家具总产量26 073万件，比2009年增长

① 统计数据为规模以上企业产量。

27.18%。

木浆产量 2010年，纸和纸板总产量9 270万吨，比2009年增长7.29%；纸浆产量7 318万吨，比2009年增长9.65%，其中木浆产量708万吨，比2009年增长28.49%。

林化产品产量持续增长 2010年，全国松香类产品产量133.28万吨，比2009年增长19.32%，其中松香产量为120.60万吨，比2009年增长20.41%；松节油产量12.86万吨，比2009年增长14.53%；栲胶10 925吨，比2009年下降0.68%；紫胶产量2 080吨，比2009年增长4.42%。

（四）经济林、竹及花卉产业

2010年，新造经济林面积111.09万公顷，比2009年增长10.81%。各类经济林产品总量达到1.26亿吨。水果产量为11 030万吨，比2009年下降1.36%，其中苹果、柑橘和梨分别为3 128万吨、2 333万吨和1 447万吨；干果产量为743万吨，比2009年增长10.37%；林产饮料产品的产量为139万吨，比2009年下降2.59%；林产调料产品的产量为50万吨，比2009年增长6.76%；林产工业原料产量168万吨，比2009年增长7.50%；木本油料产量为113万吨，其中油茶籽的产量占97.02%；竹笋干、食用菌等森林食品产量为256万吨；木本药材的产量为117万吨。

2010年，竹材产量为14.30亿根，比2009年增长5.42%，其中毛竹9.35亿根，篙竹4.95亿根，分别占全部竹材产量的65.38%和34.62%。村及村以下各级组织和农民生产竹材10.84亿根，占全部竹材产量的75.81%。

2010年，油茶籽产量为109万吨，比2009年下降6.59%。油茶产业产值达140亿元。

2010年，花卉种植面积76.40万公顷；切花切叶125亿支；盆栽植物29亿盆；观赏苗木57亿株；草坪3.23亿平方米。具有一定规模的花卉市场4 500多个，花卉企业4.06万个，其中大中型花卉企业7 700多个；花卉从业人员387万人，花农115万户；控温温室面积和日光温室面积分别为4 042万平方米和13 886万平方米。

（五）森林公园建设及旅游

2010年，森林公园建设稳步增长。截至2010年底，全国共建立森林公园2 583处，总面积1 677.69万公顷，其中国家级森林公园747处，面积合计1 177.66万公顷。

森林公园的资源培育和生态保护工作进一步加强。2010年全国森林公园用于资源培育和生态保护的投资达25.33亿元，共营造风景林12.64万公顷，改造林相13.6万公顷。

森林公园的基础设施条件和旅游接待能力不断增强。截至2010年底，全国森林公园共拥有旅游道路5.47万千米，旅游车（船）2.52万台（艘），接待床位62.66万张，餐位113.6万个，从事旅游管理和服务的职工达13万人，导游1.3万人。

森林公园已经成为我国国内旅游的重要基地。2010年全国森林公园共接待游客3.96亿人次，森林公园直接旅游收入达294.94亿元，分别比2009年增长19.00%和30.42%，均高于国内旅游的增速（10.6%和23.5%）。同时，森林公园带动周边社区和居民提供森林旅游服务，全国森林公园年提供就业岗位60余万个，社会综合旅游收入近2 400亿元。

（六）国有林区经济效益

2010年，国有林区（包括135个木材采运企业和20个重点营林局）主要经济效益指标保持稳定。国有林区总资产贡献率2.6%，比2009年下降1.0个百分点；企业资本保值增值率100.8%，比2009年提高1.7个百分点；资产负债率58.0%，比2009年提高4.1个百分点；流动资产周转率0.6次，比2009年减少0.1次；成本费用利润率10.2%，比2009年下降4.3个百分点；企业全员劳动生产率14 443元/人，比2009年增加3 256元/人；产品销售率87.9%，比2009年下降4.3个百分点。

专栏4 2010年全国油茶产业发展情况

2010年，14个油茶主产区各级政府和林业部门认真贯彻落实第二次全国油茶产业发展现场会议精神，制定出台了一系列政策措施。全国油茶产业发展取得新进展、新成效。

油茶良种种苗供需矛盾大大缓解，苗木质量进一步提高 2010年14个省（自治区、直辖市）共培育油茶良种苗木5.34亿株，其中嫁接苗5.15亿株，比2009年增加了近1亿株，加上2009年生产并留床的2年生苗，预计可为今冬明春造林提供良种苗木3.4亿株以上，油茶良种苗木供需矛盾大大缓解。

油茶造林稳步推进 2009年冬季以来，14个省（自治区、直辖市）新造油茶林面积260多万亩，是2009年造林面积的4倍多。

油茶低产林抚育改造得到加强 各地在扎实抓好新造油茶林的同时，通过采取财政补贴、提供技术指导等各种措施，引导广大林农积极开展油茶低产林抚育。14个省（自治区、直辖市）抚育低产林面积超过300万亩，比2009年翻了一番。

扶持油茶产业发展的力度不断加大 据不完全统计，一年来，全国投入油茶产业发展的资金达到51.7亿元，比2009年增长近1倍，其中：各级政府投入16亿多元，企业投入近21亿元，种植大户及林农投入10.2亿元，油茶合作社等投入2.6亿元。在各级政府投入的16亿多元中，中央投入6亿多元、省级财政投入2.7亿元、县级财政投入2.7亿元、县财政整合各类涉农项目投入近5亿元。

社会各方面参与油茶产业发展的积极性日益高涨 据初步统计，截至目前，14个省（自治区、直辖市）参与油茶产业发展的企业已达1 060家，带动参与的农民达到199万；已成立油茶专业合作社、油茶协会等1 400多个，参与的农户达到34万多户。在2010年新造的260多万亩油茶林中，企业造林85.5万亩，造林大户造林81万余亩，散户及其他主体造林95万多亩，大体各占1/3左右。

科技支撑的力度进一步增强 一方面，科技创新进一步深化，国家科技支撑计划"油茶产业升级关键技术研究与示范"项目正式启动，组织69个单位414位技术人员，围绕油茶产业发展各个环节的关键技术开展联合攻关。同时，通过948引进、林业公益性行业科研专项等渠道，新设立了一批研究项目。另一方面，成果推广和技术培训力度进一步加大，国家投入1 695万元开展"林业科技富民工程"，选择新品种复合经营、容器育苗等18项技术在各地推广应用；各地培训人员15万多人次，发放技术手册约20多万册。

专栏5 广东省林业优化产业结构 转变发展方式

广东省产业发展以林业增效、林农增收、生态增优为目标，编制全省林业产业发展规划，出台加快林业产业发展的指导意见，扶持林业企业积极应对国际金融危机，促进营林造林和木材加工协调稳步发展，林业产业体系逐步完善，产业规模不断扩大，产业结构不断优化，林业惠民力度不断加大，林业产业发展逐步走上良性发展轨道。2010年，广东省林业产业总产值达2 802.16亿元，比2009年增长16.56%，其中：第一产业379.07亿元、第二产业2 378.11亿元、第三产业44.98亿元。

调结构，推进林业企业健康协调发展 按照中央"坚定不移调结构，脚踏实地抓转型"的要求，采取一系列得力措施，加快森林资源培育业、林木种苗与花卉业、野生动植物资源培育业、木竹材加工业、木竹家具业、木竹浆纸业、森林食品药品和油料生产加工业、林产化学工业、森林生态旅游业、林产品市场流通业等十大林业支柱产业的发展。大力引进技术含量高，带动辐射能力强、经济效益好的项目，加快推进全省林业发展方式转变，促进林业产业结构调整。

促转型，推动林业企业转型升级 贯彻实施《广东省委省政府关于加快经济发展方式转变的若干意见》，制定出台了《关于深入贯彻落实科学发展观 加快林业发展方式转变的实施意见》，共谋加快转变林业经济发展方式。加快制定出台广东省木材加工运输管理办法，提高木材加工准入门槛，淘汰一批高耗、低效的林产品加工项目，支持发展科技含量高的林产品精深加工和木材循环利用项目。

促发展，突出抓好集体林权制度改革 全力推进集体林权制度改革，使农民真正拥有林地承包经营权和林木所有权，农民的生产性收入和财产性收入大幅度增加。韶关、清远等8个林业大市农民涉林收入人均从2009年的1 191元增加到2010年的1 833元，增幅达53.9%。龙门县在林改过程中依法依规将48个联办林场归还村民经营，农民得利7 500多万元。始兴县司前镇温下村沙河村民小组林改后通过林木产权交易中心拍卖700亩林木，户均收益达2万多元。出台了林业支持保护、林业金融支撑、林业社会化服务等方面的强林惠农政策措施，为农民提供了新的创业平台和广阔的致富空间。肇庆、云浮两市及四会、始兴等26个县（市）成立了林权登记或产权交易服务管理机构，全省流转林地面积1 710万亩，流转金额22.9亿元。全省林权抵押贷款累计发放48亿多元。

挖潜力，充分发挥林地价值，做优林业第一产业 大力发展非公有制林业，稳步推进商品用材林基地建设，为木材加工业的发展奠定坚实的基础。目前，全省已发展速生丰产林1 100万亩、工业原料林1 200万亩、竹林720万亩、经济林基地面积1 500万亩。为提高林地产出率，全省许多地方积极引导降香黄檀、紫檀、柚木、檀香、沉香等珍贵树种的种植，使之成为国内长线投资高档林木的新亮点。全省种植珍贵树种面积32万亩，规划到2015年，全省发展珍贵树种达100万亩，建成南方最大的珍贵树种种植基地。同时，加快推进油茶产业发展，2006年以来全省新种油茶林50多万亩，油茶总面积达200万亩。

抓重点，充分利用国际国内两个市场，做强林业第二产业 重点培育和扶持一批生产规模大、技术含量高、带动能力强的龙头企业，对内充分挖掘国内市场，对外积极拓展国际市场。珠三角地区的家具生产和外贸进出口企业也千方百计开拓出口渠道，许多不断创新拥有自主品牌的企业，已成功抵御国际金融危机冲击，恢复生产和销售“两旺”局面。佛山市的大自然地板公司实施精益生产，提高产品出材率，每年在生产环节节约成本近4 000万元，还在加拿大碳汇市场购买碳汇，打造中国木地板高端品牌形象。佛山市沃德森板业公司利用废旧木质材料加工纤维板和阻燃刨花板，将产品通过中东出口到欧洲市场，有效地规避国际贸易壁垒。广东威华股份、大亚木业（茂名）等公司拥有2毫米的超薄板生产设备，工艺水平在国内处于领先地位。

培亮点，充分利用森林资源，做活以森林生态旅游业为主的第三产业 贯彻落实省政府《关于实行广东省国民旅游休闲计划的若干意见》，编制《广东省森林生态旅游线路规划方案》，制定《广东省森林生态旅游示范基地评定标准》，开展森林生态示范基地评选工作，共评选出77家森林生态旅游示范基地。2010年，全省森林生态旅游产值达43亿元，比2009年增长43%，间接拉动经济增值77亿元。同时，全省加大招商引资力度，引导有实力的民间资本投资林业生态旅游基础设施建设。举办了“广东森林生态旅游推介会暨投资项目签约仪式”，22家公司与全省森林公园、自然保护区签订了合作意向书，总投资金额达63亿元。深圳市东阳光实业公司与南岭森林公园签约，在5年内投资5.5亿元立体开发南岭丰富的森林景观和生态旅游资源。保利（东莞）投资有限公司斥资约100亿元，与省樟木头林场合作，打造集休闲度假、康体养生、会议商务、文化展示、生态体验、国际人居于一体的世界生态城。

重扶持，培育林业龙头企业，增强林业产业辐射带动能力 为增强企业自创品牌能力，从2008年开始，全省系统地开展省级林业龙头企业评选活动，累计评选了74家林业龙头企业。通过培育和评选龙头企业，总结推广“公司+基地+农户”的经营管理模式，鼓励和支持有条件的企业“走出去”，进一步拓展全省林业产业对外经贸交流与合作，促进广东林业产业建设规模化、集约化发展，带动林农致富，促进新农村经济建设。

E

P57-62

生态文化

- 生态文化基础设施
- 生态文化产品
- 生态文化传播
- 生态文化队伍

生态文化

（一）生态文化基础设施

1. 生态文化场馆

生态文化场馆建设力度进一步加大，全国新建生态文化场馆78处，较2009年增长了52.94%。全国首座防治荒漠化纪念馆——新疆防治荒漠化纪念馆在乌鲁木齐市开馆，纪念馆馆藏各类标本数量超过10万份，成为我国生态建设领域馆藏种类、数量最多的综合性纪念馆之一，在国际、国内均具有典型的区域代表性。武汉东湖荷文化馆正式对外开放，文化馆通过运用投影、电子相册、照片、典籍、实物等展示手段，系统全面地介绍了荷花的历史、文化、应用等相关内容，并通过荷花与文学、荷花的传说故事、荷花与医药、荷花与名人等专门展示，普及荷花科普知识。总投资1 900多万元的“锦屏文书”特藏馆在贵州省锦屏县三江镇赤溪坪村开工建设。宁夏湿地博物馆建成投入使用，成为当地展示湿地保护成果、传播湿地知识的重要窗口。湖北省首座桂花博览馆在咸宁市建成，博览馆以照片、展板、专题片、书画、对联等形式，突出咸宁桂花的历史渊源、品种、栽培方法、加工流程等特色桂花文化，为宣传普及桂花知识，挖掘、展示和传承桂花文化提供了重要平台。

2. 生态文化休憩场所

生态文化休憩场所建设规模进一步扩大，全国新建生态文化休憩场所159处，较2009年增长了11.19%。河南绿化博览园建成投入使用，我国规模最大、品种最全、科技含量最高的月季专类园——中华月季园在山东省莱州市正式运营，西南地区首个竹博园在重庆市梁平县开工建设，广东省珠海市投资5亿元建设珠海淇澳红树林湿地公园，集盆景栽培和观赏于一体、兼具休闲游憩功能的主题公园郑州盆景园免费开园迎客。北京南部地区最大的郊野公园——大兴三海子郊野公园建设正式启动，公园遵循“保护优先、积极治理、加大自然生态系统的保护和恢复力度，维护区域生态功能”的原则，充分发掘其文化内涵，重点建设湿地景观、皇家文化、麋鹿保护、生态休闲、农耕体验五大功能区，形成集“野、鹿、谐、韵、承”为一体的特色郊野公园。湖北省麻城市龟峰山风景区开建杜鹃专类植物园，规划建设杜鹃盆景观赏区、游客休憩娱乐区、特色餐饮区和杜鹃资源基因库，为当地群众休闲度假和专家学者开展杜鹃研究提供了新的场所。

3. 生态文化教育示范基地

生态文化教育示范基地建设水平进一步提高，全国新建生态文化（文明）教育基地53处，较2009年增长了82.76%。国家林业局、教育部、共青团中央、中国生态文化协会授予北京大学、黑龙江富锦国家湿地公园、浙江农林大学、云南昆明市海口林场、湖南环境生物职业技术学院、辽宁老秃顶子国家级自然保护区、安徽上窑国家森林公园、湖北宜昌市大老岭国家森林公园、甘肃祁连山国家级自然保护区、福建天柱山国家森林公园10单位“国家生态文明教育基地”称号，使“国家生态文明教育基地”达到30家。河北省塞罕坝机械林场总场和亿利资源集团被命名为“全国生态文化示范基地”。辽宁省第二批省级生态文化教育示范基地在省固沙造林研究所和仙人洞国家级自然保护区挂牌。河南省林业厅、教育厅、共青团省委联合授予郑州市二七区综合实践教育基地、洛阳市白云山国家森林公园、新乡凤凰山森林公园、漯河市沙澧河风景区、信阳董寨自然保护区、南阳桐柏山淮源风景名胜区6单位“河南省生态文明教育基地”称号。湖南环境生物职业技术学院、湖南永州阳明山国家森林公园、湖南郴州莽山国家森林公园和湖南东洞庭湖国家级自然保护区4单位成为首批湖南省“生态文明教育基地”。湖北省在全省范围内组织开展省级生态文明教育基地创建活动，并将其作为实施生态立省战略、推进生态湖北建设的重要内容。黑龙江省林业厅、教育厅、共青团黑龙江省委共同命名哈尔滨市白渔泡湿地公园、哈尔滨市太阳岛风景名胜区、富锦市三江平原湿地宣教馆、嫩江县高峰林场4单位为“黑龙江省生态文明教育基地”。这些基地广泛开展生态教育，积极传播生态文化，为引导社会公众牢固树立生态文明观念发挥了积极作用。

（二）生态文化产品

1. 生态理论研究

生态理论研究范围更加广泛，视野更加开阔，形成了许多具有前瞻性和开创性的学术成果。《关于发展现代林业与建设生态文明的思考》、《生态文明教育是建设生态文明的基础》、《林业是生态文明建设不可取代的主体》、《发展低碳经济 林业大有可为》、《科技引领中国城市森林健康发展》、《发展林业：应对气候变化的战略选择》、《生态教育要从娃娃抓起》、《低碳城市和森林城市》、《森林的生态服务功能及其碳汇作用》、《发展城市森林是促进城市低碳的战略选择》、《生态旅游是生态文明建设的最佳实践》等学术论文集中反映了生态研究领域的最新认识，为推动现代林业科学发展，促进生态文明建设提供了有力的理论支撑。《发展城市森林 打造低碳城市》、《中国水土流失防治与生态安全》等学术专著深入探讨生态建设与生态文明建设的重大理论和实践课题，为深化相关理论研究奠定了坚实的基础。

2. 生态文艺创作

生态文艺创作活动更加活跃，体裁更加丰富，产生了一大批具有思想性和艺术性的精品力作。文艺评论《世纪初中国动物小说的新突破》、《生态批评视域下的中国知青小说》，报告文学《林海苍茫，路在何方》、《茶油时代》，散文《三月，我们去植树》、《壮美的兴安岭》，诗歌《林业赞歌》、《走进林区》，小说《可可西里狼》，小小说《租地》，漫画《林二毛成长记》，小品《两全其美》，歌曲《林改之歌》，山水画《胡杨礼赞》成为年度优秀生态文艺作品的杰出代表。我国第一部反映国有林业发展的长篇电视连续剧《小兴安岭深处》开机，描述看山人几十年如一日坚守大山深处看护森林的原创性电影《看山棚》正式拍摄，大型系列电视专题片《湿地空间》摄制工作启动，生态纪录片《大象进行时》和系列专题片《大漠长河》制作完成，《月季诗词三百首》公开发行。由全国绿化委员会牵头主办、以保护生态为主题的“绿色畅想”生态公益晚会首演成功，晚会以艺术的形式生动诠释了地球与国家、国家与家庭的关系，呼吁全社会进一步增强生态保护意识，共同建设人类美好家园。由中国野生动物保护协会、中国保护大熊猫研究中心等单位联合出品的影片《熊猫宝宝成长日记》在第三届中国雅安国际熊猫·动物与自然电影节上获得绿色希望影片奖，该片以汶川地震后全球第一对大熊猫双胞胎宝宝“平平”和“安安”为主角，讲述了它们及同年出生的其他熊猫宝宝的震后生活，表现了人类对大熊猫的关爱之情。宁夏组织“绿荒山、富农民”林改专场文艺演出，深入到林间地头进行巡回演出50场次，让广大农民群众在欣赏文艺节目的同时，全面了解林改政策。

（三）生态文化传播

1. 社会媒体传播

《人民日报》、新华社、中央人民广播电台、中央电视台、中国网络电视台、《新京报》等中央和地方媒体围绕集体林权制度改革、生态建设、林业产业发展、野生动植物和生物多样性保护、林业应对气候变化，组织开展了主题突出、内容丰富、效果明显的系列宣传活动，以消息、通讯、综述、评论、访谈、专栏、专版等多种形式，大力宣传林业在经济社会发展中特别是在应对气候变化中的战略地位和重要作用，及时反映林业发展和生态建设取得的积极进展和显著成效，深入报道林业改革过程中涌现出来的先进典型和积累的宝贵经验，为发展现代林业、建设生态文明、推动科学发展营造了良好的社会氛围。据不完全统计，中央主要新闻媒体和主要新闻网站刊发各类林业和生态报道及专题达到14 000余篇（条），较2009年增长7.69%。新浪、搜狐、网易、腾讯、百度等门户网站充分发挥自身优势，积极创新形式，通过专题链接、微博、博客、网上论坛、网络空间等多种渠道，不断增强生态文化传播的吸引力，不断扩大生态文化传播的覆盖面。新华网、人民网、中新网等大型网站，在加大生态文化资讯刊发力度的同时，以国际湿地日、植树节、世界防治荒漠化与干旱日等重要纪念日和“两会”等重大会议召开为契机，适时推出网络访谈和深度报道，深化了人们对建设生态文明的认识和理解，推动了生态文化建设不断走向深入。中国林业网、关注森林网等一批新的生态文化网站建成开通运行，为更好地开展生态文化建设提供了新的重要载体。

2. 林业报刊图书出版

《中国绿色时报》、《生态文化》、《中国林业》、《林业经济》、《山西林业》、《浙江林业》等中央和地方林业报纸杂志围绕构建繁荣的生态文化体系，广泛传播生态知识，大力倡导生态价值观、生态道德观和生态发展观，积极推广绿色的生活方式和消费模式，为在全社会牢固树立生态文明观念发挥了重要作用。《中国绿色时报》在办好已有“人与自然”副刊的基础上，新增“生态文化”副刊，及时刊发生态文化建设动态，全面展示生态文化建设成效，成为推进生态文化建设、弘扬生态文明的重要阵地。林业图书出版事业蓬勃发展，各类生态文化读物受到社会公众的追捧。面向中小学生的科普读物《走近森林》，学术专著《塞罕坝森林植物图谱》、《云南德宏州高等植物》，工作手册《发展中的中国林业》、《乡镇林业工作站集体林权制度改革工作指导手册》出版发行。《中国林业志》长篇编写工作顺利推进，《林业典》5个分典之一的《森林培育与管理分典》编校工作完成，其余4个分典进入审校阶段。《中国林业年鉴》在第十二届全国年鉴学术年会上荣膺全国年鉴最高奖综合质量特等奖。

3. 展览展会论坛

内容丰富、形式多样、特色鲜明的展览、展会、论坛，适应了新型信息传媒快速发展和人们接受资讯方式变化的新形势，日益成为传播生态文化、弘扬生态文明的重要手段。虎年摄影书画作品展、国际观鸟摄影大展、西部大开发十周年生态环境与人居环境成就展、可可西里生态影像摄影展、中国林业和生态建设辉煌成就展等大型展览，充分运用图片、实物、标本、模型和声光电等多种手段，寓教于乐，普及生态知识，倡导绿色生活，增强了生态文化传播的吸引力、感染力和影响力。湖南首届世界名花生态文化节、第十二届中国国际花卉园艺展览会、张家界国际森林保护节、第二届中国绿化博览会、北京郁金香文化节、第三届义乌国际森林产品博览会、江西第三届花卉博览会、中国杨树节、中国（温州）森林旅游节、首届中国（伊春）森林音乐会、首届中国国际茉莉花文化节、中国成都第二届森林文化旅游节、鄱阳湖国际生态文化节等大型活动，提升了人们对生态环境的保护意识，促进了人与自然和谐相处。第七届中国城市森林论坛、全国生态文明高层论坛、第二届中国绿色产业经济论坛、国际芳香产业论坛、第三届北京森林论坛、绿洲论坛、国际生态城市论坛、第三届中国生态文化高峰论坛和中国生态文明建设高层论坛、中国（大兴安岭）低碳经济论坛等大型论坛，广泛交流实践经验，深入开展学术研讨，为促进生态文化和生态文明建设发挥了重要的推动作用。

（四）生态文化队伍

1. 理论研究队伍

生态文化理论研究队伍建设取得新突破。国务院学位委员会第27次会议批准设置林业硕士专业学位，为满足生态文明建设对林业专门人才的迫切需要开辟了新的渠道。浙江林学院正式更名为浙江农林大学，增强了生态文化理论研究力量。北京林业大学、中国林业科学研究院等林业高等院校加强与英国牛津大学、日本东京农工大学、美国伊利诺伊大学等国外知名大学、研究机构的合作，积极开展国际学术交流活动，吸收借鉴国外最新生态文化理论成果，进一步提升了国内生态文化学术研究的深度和广度。中国林学会、中国林业教育学会等林业社团组织通过举办论坛等多种形式，搭建学术交流平台，吸引国内外专家学者开展生态文化理论研究，使生态文化理论研究队伍不断壮大。

2. 文艺创作和文化管理队伍

生态文艺创作队伍建设取得新进展。由浙江省从事生态文化相关工作的科研、教学、技术推广、管理的企事业单位、社团组织和个人自愿联合组成的非营利性社会团体——浙江省生态文化协会成立。各地文艺社团组织广泛开展笔会、画展、汇演等多种生态文艺活动，动员当地文艺工作者和爱好者投身生态文艺创作，发现和培养了一大批生态文艺创作人才，壮大了生态文艺创作队伍。各级有关部门注重提高生态文化建设管理人员的业务素质和工作水平，加大培训力度，加强能力培养，为进一步推进生态文化体系建设提供了有力的组织保障。

专栏 6　第七届中国城市森林论坛

由关注森林活动组委会举办，国家林业局、全国政协人口资源环境委员会、湖北省人民政府、经济日报社联合主办，武汉市人民政府承办的第七届中国城市森林论坛于 2010 年 4 月 27～28 日在武汉举行。关注森林活动组委会成员单位的主要负责同志，76 个城市的市长及代表、专家学者，各省（自治区、直辖市）林业厅（局）负责同志和新闻记者约 500 人参加了论坛。论坛以“发展城市森林、打造低碳城市、建设两型社会”为主题。论坛期间，湖北省武汉市、内蒙古自治区呼和浩特市、辽宁省本溪市、浙江省宁波市、江西省新余市、河南省漯河市、贵州省遵义市、四川省西昌市等 8 个城市被授予“国家森林城市”称号。论坛发表的《中国城市森林论坛武汉宣言》向各级政府、社会各界、人民群众发出了积极行动起来，发展城市森林，践行低碳生活的倡议，在全社会引起了广泛关注和积极响应。全国政协副主席白立忱，全国绿化委员会副主任、国家林业局局长贾治邦出席论坛并讲话。他们的讲话，从不同角度深刻阐述了发展城市森林与实现低碳发展的关系，深入揭示了发展城市森林、打造低碳城市是推进可持续发展的迫切要求，是转变经济增长方式的重要内容，是调整能源消费结构的战略选择，是实现绿色生活方式的有效途径，引起了与会代表的强烈共鸣。

F P63-70

林业投资

- 资金来源
- 资金使用
- 林业固定资产投资
- 资金管理

林业投资

2010年，全国林业投资呈以下3个特点：一是林业实际投入资金增幅明显回落，中央林业资金比重持续下降；二是中央林业资金用于林业重点生态工程的比重下降，转而投向林业专项补助和基础设施建设；三是林业固定资产投资用于管护和抚育的资金比重在上升，用于造林的比重在下降。

（一）资金来源

2010年，林业系统实际到位的各类建设资金1 662.56亿元，与2009年相比增长了20.66%，增幅下降了16.22个百分点，是从2004年以来首次出现回落（图10）；年初计划投入资金1 544.54亿元，资金到位率为107.64%，与2009年相比降低了0.26个百分点。其中，实际到位中央林业资金944.96亿元，占年内实际到位林业建设资金总额的56.84%，比2009年下降4个百分点。2010年中央林业资金在林业建设资金中所占比重再次下降，是2000年以来的最低点，并已连续5年呈下降趋势。

图 10　2001～2010 年林业建设资金到位情况

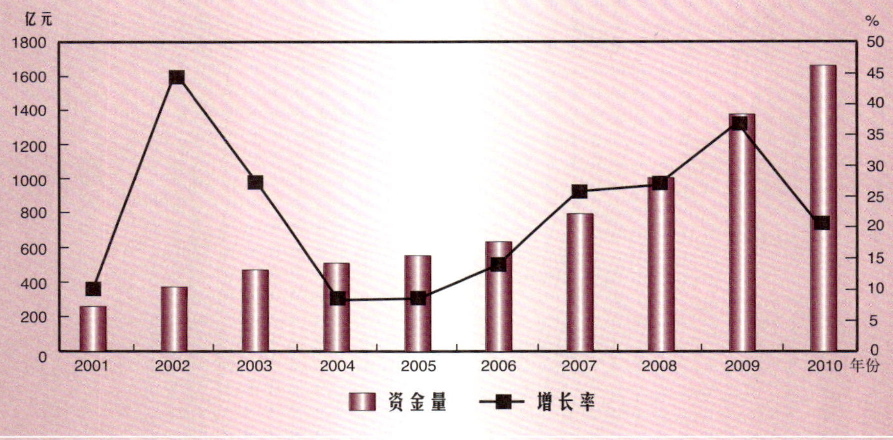

1. 中央林业资金

中央林业资金包括中央本级的财政支出和由中央统筹安排的地方财政支出，主要项目为国家预算内基本建设资金、国债资金、中央财政专项资金和其他国家预算内资金。

2010年，中央林业资金944.96亿元，比2009年增长12.73%。其中国家预算内基本建设资金169.41亿元，比2009年增长39.37%；国债资金34.44亿元，比2009年下降42.57%；中央财政专项资金511.92亿元，比2009年增长11.13%；其他国家预算内资金229.19亿元，与2009年相比增长16.90%（图11）。

从资金到位情况看，中央林业资金到位率为105.78%。其中，国家预算内基本建设资金到位率为100.14%，国债资金到位率为116.67%，中央财政专项资金到位率109.43%，其他国家预算内资金到位率为101.04%。到位中央林业资金均超过了年初计划。

图 11　2001～2010 年中央林业资金量及全部资金的比重

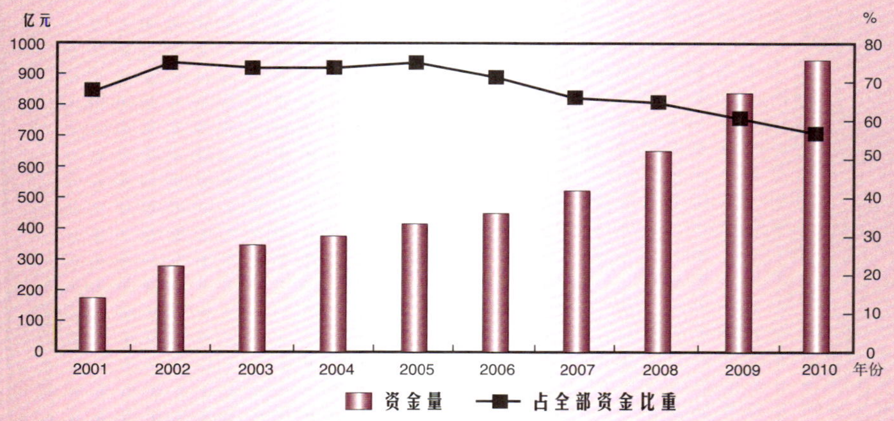

2010年，中央林业资金占全国中央财政总支出（48 322.52亿元）的比重为1.96%，相比2009年上升了0.05个百分点（图12）。

图 12　2001～2010 年中央林业投入占中央财政支出的比重

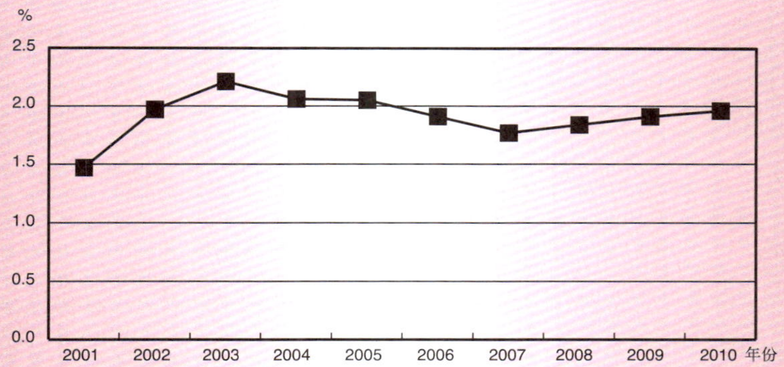

2. 林业贴息贷款

2010年，国家林业局下达林业贴息贷款建议计划180亿元，比2009年增加20亿元，增长12.5%；落实中央财政贴息资金7.6亿元，比2009年增加1.1亿元，增长16.87%。2010年，实际落实林业贴息贷款162.03亿元，占同期贷款计划的90.02%。其中：工业原料林（含木本油料及沙区石漠化地区种植业，下同）项目落实贷款54.37亿元，占当年贷款落实总额的33.56%，比2009年下降12.66%；经济林项目落实贷款40.58亿元，占当年贷款落实总额的25.04%，比2009年增长17.93%；其他种植业项目落实贷款12.78亿元，占当年贷款落实总额的7.89%，比2009年增长79.75%；多种经营项目落实贷款54.30亿元，占当年贷款落实总额的33.51%，比2009年下降3.26%。

3. 林业利用外资

2010年，我国林业利用外资项目个数为339个，实际利用外资规模达到6.57亿美元，比2009年增长18.56%，占全国利用外资总水平（1 057.35亿美元）的0.62%。其中：国外借款0.84亿美元，外商直接投资5.50亿美元，无偿援助0.23亿美元，分别占林业实际利用外资总规模的12.85%、83.63%和3.52%。

4. 自筹及其他资金

2010年，累计到位自筹资金256.87亿元，与2009年相比增长了17.75%，在全年林业各类建设总投资中的比重为15.45%。林业其他资金277.46亿元，比2009年增长18.66%，占全年林业各类建设资金的16.69%。

（二）资金使用

1. 中央林业资金投向

2010年，中央林业资金依然主要投向退耕还林工程、天然林资源保护工程、重点防护林体系建设工程、京津风沙源治理工程、野生动植物保护及自然保护区工程等林业重点生态工程。2010年，林业生态体系工程的投入资金总量达521.87亿元，占全部中央林业资金的55.23%，与2009年相比下降了12.44个百分点。其中：天然林资源保护工程69.16亿元，退耕还林工程309.94亿元，京津风沙源治理工程23.83亿元，重点防护林体系建设工程36.98亿元，林业血防工程抑螺防病林项目2.33亿元，野生动植物保护及自然保护区工程4.96亿元。

国家预算内基建资金　2010年，林业国家预算内基建资金投入169.41亿元，比2009年增加了47.86亿元。投向国家林业重点生态工程的资金总量达83.82亿元，占全部国家预算内基建资金的49.47%，投向林业基础设施建设的资金总量达79.36亿元，占全部国家预算内基建资金的46.84%，其中用于种苗建设、森林防火、林业有害生物防治、森林公安、科技教育的资金分别为3.31亿元、8.08亿元、2.50亿元、3.77亿元、0.97亿元，用于林业棚户区改造等其他基础设施建设的资金为60.73亿元。

国债资金 2010年，林业国债资金投入34.44亿元，比2009年缩减了25.52亿元，投向林业生态体系工程的国债资金总量达27.77亿元，占全部国债资金的80.62%。其中：天然林资源保护工程3.55亿元，退耕还林工程8.96亿元，京津风沙源治理工程5.32亿元，重点防护林体系建设工程7.56亿元，野生动植物保护及自然保护区建设工程1.07亿元，分别占林业国债资金完成总额的10.31%、26.01%、15.46%、21.95%和3.11%。用于种苗工程的国债资金为0.26亿元，占国债资金完成总额的0.76%；用于森林防火、病虫害防治、森林公安的国债资金为2.40亿元，占国债资金完成总额的6.97%。

中央财政专项资金 中央财政专项资金主要投向林业重点生态工程及各项林业专项补助，是中央财政扶持林业生态建设的重要手段。2010年，中央财政向林业生态体系工程投入专项资金356.28亿元，占全部中央财政专项资金完成总额的69.60%，其中：天然林资源保护工程投入54.23亿元，占中央财政专项资金的10.59%，主要用于解决森林管护经费、社会保险补助和政社性支出补助；向退耕还林工程和京津风沙源治理工程分别投入275.26亿元和14.16亿元，占中央财政专项资金完成总额的53.77%和2.77%，主要用于退耕农户的粮食补助和受工程影响农户的生活费补助。中央财政专项资金还用于森林生态效益补偿、林业救灾补助、造林补贴试点和森林抚育补贴试点等林业专项补助，下拨林业专项补助149.34亿元，占全年中央财政专项资金的29.17%。2010年分别投入财政专项资金66.21亿元、21.89亿元、3.21亿元和14.33亿元，占当年中央财政专项资金的比重依次为12.93%、4.28%、0.63%和2.80%。首次建立中央财政森林公安转移支付资金，当年各省投入5亿元。

2. 林业贴息贷款

2010年，项目单位利用林业贴息贷款及其配套资金营造工业原料林54.93万公顷，抚育73.63万公顷次，整地未造林2.08万公顷；新造经济林23.22万公顷，改造经济林10.8万公顷；种植其他经济植物17.2万公顷。建设多种经营项目771个，项目总投资175.02亿元，其中，已投产项目743个，创产值243.87亿元，创利税31.81亿元，安置就业人员12.7万人；未投产项目28个，预计投产后可创产值13.86亿元，可创利税1.64亿元，可安置就业人员3 900人。

2010年，在林业贴息贷款项目安排上，紧紧围绕我国今后一个时期要全力完成的林业双增和木本油料发展等战略目标任务，进一步加大了对林业小额贴息贷款和木本油料产业项目的支持力度。全面推开了林业小额贴息贷款试点工作，安排林业小额贴息贷款计划规模47.92亿元，比2009年增加14.82亿元，增长44.77%。实际落实林业小额贴息贷款36.84亿元，比2009年增加7.94亿元，增长27.47%；落实中央贴息资金1.33亿元，比2009年增加0.49亿元，增长58.33%。安排木本油料产业建设贷款计划规模19.2亿元，比2009年增加6.7亿元，增长53.6%。落实木本油料贴息贷款21.18亿元，比2009年增长5.88亿元，增长38.43%。

3. **林业利用外资投向**

从利用外资方式上看，依然以外商直接投资为主，国外借款和无偿援助仅占林业利用外资的16.37%；从利用外资的项目类型上看，以公益林和商品林造林项目为主，项目个数为191个，实际利用外资金额为1.65亿美元；从林业利用外资的区域上看，沿海省份利用外资比重较大，福建和广西两地林业利用外资占全部林业利用外资总额的79.12%。

（三）林业固定资产投资

1. **投资规模**

2010年，全部林业固定资产投资完成额达到1 553.32亿元，比2009年增长14.95%。其中：林业基本建设投资完成1 449.19亿元，比2009年增长12.50%；更新改造投资完成82.21亿元，比2009年增长57.92%；森工其他固定资产完成投资21.93亿元，比2009年增长97.47%。国家投资完成745.24亿元，占全部林业投资完成额的47.98%（图13）。

从结构看，营林固定资产基本建设投资完成1 170.96亿元，比2009年增长5.54%；森工固定资产基本建设投资完成278.22亿元，比2009年增长55.73%；营林与森工基本建设投资比由2009年的6：1调整为4：1。营林更新改造固定资产投资完成23.33亿元，与2009年相比增长了249.84%；森工更新改造固定资产投资完成58.88亿元，比2009年增长29.72%；营林和森工更新改造固定资产投资完成比为1：2.5。

图 13　2001～2010 年林业固定资产投资完成额及增长速度

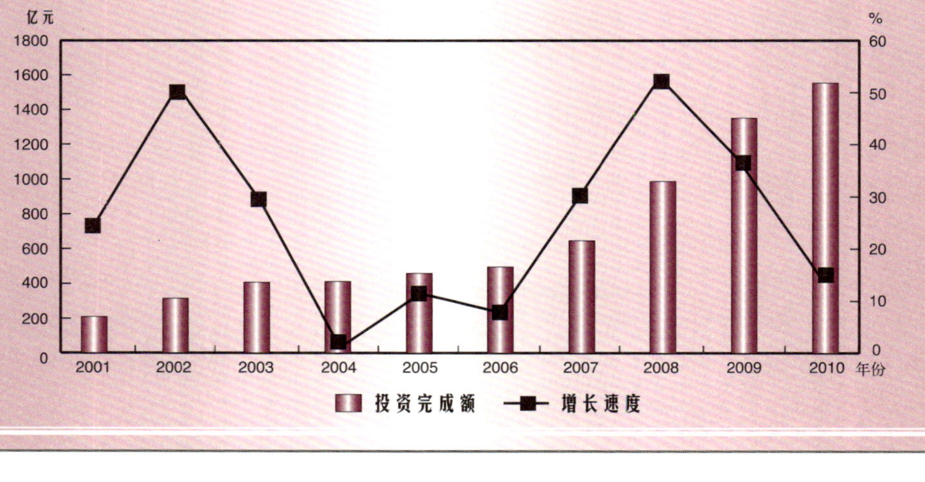

2. **投资重点**

2010年，林业固定资产投资主要投向营林基础设施建设，共完成投资1 170.96亿元，比2009年增长了5.54%。其中：用于造林、更新、改造、管护、抚育等营造林的资金为613.08亿元，比2009年增长2.69%，占全部营林基本建设投资的52.36%（图14），相比2009年比重下降了1.45个百分点；用于种苗、防火、病虫鼠害防治、森林公安等林业基础设施建设的资金为89.49亿元，比2009年增长了4.91%，占全部营林基本建设投资的7.64%；其他投资完成额468.40亿元，比2009年增长了9.65%，占全部营林基本建设投资的40.00%（图15）。

图 14　2010 年营造林投资完成额（单位：亿元）

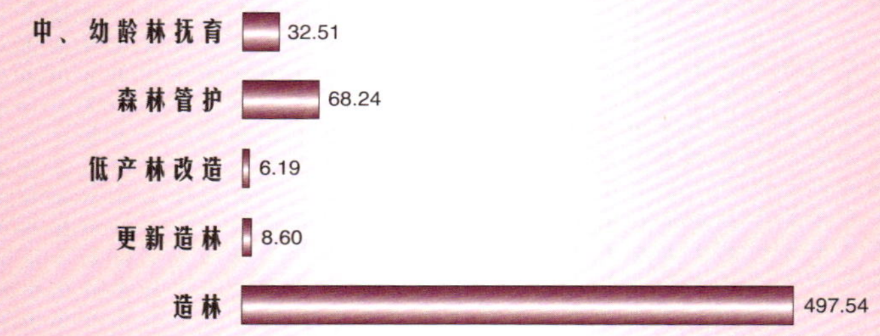

图 15　2010 年林业基础设施建设投资完成额

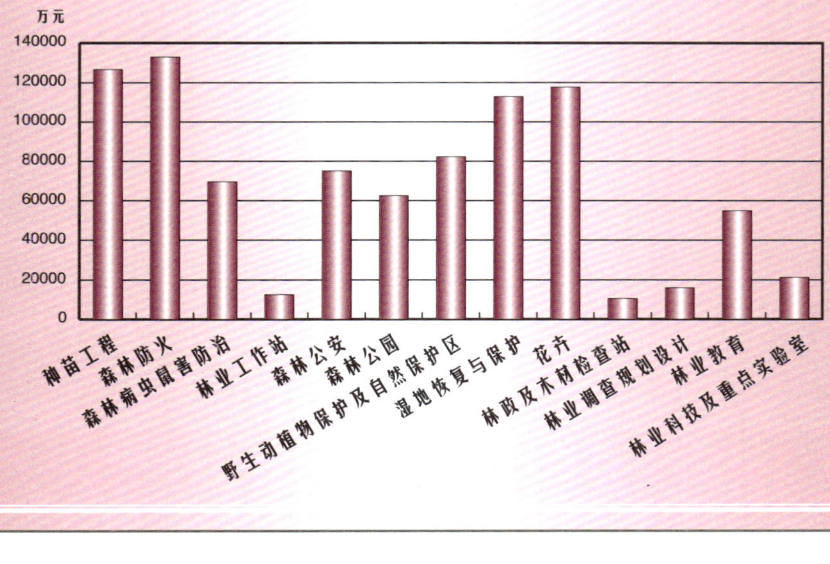

（四）资金管理

继续开展“小金库”专项治理工作　根据《中央治理“小金库”工作领导小组关于做好2010年“小金库”治理工作的通知》精神，认真开展专项治理“回头看”工作，上报《关于报送国家林业局“小金库”专项治理工作总结的函》，部署相关单位开展整改工作，并制定了《国家林业局社会团体和国有企业“小金库”专项治理重点检查方案》，组织4个检查组对17个单位进行重点检查。

开展林业重点工程建设领域突出问题排查　成立多个工作组，分别对全国31个省（自治区）中央林业投资使用管理情况，2008年以来重点工程建设领域突出问题，四川、甘肃、陕西省地震灾后恢复重建资金管理及项目进展情况，国家林业局华东林业调查规划设计院迁址工程、南京森林警察学院（原南京森林警察学校）扩建工程建设及资金使用情况进行重点检查。

G

P71-86

支撑与保障

- 森林资源管理
- 林业种苗
- 森林防火和森林公安
- 林业有害生物防治
- 野生动物疫源疫病监测防控
- 林业科技
- 林业教育
- 林业工作站
- 国有林场
- 林业信息化建设
- 林业职工队伍

支撑与保障

（一）森林资源管理

提高林地管理水平 2010年，全国共审核审批占用征收林地项目1.7万项，占用征收林地面积16.95万公顷，收取森林植被恢复费103.92亿元。与2009年相比，占用征收林地面积增长41.84%，主要为公路、铁路、水利水电等基础设施项目。2010年，林地管理水平迈上新台阶。一是严格林地征占用情况检查。组织了29省（自治区、直辖市）、新疆生产建设兵团、4大林业森工集团的70个县级单位占用征收林地情况进行了检查，共检查2009年以来占用征收林地项目1 277项，到期临时占用林地275项，森林植被恢复费使用情况1 031项。检查的1 277项占用征收林地项目，实际占用征收林地面积7 157.0公顷。其中，违法占用征收林地项目186项，面积752.6公顷。按标准应缴纳森林植被恢复费的项目1 209项，费用38 367.23万元；实际缴纳的项目1 045项，收费34 599.56万元，项目收缴率86.44%，费用收缴率90.18%。在抽查已经到期的临时占地275个项目中，已停止占用的134项，占48.73%；未重新办理占地审批手续继续占用的18项，占6.55%。二是提高林地征占用管理能力。国家林业局开通了网上运行的占用征收林地管理系统，在全国范围内试运行，强化了对占用征收林地审核审批的监管。

强化森林资源监督 一是扎实组织开展林地保护管理监督工作，对225项建设项目进行检查，发现44个项目存在违法违规使用林地情况，30个项目配套附属设施或辅助工程存在违法违规使用林地情况。加大对重大建设项目征占用林地的监督检查，发现未批先占林地问题4起，并责成当地森林公安局进行了查处。二是扎实推进森林资源采伐利用管理监督。认真组织开展“三总量”检查，检查重点国有林区5个林业局2009年度林木采伐总量、木材销售总量和运输总量计划执行情况，对非法占用林地，无证、超证采伐，丢弃材，商品材经营不到位等方面存在问题及时下发了整改通知。开展重点国有林区伐区调查设计和作业质量检查，引入了地理信息系统审阅调查设计。严格执行林木采伐许可证核发制度，进一步加强对木材凭证运输和经营加工行为的监督，形成监督机构、林业、运输三部门齐抓共管的监管机制。三是认真督察督办破坏森林资源案件。重点督办了福建长汀开采稀土非法占用林地案，黑龙江密山风电建设项目非法占用林地案等一批有重大影响的案件，编写了《破坏森林资源渎职案例评析》。2010年，各派驻森林资源监督机构共查办、督办各类林业行政案件400余起，结案率80%以上。四是积极推进保护发展森林资源目标责任制检查工作。组织驻长春、福州、西安专员办继续开展了检查试点工作，召开了保护发展森林资源目标责任制监督检查工作会议，修改完善了检查办法。

推进森林可持续经营 一是制定下发《森林经营方案编制与实施纲要》

和《县级森林可持续经营规划编制指南》；二是积极开展森林可持续经营试点示范，编制完成了《森林经营方案编制与实施规范》和《简明森林经营方案编制技术规程》两个行业标准。三是强化了森林经营方案的地位和作用，在“十二五”采伐限额编制过程中，有14%的编制采伐限额单位是通过科学编制森林经营方案来确定合理采伐量。

加强森林资源管理的基础工作 一是组织编制了《林业数表管理办法》，目的是规范林业数表工作管理，明确了林业数表范围，分国家和省两级管理，对编制单位的资质要求，林业数表专家委员会技术支撑，以及林业数表审查和颁布相关事项等进行了规定；二是组织编制了《全国林业数表体系建设导则》，目的是规划布局和促进林业数表系列化，确定了数表种类、编表对象、编表区域、编表单元，明晰了全国林业数表体系，以及指导全国林业数表工作等；三是组织编制了《林业数表编制数据采集技术规程》，目的是规范基础数据采集技术环节，明确了编表的样本选择、数据量测等具体操作，使采集的数据可符合多个用途和保证质量。

开展森林采伐限额执行情况检查 2010年，对全国26个省（自治区、直辖市）的40个县级单位的2009年度森林采伐限额执行情况进行了检查。检查结果表明，40个县级单位的年林木采伐总量均未超年森林采伐限额，伐区凭证采伐率平均为97.4%，发证合格率平均为92.8%，发证率平均为80.4%，伐区凭证采伐率、发证合格率比2008年度均有提高。检查也发现了无证采伐、超证采伐、基层采伐管理人员素质有待提高等问题。

（二）林业种苗

2010年，中央预算内投资计划下达林木种苗工程建设总投资31 213万元，其中中央预算内资金20 000万元，地方配套资金11 213万元。与2009年相比，总投资增长了8.19%，地方配套投资增长了26.69%，中央投资持平。在中央预算内投资中，其中林木良种基地建设项目投资13 801万元，林木种质资源收集保存库建设项目投资5 173万元，林木采种基地建设项目投资402万元，其他投资项目624万元，分别占中央预算内投资的69.00%、25.87%、2.01%、3.12%。

2010年，国家开工建设林木种苗工程项目133个，建设规模11 896公顷。其中，林木良种基地项目97个，林木种质资源保存库项目28个，采种基地等项目4个，种苗基地等其他项目4个，建设规模分别为9 261公顷、1 646公顷、859公顷、130公顷，分别占建设总规模的77.85%、13.84%、7.22%、1.09%。2010年建成项目79个，规模4 744公顷。其中林木良种基地项目63个，林木种质资源库10个，采种基地等项目3个，种苗基地等其他项目3个，规模依次为3 447公顷、689公顷、516公顷、92公顷，分别占投资建成规模的72.66%、14.52%、10.88%、1.94%。

2010年，全国共采收林木种子2 392万千克，其中2010年全国采种基地共采收种子646万千克，占全国林木种子采收量的27.01%；全国共生产良种191万千克，其中：种子园产种量62万千克，母树林产种量129万千克；采穗圃生产穗条11.9亿条（根）、无性系繁殖圃生产穗条6.6亿条（根）。

2010年，全国共完成育苗面积68.8万公顷，其中新育苗面积22.8万公顷。国有、乡村集体和个体育苗面积分别占育苗总面积的16.04%、5.06%和28.9%。2010年，生产造林合格苗木166亿株，这些苗木31%来自国有单位，6%来自乡村集体，还有63%来自个体。

（三）森林防火和森林公安

2010年，全国共发生森林火灾7 723起，为2003年以来森林火灾次数最少的一年，比近3年平均值下降3 031起，下降幅度为28.2%。其中一般火灾4 795起，较大火灾2 902起，重大火灾22起，特大火灾4起。与2009年相比，森林火灾次数下降12.82%，其中一般火灾、较大火灾和重大火灾次数分别下降3.03%、25.17%和37.14%，特大火灾由2009年的1起上升为4起。

2010年，全国森林火灾受害森林面积45 800公顷，因森林火灾伤亡108人，其中，轻伤、重伤和死亡人数分别为25人、18人和65人。与2009年相比，受害森林面积下降0.43%，森林火灾伤亡人数下降1.82%，其中死亡人数上升66.67%，受伤人数下降39.44%。

2010年，在全国发生的7 723起森林火灾中，因非生产性火源引发的森林火灾次数为2 734起，因生产性火源引发的森林火灾次数为2 981起，分别比2009年下降12.68%和26.76%；因雷击火引发的森林火灾次数为52起，比2009年上升了13.0%。其他自然火引发的森林火灾次数为66次。2010年全国发生的森林火灾中，人为因素引发的森林火灾仍然占已查明火源的森林火灾总次数的90%以上。其中，烧荒烧炭、上坟烧纸、野外吸烟、小孩玩火以及痴呆人弄火分别占已查明火源的森林火灾总次数的34.1%、18.1%、5.9%、4.3%和3.5%。

2010年，全国扑救森林火灾共出动105.3万个人工日，出动车辆8.9万辆（台）次，共出动飞机827架次，投入扑救森林火灾经费1.61亿元。

2010年，森林火灾发生率（起火灾/10万公顷森林）为3.95，森林火灾控制率（公顷受害森林面积/每起森林火灾）为5.92，森林火灾受害率（受害森林面积/森林总面积）为0.234‰。

2010年，全国森林防火能力建设成效显著。一是加强了制度建设。修订了《国家扑救重特大森林火灾应急预案》，制定了《应对重特大森林火灾直升机应急支援方案》、《武警森林部队扑救重特大森林火灾总体预案》，印发了《森林航空消防管理办法》，森林防火工作更加规范有序。二是加强了基础保障。认真实施《全国森林防火中长期发展规划》，共投入基本建设资金11亿元。防火物资储备中心共储备扑火物资3.6万件，并向有关省区调拨扑火物资2.7万件，为火灾扑救工作提供了坚实的保障。三是加强了森林航空消防工作。积极推进武警森林部队直升机支队组建和直升机选型、改装试飞工作，引进了第三架米－26大型直升机，在江西、湖南、陕西新建了3处航空护林站，大庆基地正式启用。四是加强了科技支撑。成立了全国森林火灾预防和扑救技术标准化委员会，与中国气象局联合建设了“月尺度全国森林火险气象等级预测系统”并投入运行，协调中国资源卫星应用中心，将环境减灾卫星用于林火监测。五是加强了人员培训。先后举办了20多期防火培训班，培训400多名扑火指挥员，举行2次扑火指挥系统实战演练，组织考察了中俄边境森林防火隔离带建设，提高了各级防火人员综合素质。

2010年，国家林业局召开全国森林公安工作会议，印发《全国森林公安“五化”建设指导意见》，加快推进森林公安队伍正规化、执法规范化、警务信息化、保障标准化、警民关系和谐化等“五化”建设。浙江、湖北、广西等省（自治区）成立了林业厅（局）长任组长、相关部门为成员单位的工作方案，宁夏、内蒙古大兴安岭召开了工作部署会。

2010年，全国森林公安机关组织开展了“春季心动”、“冬季行动”、“严打整治行动”等执法活动，参与了“老虎行动”、“旋梯行动”等全球性执法行动。全国森林公安机关共受理森林和野生动物行政案件17.9万起，查处行政案件17.7万起，处罚违法人员34万人次，收缴林木树木和木材57.9万立方米、野生动物83.5万头（只），涉案金额86.1亿余元，打击处理违法犯罪人员近2万人，收缴林木9万余立方米、野生动物33余万头（只），涉案金额55亿余元。

2010年，森林公安警务保障不断加强。一是建立了财政转移支付政策，下达2010年中央财政森林公安转移支付资金，江西、云南等10个省（自治区）落实了省级转移支付政策。二是加快了派出所建设进度。下达中央预算内资金5.88亿元，用于2 692个森林公安派出所建设。至此，2007年批复的《中西部地区森林公安派出所建设规划》基本实施完毕，国家共投入资金7.31亿元，建设派出所3 355个，有效改善了基层办公办案条件。三是加强了地、县业务用房建设。将地、县级森林公安机关业务用房纳入国家规划，与地方公安同步建设。四是南京森林警察学院正式揭牌，并纳入了公安民警招录培养体制改革试点院校。

（四）林业有害生物防治

2010年，全国主要林业有害生物发生总面积1 176万公顷，其中：虫害发生面积为852万公顷，病害129万公顷，鼠（兔）害183万公顷，有害植物12万公顷，共成灾107.8万公顷，成灾率4.6‰。与2009年相比，发生面积和成灾面积有所增加。

2010年，有害生物防治工作成效明显。一是积极采取防控措施，加大防治力度，共完成防治面积812万公顷，防治率达到69.78%，与2009年持平。其中，松材线虫病防治成效显著，县级疫点比2009年减少了13个，首次呈现县级疫点数量较上年度减少的好趋势。完成美国白蛾防治作业面积470多万公顷（次），实现了城区、主要交通要道及风景区有虫（网）株率控制在0.1%以下、重点防控区有虫（网）株率均控制在1%以下、一般防控区有虫（网）株率控制在5%以下的目标要求。二是林业有害生物防治机构建设得到进一步加强，江西、辽宁等 7 个省完成了“站改局”，另外21省本级机关完成了事业单位参公管理。三是国家继续加大林业有害生物防治基础设施建设，共批复全国60个林业生物防治基础设施建设项目，项目批复总投资6.75亿元；下达林业有害生物防控体系基础设施建设项目投资3.77亿元，其中中央投资2.54亿元。配置了林业有害生物防治轻型直升机，全球定位仪（GPS）、远程监控、航天航空遥感、电子勾绘、PCR仪等现代技术及设备在林业有害生物防治领域得到了进一步推广应用，极大提升了我国林业有害生物防治能力和水平。

（五）野生动物疫源疫病监测防控

2010年，我国野生动物疫情呈现以下特点：一是野生动物疫病对珍稀濒危野生动物种群的危害凸显；二是除野生动物救护繁育中心外，驯养繁殖场所野生动物疫情信息报告不多，疫病发生情况了解尚不深入，但结核病等人兽共患病对从业人员生命健康的潜在威胁比较大；三是野鸟高致病性禽流感在青藏高原局部地区呈季节性反复发生；四是疫情总体仍呈多样化、点状散发的态势，预警和防控难度较大。

2010年，野生动植物疫源疫病监测工作全面加强。一是推进野生动物疫源疫病监测防控体系基础建设。组织完成了《全国陆生野生动物疫源疫病监测防控体系建设规划（2010～2013）》的编制和论证。积极争取落实了边境地区、西部地区和少数民族地区省份50处国家级监测站的基本建设投资2 000万元。组织完成了对“野生动物疫源疫病监测信息网络直报系统”的验收。二是加强野生动物疫源疫病日常监测防控。紧密把握形势变化，及时下发了《国家林业局关于切实做好春季野生动物疫源疫病监测防控工作的通知》和《国家林业局关于加强今冬明春野生动物疫源疫病监测防控工作的通知》，指导各地积极开展日常监测和隐患排查。坚持信息日报告制度，发现麋鹿魏氏梭菌病、野鸟高致病性禽流感等6起野生动物疫情，共计49起异常情况。强化现场督导和工作指导，指导湖北、北京等地麋鹿异常死亡情况进行应急处置和隐患排查，配合相关部门联合开展北方边境地区非洲猪瘟等外来疫病专项督查。

（六）林业科技

2010年，林业科技投入大幅增加。组织实施林业公益性行业科研专项、国家科技支撑计划等中央财政预算项目近800项，累计争取中央财政投入近7亿元，比2009年增长约21%。

林业科学技术研究 2010年林业科学技术研究有序推进。一是国家科技支撑计划项目成果丰富。建立了“十二五”国家科技支撑计划项目储备库；选育、创制并保存了1 000多份油茶优良种质（品系），选育出普通油茶高产、优质、抗逆优良无性系91个，确定了42个良种的适生区域，累计示范面积达5 108公顷，建立油茶精深加工技术示范中试线、生产线8条，有机原料生产基地1 160公顷。二是林业公益性行业科研专项顺利进行。完成了毛竹基因组序列的测定与组装，进行了毛竹cDNA数据库的构建与系统进化信息分析；中国典型林区气候变化趋势和区域气候情景模式研究取得重要进展，提出了REDD+和LULUCF议题的研究对策。三是积极引进国际先进林业科学技术。碳计量系统、碳吸存分析技术等引进与创新，建立了适合我国特点的碳计量方法；引进林业生物质发电/供热/供气、生物柴油、林业生物酒精制取等生物质能源转化关键技术，开发出一批具有自主知识产权的生物质能源转化技术与装备，建成年产10万吨生物柴油联产5万吨聚酯多元醇的示范生产线，相关技术装备实现成套出口。

林业科学技术推广 2010年，林业科技推广工作成效明显。一是选派2 278名林业科技特派员深入林业生产第一线，累计承担技术开发项目1 221项、技术推广项目614项、指导农户57万户、培训林农186万人。二是围绕困难立地造林、森林抚育经营等内容，组织跨区域重点推广示范项目80项；围绕优良生态树种及生态环境建设、木本粮油等优良经济林（花卉）品种繁育及丰产栽培等内容，在全国29个省（自治区、直辖市）组织地方推广示范项目217项；围绕防沙治沙、沿海防护林营建技术等内容，组织实施国家级林业技术推广示范项目48项。三是组织实施农业科技成果转化资金项目19项。四是加强林业科技推广体系建设，开展了《农业科技推广法》立法后评估和执法检查，为31个省176个基层林业科技推广站配备了推广所需的仪器设备。五是大力推进林业科技产业化，认定“山东菏泽国家牡丹高技术产业化基地”，启动了“国产遥感影像在林业灾害应急处理中的应用高技术产业化示范工程”。

林业标准化建设 2010年，林业标准化建设取得重要进展。一是制（修）订166项林业行业标准和32项国家标准，批准发布林业国家标准6项，行业标准84项。二是对2009年以前发布的842项林业行业标准进行复审，并废止131项林业行业标准。三是新筹建森林消防和林业有害生物防治2个标准委员会。四是编制了“十二五”林业标准体系建设规划，并纳入了国家标准化体系建设工程。五是新建了油茶、核桃、板栗等10个木本粮油全国林业标准化示范区。六是林业标准国际化进程积极推进，承办国际标准化组织（ISO）林木和人造板2个技术委员会成员国年会，牵头制定《实木地板》国际标准。

林业科技成果 2010年，登记林业科技成果共434项，其中，软科学类11项，基础理论类19项，应用技术类404项。“人造板及其制品环境指标的检测技术体系”获国家技术发明二等奖；“落叶松现代遗传改良与定向培育技术体系”等6项成果获国家科技进步二等奖。《森林采伐作业规程》获“中国标准创新贡献奖”一等奖。9个林业科普基地被中国科协认定评选为全国科普基地。

森林认证 一是下发了《国家林业局关于加快推进森林认证工作的指导意见》，明确了森林认证工作的指导思想、工作原则和主要任务，为开展森林认证工作指明了方向。二是着手编制《森林认证中长期发展规划》，以全面规划和指导国家森林认证体系建设。三是选择吉林汪清林业局和黑龙江新青林业局先期开展森林认证审核试点。四是开展《中国森林认证 人工林》、《中国森林认证 竹林》等认证标准和《产销监管链认证审核导则》的编制。五是编制了与国际主要森林认证体系—森林认证认可计划（PEFC）互认申请文件，筹建成立了体系互认管理机构，提交了加入PEFC的意向申请。六是组织编写了《森林认证审核员技能培训教材》，举办了国家林业局第一期森林认证审核员培训班，39名学员全部通过认证认可协会组织的统一考试。七是组织开展了“森林认证成本效益分析研究”等专题研究，为准确把握森林认证对森林经营和林产品贸易的影响提供了决策依据。八是启动了森林认证现状全面调查，为整顿和规范认证市场奠定了基础。

林业知识产权保护 一是下发了《国家林业局贯彻实施<国家知识产权战略纲要>指导意见》，提出了林业行业落实国家知识产权战略、推进林业知识产权工作的指导思想、目标任务和政策措施。二是开展了林业知识产权试点，第一批26家企事业单位试点正式启动；三是建立了林业知识产权基础数据库，数据库入库记录达到30多万条；四是开发了《中国林业知识产权网》，建立了网上林业专利分析系统；五是组织开展了林业植物新品种和油茶知识产权保护专项行动；六是对台知识产权工作取得重要进展，参加了6次《两岸知识产权保护合作协议》商签工作，发布了“台湾地区申请人在大陆申请植物新品种权的暂行规定”，正式启动了来自台湾地区植物新品种权申请的受理工作。

林业植物新品种保护 2010年，全年受理林业植物新品种权申请79件，完成初步审查95件，组织专家完成现场实质审查38件，授予植物新品种权26件；完成了核桃属、梅花等10项测试指南编制工作；指导完成植物新品种测试机构项目建设，2个分中心及1个专业测试站已竣工验收，新品种测试体系进一步得到完善。召开了植物新品种执法座谈会，指导林业行政主管部门认真开展新品种保护执法工作。

林业转基因生物安全管理 一是严格开展林木转基因工程活动审批，按照国务院第412号令和国家林业局《开展林木转基因工程活动审批管理办法》的规定，通过对转基因桦树中间试验和转基因地被菊等4个项目的实地考察、评审，许可了3项林木转基因中间实验申请；二是开展林业转基因生物安全监测工作召开了监测项目座谈会，召开监测项目座谈会，对2007年首批的转基因林木监测试点项目进行了总结和验收，完成3个转基因林木监测项目合同签订；三是建立了林业转基因生物安全管理信息化系统；四是举办了林业转基因生物安全管理培训班，培训技术骨干80余人；五是对山东、北京等地转基因林木的中试情况进行了调研，指导解决中试中出现的难点问题。

国外智力引进 一是积极争取引智出国培训项目审批和组织落实。2010年经外专局审核批准5个出国团组，共105人，资助经费约112万元人民币。二是组织落实2010年引进国外技术管理人才项目计划。2010年，获批引进国外技术、管理人才项目24项，引进专家36人次，争取资助95万元。三是组织开展农业引智成果推广示范基地建设，引智示范推广项目4项，资助经费46万元。四是积极组织外国专家友谊奖申报及评审工作，意大利专家温南齐奥·瓦勒拉尼先生获得外国专家“友谊奖”，受到我国政府表彰。

（七）林业教育

招生 2010年，全国普通高等林业院校招收研究生和其他高等学校科研单位招收林科研究生共6 663人，比2009年增长7.87%；林业学科博士、硕士研究生招生4 078人，与2009年基本持平。全国普通高等林业院校招收本专科生和其他高等学校林科招收本专科生共61 375人，比2009年增长0.64%；林科专业本科、专科招生38 611人，比2009年下降0.85%。中等林业（园林）学校招生和其他中等职业学校林科共招收学生138 659人，比2009年增加1.83倍。

毕业生 2010年全国普通高等林业院校和其他高等学校、科研单位输出的毕业研究生大幅增加、全国普通高等林业院校和其他高等学校林科输出的毕业本专科生小幅增加，中等林业（园林）学校和其他中等职业学校林科输出的毕业中专生大幅度增加。本学年博士、硕士毕业生5 398人，比2009年增长14.03%，其中，林业学科博士、硕士毕业生3 862人，比2009年增长11.23%；本专科毕业生52 803人，比2009年增长1.19 %，其中，林科专业本科、专科毕业生32 926人，比2009年增长7.50%。全国中等林业（园林）学校和其他中等职业学校林科毕业生共43 704人，比2009年增长53.63%。

教育和教学改革及成果 2010年，林业学科、专业建设及教学改革取得明显成效。一是林业院校机构建设取得新的突破。教育部同意在南京森林公安高等专科学校基础上建立南京森林警察学院，西南林学院、浙江林学院分别更名为西南林业大学、浙江农林大学。国家林业局、教育部签署了共建北京林业大学等3所大学协议。1所高等林业职业院校被教育部、财政部确定为国家示范性高等职业院校；1所中等林业职业院校被教育部等部门确定为国家中等职业教育改革发展示范学校。二是林业学科、专业取得新的进展。国务院学位委员会审议批准设置林业硕士专业学位。教育部新修订印发的《中等职业学校专业目录》，包括现代林业技术等7个林科类专业。三是林业教学改革和社会服务取得新成果。教育部批准成立全国林业职业教育教学指导委员会，形成高等、中等林业职业教育相衔接的教学指导体系。普通高等林业院校有4项教学成果获得第六届高等教育国家级教学成果奖二等奖，12个林科类专业点被教育部等部门批准为高等学校特色专业建设点，4个林科类教学团队被批准为年度国家级教学团队，4门林业类本科课程、5门林业类高职课程被评为国家精品课程，1个项目被批准为年度国家人才培养模式创新实验区建设项目，2个实验教学中心被批准为年度国家级教学示范中心建设单位。

行业培训与人才开发 2010年，林业干部教育培训规范化、信息化、组织化程度进一步提升。一是组织编制了《全国林业人才“十二五”及中长期规划》、《全国林业教育培训“十二五”及中长期规划》，印发了《国家林业局关于加强林业应对气候变化培训工作的通知》。二是国家林业局举办领导干部及专业技术培训班128期，培训地方政府分管县长、林业领导干部、专业技术骨干近9 000人次。三是开发《人工林公益林抚育原理及关键技术》等远程教育课件及面向地方林业干部学习培训的管理模块，出版了《林业干部教育培训能力建设研究》。四是承办全国农村党员干部现代远程教育专业频道《林业生态与产业发展》栏目；向中央组织部报送52周、3 120分钟林业课件。五是充分发挥中央农业广播电视学校的广播电视、互联网络等平台，及时宣传国家的林业方针政策。六是推进林业人才培养领域的国际交流与合作。启动了中日技术合作中国西部地区林业人才培养项目。

2010年，林业职业技能鉴定工作稳步发展，鉴定规模继续扩大，技能人才结构得到优化。2010年38 299人次通过林业行业职业技能鉴定考核，获取国家劳动主管部门颁发的《职业资格证书》，比2009年增长14.56%。其中16 494人次获得高级及其以上的《职业资格证书》，比2009年下降12.30%。

（八）林业工作站

2010年，全国完成林业工作站基本建设投资51 943万元，比2009年增加了5 564万元，其中，国家投资17 444万元，地方配套34 499万元。全国新建乡镇林业工作站219个，733个林业工作站新建了办公用房，604个站配备了通讯设备，943个站配备了机动交通工具。2010年，在全国选择了254个县（市、区）开展了林业重点工程区林业工作站建设重点县工作，为3 020个乡镇林业工作站配备了必要的设施设备。在全国选取82个乡镇林业工作站开展了标准化林业工作站建设试点工作。

截至2010年底，全国有地级林业工作站306个，管理人员2 562人；县级林业工作站2 171个，管理人员22 021人。与2009年相比，地级林业工作站增加6个，管理人员减少77人；县级林业工作站减少124个，管理人员减少5 344人。全国建立乡镇林业工作站28 112个，其中：为县级林业主管部门派出机构的站

10 167个，占36.17%；县、乡双重管理的站8 524个，占30.32%；乡镇管理的站9 421个，占33.51%。与2009年相比，全国乡镇林业工作站数量减少694个，派出机构的比例增加了1.2个百分点，双重管理的比例增加了0.6个百分点，乡镇管理的比例下降了7.26个百分点。全国乡镇林业工作站核定编制119 687人，现有在岗职工136 459人，其中长期职工133 006人。与2009年相比，核定编制数减少2 386人，在岗职工人数减少了5 327人，长期职工减少1 489人。在岗职工中，经费渠道为财政全额的98 384人，占72.1%，比2009年增加6个百分点，林业经费的13 622人，占10.0%，比2009年减少4个百分点；财政差额的12 498人，占9.16%，自收自支11 955人，占8.8%，分别与2009年基本持平。

2010年，林业工作站长期职工中，大专以上学历62 566人，占47.0%，比2009年增加了2.2个百分点；中专、高中学历59 910人，占45.0%，比2009年减少5.96个百分点，初中以下文化程度10 530人，占8.0%，基本与2009年持平。

2010年，全国林业工作站切实履行承担的各项职责。一是全年共指导组织完成造林面积417万公顷，封山育林面积290万公顷，“四旁”植树20亿株，育苗面积47万公顷，抚育作业面积994万公顷，森林病虫鼠害防治面积677万公顷，采伐设计面积225万公顷。二是全国共有12 755个林业工作站受上级林业主管部门的委托行使林业行政执法权，占总站数的45%，有10 857个林业工作站加挂了野生动植物保护管理站的牌子，占总站数的39%，有2 729个林业工作站加挂了林业仲裁委员会的牌子。全年受理林政案件10.5万件，比2009年增加1.3万件，参与调处林权纠纷21.7万件，比2009年增加3.5万件，受理林业承包合同纠纷3.1万件，比2009年增加0.4万件。三是加强了对全国3.4万个集体林场、1.3万个联办林场和4万个户办林场的业务指导和管理。2010年，全国林业工作站共建立科技示范基地170万公顷，推广面积252万公顷，建立站办林场1 015个。

（九）国有林场

2010年，国有林场主要开展基础设施建设。2010年，全国国有林场改造林场和职工危旧房面积18万平方米，修建断头路975.3千米，维修和新建场区道路813.4千米，打机井135眼，建蓄水池78个，铺设输水管道262.3千米，新建和改造输电线路232.9千米。这些项目的实施，改善了住房、办公、通行等条件，解决了229个居住点4 730名职工及家属饮水安全、80个林场场部或分场通电、2个林场场部通讯问题。2010年，国有林场危旧房改造工程在2009年试点顺利实施的基础上全面启动，16.6万户改造任务已全部下达，各方筹资110亿元。截至2010年底，工程已竣工55 452户，面积3 684 843.8平方米。

2010年，国家继续加大国有林场的扶持力度。财政扶贫资金总量增加到2.6亿元，较2009年增加1 000万元，共扶持742个国有贫困林场758个项目，其中：基础设施建设项目660个，投入21 461万元，占扶贫资金总量的83.57%；生产发展项目98个，投入4 172万元，占16.24%；培训林场干部和技术人员450人次，投入48万元，占0.19%。

（十）林业信息化建设

2010年，编制了《全国林业信息化发展“十二五”规划》，明确了建设目标、重点任务和保障措施。各级林业部门认真按照加快林业信息化、带动林业现代化的总体思路，扎实推进林业信息化建设，取得了突破性进展。

建成了全国林业信息高速公路主干网 一是全国林业专网节点由37个增至72个，联通了全国各省级林业部门和国家林业局京内外直属单位，建成了集传输文字、视频、语音等各类信息数据于一体的信息高速公路。二是各级林业部门积极加快办公内网建设，内部网络联通率显著提高。国家林业局完成办公内网升级改造，实现与互联网的物理隔离、京内外各单位的互联互通。吉林等16个省级林业部门已建成内网，实现了内部联通。三是各地加大了机房标准化建设力度，明显改善了运行环境和发展条件。

林业开始迈入无纸化办公时代 国家林业局正式启用综合办公系统和移动办公系统，局机关全体职工、京内外直属单位及各省级林业部门都可按权限登录，实现了办文、办会、办事等政府机关主要工作的在线办理。

打造了中国林业统一的对外服务窗口 对国家林业局各司局、直属单位网站和30多个省级林业部门网站进行整合，新建了森林公园等网站群，形成了以中国林业网主站为龙头，以司局直属单位和省级林业部门网站为两翼，以数百个子站为主体的中国林业网大规模网站群。建设了中国林业网络博物馆、中国林业网络博览会。中国林业网经过升级改版，构建了信息发布、在线办事、互动交流、林业展示四大版块，增建了繁体版和英文版，设立了中国林业网络电视台。开通了我国首个网络森林医院，提供了网络植树平台。

基本建成共建共享的统一平台 一是实施了国家自然资源和地理空间数据库、国家林业局内外网整合改造等重点项目，新建了林业标准数据库、电子图书馆等一批重点数据库，整合改造了36个林业综合数据库、27个林业专题数据库和28个林业专题产品库，初步实现了省级以上林业专业数据集中管理和跨部门数据共享。二是启动实施林业资源监管体系建设项目，新建森林资源、湿地资源、荒漠化资源、生物多样性资源监管信息系统以及林业基本建设管理系统重点应用系统等，升级完善了森林防火指挥系统等。三是建设了集基础数据交换、空间数据管理和信息发布于一体的内外网平台。

取得了金林工程立项等重要成果 总投资为100多亿元“金林工程”已得到立项，一期工程投资3亿多元，计划用2～3年完成建设任务。同时，根据各具特色、分期分批的原则，确定了辽宁、福建、湖南和吉林森工为首批全国林业信息化示范省（单位）。各示范省（单位）高度重视，按照示范主题，进行重点攻关，取得了一批示范成果。

形成了林业信息化良好的运行机制 一是管理机构不断完善。成立了国家林业局信息中心，负责组织、管理全国林业信息化建设和电子政务工作。河北等2/3的省级林业部门设立了独立信息化机构，专职人员达到295人。湖南14个市级林业部门全部成立了信息化工作领导小组，组建了专门管理机构。二是资金投入不断增加。据初步统计，“十一五”期间，全国各级林业主管部门共投入林业信息化建设资金12.6亿元，平均每年2.5亿元，其中，山西等9省（自治区）林业信息化总投入均超过5 000万元。三是制度标准不断健全。制定了《全国林业信息化工作管理办法》等10多项制度，重庆等29个省（自治区、直辖市）制定了145项制度，实现了网络管理、网站维护、项目建设、资金运行有规可依、有章可循。成立了全国林业信息化标准委员会，制定了8个林业信息化基础性标准。梳理确认300多项现行标准，提出154个推荐使用标准和117个参考使用标准。江苏等省制定了27个省级林业信息化标准，规范了全省林业信息化建设。四是信息安全保障不断完善。新建了防火墙、防篡改、漏洞扫描、安全审计等一批软硬件安全设施。对机房、网络、服务器及应用系统进行24小时监控。五是合作交流进一步加强。林业政府部门与高等院校、科研单位、重点IT企业等建立了良好的合作交流关系。六是管理方法不断创新。发布了首部《中国林业信息化发展报告》，开展了首次全国林业信息化发展水平评测和林业网站绩效评估，组织了年度林业信息化10件大事评选，征集评选了林业信息化标识，召开了首次全国林业信息化示范省建设工作座谈会等。

（十一）林业职工队伍

2010年，全国林业系统有各类经济单位46 396个，比2009年增长0.89%，其中，国有经济单位45 950个，集体单位191个，其他各种经济单位255个，分别占林业系统全部经济单位的99.04%、0.41%和0.55%。在国有经济单位中，企业2 200个，事业39 952个，机关3 798个，分别占国有经济单位总数的4.79%、86.95%和8.26%。国有经济单位中，有39 454个经济单位从事农林牧副渔业，占国有经济单位总数的85.86%。

2010年，林业系统在册职工总数170.24万人，比2009年增长3.46%。其中，在岗职工134.71万人，下岗待安置职工人数14.55万人，离开本单位仍保留劳动关系人员20.97万人，分别占在册职工人数的79.13%、8.55%和12.32%；与2009年相比，在岗职工比例下降0.83个百分点，下岗待安置职工比例增长2.16个百分点，离开本单位仍保留劳动关系人员比例下降1.33个百分点。在所有在岗职工中，女性职工35.76万人，占在岗职工总数的26.55%。2010年，林业系统其他从业人员4.94万人，比2009年增长15.69%；年末实有离退休人员97.21万人，比2009年增长2.73%。

2010年，在岗职工年平均工资20 235元，比2009年增长13.44%。国有单位在岗职工年平均工资20 386元，集体单位在岗职工年均工资9 569元，分别比2009年增长13.35%、10.84%，其他各种经济单位在岗职工年均工资11 282元，比2009年下降19.93%。在所有行业在岗职工中，从事规划设计管理工作职工年均工资最高，达到41 534元；非木质林产品加工业职工人均工资仍然较低，只有12 449元。

专栏7　国务院批复全国林地保护利用规划纲要（2010～2020年）

2010年6月9日，国务院常务会议审议并原则通过《全国林地保护利用规划纲要（2010～2020年）》（以下简称《纲要》）。审议意见指出："林地是国家重要的自然资源和战略资源，是森林赖以生存发展的根基。编制实施全国林地保护利用规划纲要，加强林地保护、提高林地利用效率，对于发展现代林业、保障国土生态安全、建设生态文明和应对全球气候变化，具有重要意义"。

《纲要》确定了今后10年全国林地保护利用的主要任务，到2020年，全国森林保有量确保达到22 300万公顷以上，比2005年增加4 200万公顷左右，比2010年增加2 230万公顷左右；2011～2020年征占用林地总额确保控制在105.5万公顷以内。森林蓄积量力争达到150亿立方米以上，比2005年增加约23亿立方米左右，比2010年增加约12亿立方米左右；林地保有量力争达到31 230万公顷；现有乔木林地的林地生产率力争达到102立方米/公顷；重点公益林地和重点商品林地比率分别力争达到40%和16.1%。

实现《纲要》确定的目标任务，必须采取更加有力的政策和措施：

要严格保护有林地和生态脆弱地区的灌木林地，严厉打击毁林开垦和违法占用林地，防止林地退化。通过生态自我修复和加大对石漠化沙化土地、工矿废弃地、生态重要区域的治理力度，有效补充林地数量。采取重点生态工程带动、激励社会力量广泛参与等措施。在宜林荒山（沙）荒地上造林绿化，恢复植被。

要加大投入力度，加强政策扶持和科技支撑，提高森林经营水平，挖掘林地增产增收潜力，优化林地结构。实行有针对性的差别化保护利用政策和经济调控手段，建立林地质量评价定级制度，分区、分类、分级确定林地保护利用方向、重点、政策和主要措施。引导节约利用林地，限制工矿开发占用林地，规范商业性经营使用林地，保障林业重点生态工程、重点公益林、木材及林产品生产基地的林地需求。

要严格实施林地用途管制，严禁擅自改变林地性质和范围。严格控制建设项目使用林地的规模，国家每5年编制或修订一次征占用林地总额，并按年度分解到省（自治区、直辖市）。实行森林面积占补平衡。

要完善规划体系，分级编制国家、省、县三级林地保护利用规划，下一级规划应根据上一级规划编制，并与主体功能区规划、土地利用总体规划等相关规划做好衔接。省、县两级林地保护利用规划要经上级林业主管部门审核，由同级人民政府批准。严禁擅自修改林地保护利用规划，确需修改的要报原批准机关批准。

要继续深化集体林权制度改革，提高广大农民保护林地和发展森林的积极性。统筹开展国有林场和国有林区改革，切实落实国有林地保护利用责任。将森林保有量、征占用林地定额作为政府目标考核的重要内容，建立并落实考核体系和考核办法。加强林地林权管理，建立稳定的投入机制，加强基础建设，提高林地保护利用调控能力。

专栏8 全国森林公安森林防火工作会议召开

2010年9月6～7日，全国森林公安森林防火工作会议在北京召开。中央国家森林防火指挥部总指挥贾治邦作会议主题报告。中央、国家机关、部队有关负责同志及各省（自治区、直辖市）林业厅局、四大森工集团、国家林业局各司局、各直属单位主要负责同志参加会议。会议传达学习中央领导同志的重要指示精神，总结“十一五”期间森林公安、森林防火工作成绩，分析面临的形势和任务，部署当前及“十二五”期间森林公安和森林防火工作。

会议站在发展现代林业、建设生态文明、推动科学发展的历史高度，赋予新时期森林公安和森林防火“四大”历史使命，即保护生态建设成果、维护林业改革成果、维护林区社会和谐、应对气候变化。提出“五大”建设任务，即在森林公安方面，着力推进队伍正规化、执法规范化、警务信息化、保障标准化、警民关系和谐化等“五化”建设；在森林防火方面，大力提升依法治火、科学防火、预警响应、应急处置和基础保障等“五大”能力。确定了“六大”工作举措，即坚持把队伍建设置于工作首位，坚持把资源保护作为工作核心，坚持把法制建设作为工作基础，坚持把强化保障作为工作关键，坚持把科技应用作为工作支撑，坚持把加强领导作为工作保障。明确了“十大”奋斗目标，即围绕“打造一流队伍，创造一流业绩”，力争到“十二五”期末，县级以上森林公安机关主要负责人高配达到90%，落实独立执法权限的达到100%，“四无”派出所解决率达到

100%，公安网络接入率达到100%，大专学历以上民警达到80%，省级森林防火专职副指挥配备比例达到80%，三级以上火险县建立有编制、有经费保障的专业森林消防队伍比例达到80%，瞭望覆盖率达到90%，火灾当日扑灭率达到98%，森林火灾年均受害率控制在1‰以内。贯彻落实会议的关键，是深入推进森林公安"五化"建设，全面提升森林防火"五大"能力，构筑国土生态安全坚实屏障。

专栏9　美国白蛾在山东得到有效控制

2010年，美国白蛾在山东处于种群数量快速增长时期，防控形势十分严峻。山东省采取有力措施，全年完成防治作业面积3 889万亩次，平均有虫株率控制在0.8%以下，风景区等重要和关键部位有虫株率控制在0.07%以下，新传入区域及时发现及时除治，有效控制了美国白蛾高发态势，取得了显著的防治效果。

主要做法有：一是高位推动。省委、省政府主要领导高度重视美国白蛾防治工作，层层签订责任状，并多次亲临现场督查，推动美国白蛾防治工作。二是大胆创新。在防治方法上，探索出了地空结合以飞防为主、专群结合以专为主、综合防治以无公害为主的防控模式。在防治机制上，积极推进社会化防治。实施了以招投标为主的承包防治，防治公司、防治专业队等社会化防治组织成为防治工作的主力军，为防治工作注入了生机和活力。在管理手段上，充分发挥各种监督力量，确保防治成效。党委、政府督查办、纪检、检察等部门介入防效检查，加大了防治督导力度，形成了政府监督、部门监督、群众监督、舆论监督、承包公司自我监督的监督体系，做到了乡不漏村、村不漏户、户不漏树。三是狠抓落实。在美国白蛾防治工作中，狠抓各项措施的落实，做到人人肩上有指标；党委、政府、人大、政协牵头督导，林业部门明察暗访，保证了防治任务目标的全面完成。四是加大防治资金投入。多渠道筹措资金，全年共筹措防治资金6亿元，实现了全省防治工作质的飞跃。

H

P87-96

区域林业

- 东部地区
- 中部地区
- 西部地区
- 东北地区

区域林业

我国幅员辽阔，各区域的自然历史条件差异较大，资源禀赋和经济、社会发展不均衡，致使我国的林业发展呈现出明显的区域性特征。本报告采用国家四大区域的划分方法，将我国林业划分为4个区域，即东部地区、中部地区、西部地区、东北地区（以下简称四区）。

（一）东部地区

东部地区包括北京、天津、河北、山东、上海、江苏、浙江、福建、广东、海南10省（直辖市）。该区经济实力雄厚，人口众多，林业发展的自然、经济基础较好，生态状况良好，产业较为发达，林业发展态势较好，集体林业占据主要地位，是我国重要的林产品生产基地，是我国重要的林业经济发展优势区域。

1. 生态建设与保护成效显著，非公有经济造林活跃，区域生态总体状况良好

2010年，区内林地面积4 163.85万公顷，占全国的13.61%；森林面积3 248.95万公顷，占全国的16.62%；森林蓄积量为12.27亿立方米，占全国的8.94%；活立木总蓄积量为13.84亿立方米，占全国的9.28%；区内森林覆盖率为35.68%，区内生态总体良好为该区经济快速发展奠定了坚实的基础。区内共完成造林面积75.62万公顷，占全国造林总面积的12.80%，所占全国比例比2009年增加1.5个百分点，造林规模比2009年增长6.88%。区内集体林权制度改革激活了非公有经济造林的积极性，非公有经济造林36.74万公顷，占48.58%。区内重点工程造林40.65万公顷，占该区总造林面积53.75%。

截至2010年底，东部有自然保护区518个，占全国的25.45%；面积为392.62万公顷，占全国自然保护区总面积的3.17%。区内共有林业系统森林公园1 071处，占全国的41.46%。区内发生森林火灾530次，比2009年减少670次，占全国的6.86%；森林火灾发生率为0.16次/万公顷，远低于全国平均的火灾发生率0.40次/万公顷；火灾受害率0.07‰，比2009年降低0.037个百分点。区内森林病虫鼠害发生面积205.71万公顷，占全国的17.67%；森林病虫鼠害发生率为3.35%；森林病虫鼠害防治率80.26%，位居全国四区之首，生态建设与保护工作成效显著。

2. 产业发展迅猛，产业结构进一步优化，林业经济实力雄厚

2010年，区内林业产业总产值为11 088.27亿元，比2009年增长34.98%，占全国林业产业总产值的48.68%。单位森林面积实现林业产业产值34 128.77元/公顷，是四区平均水平的2.93倍。区内木材产量2 188.15万立方米，比2009年增长15.10%，占全国的27.05%；区内生产锯材1 449.59万立方米，比2009年增长31.33%，远高于全国平均增长率；人造板9 231.07万立方米，比2009年增

长46.53%；木竹地板27 813.55万平方米；三者分别占全国的38.94%、60.09%和58.05%。表明该区林业产业发达，单位森林面积产出能力较强，在全国占有举足轻重的地位。区内水果和干果产量分别为4 755.15万吨和2 35.33万吨，分别占全国总产量的43.11%和31.67%；林产饮料产品、林产调料产品和森林食品分别占全国的38.78%、26.36%和30.37%，经济林产品的产出比较高。截至2010年底，区内共有花卉市场1 790个，比2009年增加313个；花卉企业25 250个，比2009年增加13.77%；花农57.19万户，花卉从业人员182.78万人，四项指标分别占全国的39.53%、62.16%、49.57%和47.25%，该区是我国花卉产业的主要聚集优势区域。林业三次产业结构比由2009年的32.2∶63.1∶4.7调整为29.7∶65.8∶4.5；第一产业比例下降，第二、三产业实力进一步增强，林业产业结构更趋合理。

3. 林业投资持续提高，非公有经济主体投资林业比重大，职工收入水平较高

2010年，区内共完成林业固定资产投资额192.96亿元，与2009年相比增长0.99%，占全国林业固定资产投资总额的12.42%。区内每单位林地面积投资额为463.41元/公顷，系全国平均水平的0.91倍；单位造林面积投资额为25 516.18元/公顷，略低于全国平均投资水平26 283.30元/公顷。区内林业系统在岗职工人数17.68万人，占全国的13.12%；该区的林业在岗职工年平均工资居各区域首位，为30 390元，是全国林业职工平均水平的1.5倍；在岗职工平均工资比2009年增加3 188元，增幅为11.72%。

（二）中部地区

中部地区包括山西、河南、湖北、湖南、江西、安徽6省。该区域自然条件和森林资源状况良好，林业产业较为发达，作为东部与西部的过渡地带，此区域的林业表现出较强的发展潜力。

1. 生态建设力度持续加大，非公有经济造林比重较高，造林成果巩固任务较繁重

2010年，区内林地面积4 807.14万公顷，占全国的15.71%；森林面积3 418.39万公顷，占全国的17.49%；森林蓄积量为12.97亿立方米，占全国的9.45%；活立木总蓄积量为14.95亿立方米，占全国的10.03%；区内森林覆盖率为33.30%。区内造林面积为116.92万公顷，占全国造林总面积的19.78%，造林规模比2009年减少11.05%。区内公有经济造林46.54万公顷，占39.80%；非公有经济造林70.38万公顷，占60.20%；两者分别占全国的14.25%和26.62%；重点工程造林58.23万公顷，占该区总造林面积49.80%。

截至2010年底，区内共有自然保护区495个，占全国的24.32%；区内共有林业系统森林公园641处，占全国的24.82%。2010年，区内共发生森林火灾2 528

次，比2009年减少了1 432次，但仍占全国的32.73%，位居各区域第二位；森林火灾发生率为0.74次/万公顷，是全国平均火灾发生率的近2倍；火灾受害率0.21‰；生态建设成效较2009年显著，但防控森林火灾的任务依然艰巨。区内发生森林病虫鼠害面积221.88万公顷，占全国的19.06%；森林病虫鼠害发生率为5.73%；森林病虫鼠害防治率76.87%。与2009年相比，发生率和防治率基本持平。林业主要灾害在这一地区表现频发，生态建设成果巩固的任务较为繁重。

2. 林业产业发展特色较为明显，实力不断增强

2010年，区内林业产业总产值为4 574.59亿元，比2009年增长23.20%，占全国林业产业总产值的20.08%。单位森林面积实现林业产业产值13 382.28元/公顷，是全国平均水平的1.15倍。区内林业旅游与休闲产业发展迅猛，共接待旅游人数1.84亿人次，比2009年增长11.41%；实现旅游收入442.77亿元，比2009年增长37.77%；直接带动其他产业产值2 274.58亿元，居各区域之首。区内木材产量1 820.38万立方米，比2009年增长14.14%，占全国的22.50%；区内生产锯材702.37万立方米，比2009年增长12.62%；人造板2 995.73万立方米，比2009年减少4.86%；木竹地板10 562.22万平方米；三者分别占全国的18.87%、19.50%和22.04%。2010年，区内水果和干果产量分别为2 295.45万吨和196.60万吨，分别占全国总产量的20.81%和26.46%。木本药材和木本油料产品占全国总产量的33.76%和61.72%。木本药材和木本油料种植成为这一区域的特色和优势。林业三次产业结构比由2009年的46.1：40.2：13.7调整为44.2：40.7：15.1；区内林业第二、三产业所占比重进一步提高，林业产业持续发展，产业结构持续优化。

中部地区用占全国17.49%的森林面积产出了占全国20%～30%的各类林产品，表明林业产业整体水平较强且颇具发展潜力。

3. 林业投资略有减少，单位投资水平不高，职工收入水平较低

2010年，区内共完成林业固定资产投资额211.71亿元，与2009年相比减少1.35%，占全国林业固定资产投资总额的13.63%。单位林业用地面积投资额为440.41元/公顷，系全国平均水平的86.73%。单位造林面积投资额为18 106.93元/公顷，系全国平均投资水平的68.89%，比2009年增长了10.91%，但与东部地区相比仍有较大差距。区内林业系统在岗职工人数21.76万人，占全国的16.15%；林业在岗职工年平均工资较低，为17 633元，系全国平均水平的87.14%；在岗职工平均工资比2009年增加1 883元，增幅为11.96%。

（三）西部地区

西部地区包括内蒙古、广西、重庆、四川、贵州、云南、西藏、陕西、甘肃、青海、宁夏、新疆12个省（自治区、直辖市）。该区地域广阔，国土面积占全国总土地面积的七成，尽管森林资源总量大，但生态环境脆弱，林业经济总量较小，产业结构单一，林业建设与保护的任务艰巨。

1. 生态建设与保护任务繁重，工程造林增幅显著，自然保护区作用突出

2010年，区内林地面积17 708.03万公顷，占全国的57.89%；森林面积11 681.29万公顷，占全国的59.77%；森林蓄积量为82.71亿立方米，占全国的60.28%；活立木总蓄积量为89.29亿立方米，占全国的59.87%；森林覆盖率为17.05%。区内造林面积为342.77万公顷，占全国造林总面积的58.00%，所占全国比例比2009年减少3.32个百分点，造林规模比2009年减少10.74%。西部地区一直是我国林业重点生态工程建设的主战场。区内公有经济造林210.33万公顷，占61.36%；非公有经济造林132.44万公顷，占38.64%；两者分别占全国的64.39%和50.10%。区内重点工程造林224.20万公顷，占该区总造林面积65.41%。

2010年，区内的自然保护区和森林公园作用显著。截至2010年底，共有自然保护区803个，占全国的39.46%；面积为10 570.99万公顷，占全国自然保护区总面积的85.45%。区内共有林业系统森林公园650处，占全国的25.16%。2010年，森林火灾和森林病虫鼠害发生偏重。区内共发生森林火灾4 558次，占全国的59.02%，比2009年增加了1 220次；火灾发生率为0.39次/万公顷，与全国平均火灾发生率基本持平；火灾受害率0.21‰，比2009年增加了0.009个百分点。区内发生森林病虫鼠害面积568.29万公顷，占全国的48.81%；森林病虫鼠害发生率为4.46%；森林病虫鼠害防治率61.93%，与2009年相比，发生率下降了0.34个百分点，防治率下降0.36个百分点。生态建设与保护形势依然严峻。

2. 林业经济总体产出水平较低，产业发展潜力巨大，产业结构有待优化

2010年，区内林业产业总产值为4 648.80亿元，比2009年增长29.78%，占全国林业产业总产值的20.41%。单位森林面积实现林业产值3 979.70元/公顷，仅为全国平均水平的34.15%，为各区域最低，但与2009年相比，增幅高达29.78%。区内木材产量2 636.38万立方米，比2009年增长17.44%，占全国的32.59%。区内生产锯材1 114.69万立方米，比2009年增长1.98%；人造板2 440.33万立方米，比2009年增长53.56%；木竹地板1 219.64万平方米，上述三者分别占全国的29.94%、15.89%、2.55%。林业三次产业结构比由2009年的56.0 : 31.8 : 12.2调整为53.7 : 34.5 : 11.8；区内第一产业产值比重略有下降，第二产业产值比重略有上升，产业结构略有优化。

西部地区占有全国近60%的森林资源却仅为全社会提供了约30%的木材和锯材，单位森林面积的产出能力显著低于东部和中部地区，表明该区的生态地位重要，同时也说明林业产业发展的基础薄弱，林业经济实力不强。

3. 林业投资的重要区域，单位投资水平略高于全国平均水平，职工收入持续提高

2010年，区内共完成林业固定资产投资额939.23亿元，与2009年相比增长22.82%，占全国林业固定资产投资总额的60.47%。该区单位林地面积投资额为530.40元/公顷，系全国平均水平的1.04倍，居全国第二。单位造林面积投资额为

27 401.23元/公顷，略高于全国平均投资水平，比2009年增长37.60%。2010年，区内林业系统在岗职工人数40.99万人，占全国的30.43%；区内林业在岗职工年平均工资为2 2807元，略高于全国平均水平，居四区第二；在岗职工平均工资比2009年增加3 293元，增幅为16.88%。

（四）东北地区

东北地区包括辽宁、吉林、黑龙江3省。土地面积约为国土面积的一成，但是作为传统的木材生产基地，此区域的森林资源和林业发展在全国范围内具有举足轻重的作用。国有林区135个森工局有82个分布在该区，国有经济比重较高。

1. 森林资源丰富，公有经济造林和重点工程造林作用突出，生态保护任务艰巨

2010年，区内林地面积3 699.17万公顷，占全国的12.09%；森林面积3 175.52万公顷，占全国的16.25%；森林蓄积量为25.67亿立方米，占全国的18.71%；活立木总蓄积量为27.46亿立方米，占全国的18.41%；森林覆盖率为40.22%，为四区中最高。区内造林面积为51.01万公顷，占全国造林总面积的8.63%，所占全国比例比2009年增加2.67个百分点，造林规模比2009年增长36.64%。区内公有经济造林26.21万公顷，占51.38%；非公有经济造林24.80万公顷，占48.62%；两者分别占全国的8.02%和9.38%。重点工程造林39.22万公顷，占该区总造林面积的76.89%。

截至2010年底，区内共有自然保护区219个，占全国的10.76%；区内共有林业系统森林公园221处，占全国的8.56%。2010年，区内共发生森林火灾107次，比2009年大幅减少，共减少254次，仅占全国的1.39%；森林火灾发生率为0.03次/万公顷，为各区域最低，森林火灾的预防和控制成效显著；但该区的火灾较具危害性和破坏力，火灾受害率0.37‰，比2009年增长了0.029个百分点。区内发生森林病虫鼠害面积168.36万公顷，占全国的14.46%；森林病虫鼠害发生率为4.73%；森林病虫鼠害防治率74.11%，与2009年相比，发生率和防治率基本持平，生态保护工作任务依然艰巨。

2. 林业产出能力下降，林产工业发展缓慢，林区生产力有待进一步解放

2010年，区内林业产业总产值为2 467.37亿元，比2009年增长24.40%。单位森林面积实现林业产业产值7 769.98元/公顷，仅为全国平均水平的66.67%，林业产出能力较低。区内木材产量1 444.41万立方米，比2009年增长8.82%，占全国的17.86%。区内生产锯材455.98万立方米，比2009年增长11.39%；人造板693.70万立方米，比2009年增长36.29%；木竹地板8 321.74万平方米。上述三者分别占全国的12.25%、4.52%、17.37%。人造板工业尽管增幅明显，但基数小，林产工业的发展特别是非国有经济的发展缓慢。区内水果和干果产量分别为461.60万吨和56.79万吨，分别占全国总产量的4.18%和7.64%，与2009年相比，水果产量下降40.99%；干果产量增长26.76%。水果和干果生产出现较大波动。该区森林食品干重占全国总产量的30.82%，是我国森林食品的主产区。

林业三次产业结构比由2009年的43.5∶45.7∶10.8调整为43.6∶45.5∶10.9，产业结构没有明显变化。

3. 林业投资持续增加，单位投资水平较高，职工收入水平较低但不断提高

2010年，区内共完成林业固定资产投资额205.91亿元，与2009年相比增长16.35%，占全国林业固定资产投资总额的13.26%。该区每单位林地面积投资额为556.64元/公顷，系全国平均水平的1.1倍，居全国之首。单位造林面积投资额为40 365.80元/公顷，是全国平均投资水平的1.5倍，国家公共财政林业投资力度较大，但比2009年下降了14.85%。2010年，区内林业系统在岗职工人数53.46万人，占全国的39.68%；该区的林业在岗职工年平均工资为15 037元，是全国平均水平的74.31%，为四区中最低；在岗职工平均工资比2009年增加1 764元，增幅为13.29%。

表1　各区域林业发展状况

指　标	全　国	东部地区	中部地区	西部地区	东北地区
森林覆盖率（%）	20.36	35.68	33.30	17.05	40.22
人均造林面积（公顷/万人）	44.28	15.61	32.84	93.32	46.87
单位森林面积林业产业产值（元/公顷）	11 654.52	34 128.77	13 382.28	3 979.70	7 769.98
单位造林面积投资额（元/公顷）	26 283.30	25 516.18	18 106.93	27 401.23	40 365.80
林业系统在岗职工年平均工资（元/年）	20 235	30 390	17 633	22 807	15 037

图16　2010年各区域单位森林面积林业产业产值、林业系统在岗职工年平均工资及人均造林面积比较

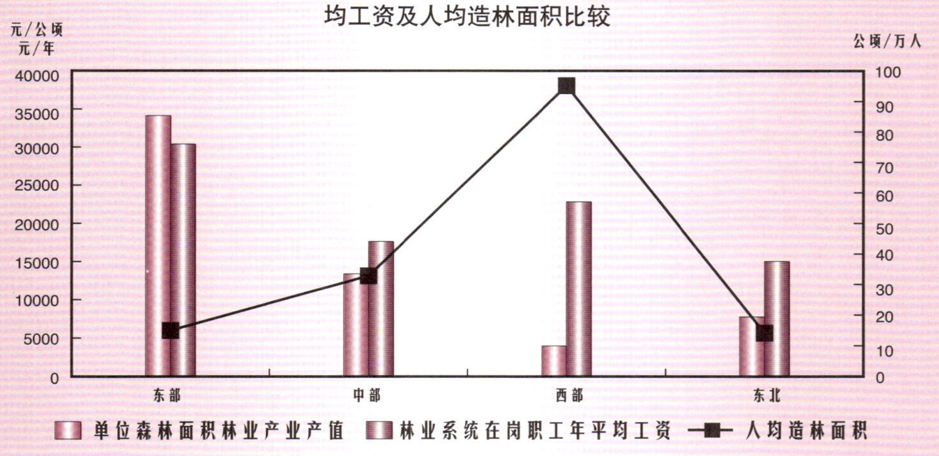

专栏10 湖南油茶产业发展情况

油茶是湖南省传统的乡土树种，栽培历史已有2 300多年。湖南农民有种植油茶、食用茶油的传统习惯。20世纪70年代后期，全省油茶林面积2 457万亩，占当时全省经济林面积的79.2%。油茶最适宜生长在海拔800米以下的丘岗红壤地区，而湖南现有800米以下低丘岗地资源9 301万亩，其中适合油茶发展的有4 600多万亩，发展潜力巨大。

到2010年，全省油茶种植面积达1 837万亩，占全国总面积的40%。全省121个县(市、区)都有油茶林成片分布。面积10万亩以上的县(市、区)有49个，30万亩以上的有20个，50万亩以上的有8个。耒阳市是全国油茶面积最大的地区，达121万亩。2010年，全省年产茶油约12.1万吨，约占全国茶油总产量的45%。油茶产业产值达到75亿元，占全国油茶产业产值的60.5%。油茶面积和产量均居全国首位。

据不完全统计，全省现有油茶产业发展企业243家，带动30多万林农参与油茶产业发展，其中年加工油茶1 000吨以上的企业17家，年产精炼茶油5万多吨，茶皂素3 000吨，茶粕1.5万吨。涌现出了湖南金浩茶油股份有限公司、郴州邦尔泰苏仙油脂有限公司、湖南永大九嶷油茶开发有限公司、衡阳金拓天油脂有限公司、衡阳南天山茶油业有限公司等龙头企业，形成了“九嶷”、“金浩”、“苏仙”、“金拓天”、“湘椿子”等知名品牌。其中，湖南永大九嶷油茶开发有限公司的“九嶷”牌茶油已通过美国食品和医药管理局商检，远销欧美国家。

近年来，全省围绕油茶良种选育、丰产栽培、低产林改造等方面开展科研攻关，初步解决了油茶高产稳产难题。“湖南油茶雄性不育杂交新品种选育及高效栽培技术和示范”科技成果荣获国家科技进步二等奖。成功研究出大树撕皮嵌接法和芽苗砧嫁接技术，嫁接苗木成活率由原来不到40%提高到了90%以上。建成全国唯一的国家级油茶种质资源库和油茶杂交种子园。

为把油茶产业打造成具有区域特色的优势产业和富民强省的支柱产业，全省成立了以省委书记任顾问、省长任组长、主管副省长任副组长、省直15个厅局“一把手”任成员的油茶产业发展领导小组。省政府出台了《关于加快油茶产业发展的意见》，制定了油茶产业基地建设规划大纲。机构改革中，在各级都在精简机构和人员的特殊背景下，省委、省政府批准设立了省油茶管理办公室。全省14个市（州）和80多个县（市、区）政府成立了相应的领导机构和油茶管理办公室，纷纷出台了加强油茶产业发展的意见，大力推进油茶产业发展。

国家发改委在中央预算内投资计划、财政部在中央财政农业现代化资金、农业综合开发项目等方面给予湖南倾斜支持。省财政设立5 000万元的油茶产业发展专项资金，对油茶产业发展给予补贴和奖励。省政府还建立了部门联动机制，统筹财政、发改、国土、林业、移民、扶贫等部门的涉农投资项目，按照“统一规划、渠道不变，明确任务、分头实施，集中考核、各记其功”的原则，统筹方方面面的资金用于油茶产业发展。各县（市、区）财政每年也从新增财政收入中提取一定比例用于油茶产业发展。

在发展中，一是坚持依靠科技抓油茶。多年来全省围绕油茶良种选育、丰产栽培、精深加工利用等方面开展科研攻关，获得国家和省部级科技成果13项、国家发明专利1项，基本解决了油茶高产稳产难题。先后选育出“湘林”系列油茶优良无性系和优良家系新品种163个。省林业科学院在浏阳营造的10年生油茶高产示范林，平均亩产茶油77.47千克，比普通油茶品种亩产茶油5.6千克提高近14倍。加工工艺从作坊式榨油向低温冷榨和浸提方式转变。二是坚持加工带动抓油茶。到2010年，已研发生产出精炼茶油食品、护肤品、保健品、化工制药产品、农业肥料、水产养殖饲料等15大类油茶衍生的系列产品，为油茶产业发展注入了新的活力。三是坚持创新机制抓油茶。鼓励转包、出租、转让、入股等形式，以“企业＋基地＋农户”的模式建立规模化油茶生产基地。目前，全省已有200多家企业、1 000多家种植大户、110多家专业合作社参与油茶发展，有力地推动了油茶规模化、集约化、标准化和产业化发展。湖南神龙集团仅去年一年投入资金2 000多万元，新造油茶1.3万亩。常宁市引进了全球500强企业——中粮集团、衡阳南天山茶油业、湖南江山生态、台湾田野休闲农牧等10家油茶规模开发企业。各地对种植油茶面积达到一定规模的大户和企业采取无偿供应种苗、发放肥料补贴、制定奖励政策、提供贴息贷款等方式，重点扶持油茶种植大户和龙头企业。引导林农按照自愿、民主的原则建立多种形式的专业协会和专业合作社，努力提高生产组织化程度，增强规避市场风险的能力。常宁市桐江村由村委会牵头，成立了油茶专业合作社，以油茶林作价入股的形式，把全村的油茶林整合起来统一管理和经营，油茶产量比2009年增长32%，收入增加近80万元。四是坚持高质量抓油茶。制定了《湖南省油茶苗木质量管理办法》和《湖南省油茶采穗圃管理办法（试行）》，实行“定点采穗、定点育苗、定单生产、定向供应”的供应方式。严格实行油茶种苗生产“四证一签”制度，坚决杜绝非良种壮苗上山造林。并制定出台了《湖南省油茶造林工程管理办法》和《湖南省油茶低产林改造工程管理办法》，各地根据制定的油茶高产示范基地建设技术操作规程，按照年度作业设计，严格组织施工。

I

P97-104

国际合作与交流

- 经济合作与交流
- 科技合作与交流
- 专项国际合作
- 履行国际公约
- 重要国际会议

国际合作与交流

（一）经济合作与交流

2010年，对外林业经济合作与交流迈上新台阶。一是启动实施了世界银行贷款1亿美元造林项目、欧洲投资银行贷款2 500万欧元内蒙古碳汇造林示范项目。二是争取到日本、韩国、国际热带木材组织、联合国粮农组织等多、双边政府间和民间合作项目110个，金额2 055万美元。三是世界银行贷款“林业综合发展项目”正式实施，项目在河北、山西、辽宁、浙江和安徽5省68个县的部分生态环境脆弱地区，开展人工造林和森林修复。四是亚洲开发银行贷款“西北三省区林业生态发展项目”完成技术援助、项目审批。五是欧洲投资银行贷款“江西生物质能源林示范基地建设项目”工作进展顺利，欧洲投资银行首批贷款资金1 200万美元已到达财政项目专户，约占项目贷款总资金的30%。六是着力做好国际木材非法采伐及相关贸易等热点问题的应对工作，维护正常的林产品贸易秩序，召开了中澳、中美打击木材非法采伐会议。

（二）科技合作与交流

2010年，科技合作与交流工作有序推进。一是签署了6份双边林业部门间合作协议，是历史上签署协议最多的年份。二是召开了9个双边工作组会议，包括中印（度）、中芬、中斯洛伐克、中澳林业及野生动物保护工作组会议；中日韩候鸟保护会议等。特别是中芬林业工作组，自1980年签署合作协议并启动工作组以来，迄今已有30年，共举行了16次会议，双方商定并执行了60多个合作项目与活动，成为双边合作的典范。三是争取到对外援助培训项目6个，中美能源环境十年合作研究项目1个，项目总金额约100多万美元。四是林业持续发展项目保护区管理部分出版了6部项目成果专著、9个专题报告；保护区项目点开展了遥感和全球信息系统等先进技术的培训，加强了保护区巡护和生物多样性监测，及时更新自然保护区以GIS为基础的生态本底图，提高了保护区数据管理和实际运用的能力；受地震灾害影响的四川、甘肃省的6个项目点保护区积极做好《管理计划》的修编工作和灾后重建工作。

（三）专项国际合作

防治荒漠化国际合作　2010年，防治荒漠化工作成果丰富。一是顺利实施中德合作防治荒漠化北方框架项目，服务国内生态建设。建立项目网站，编发项目通讯，加强项目办与各省信息沟通；开展了防治荒漠化生态效益影响指标研究和荒漠化防治典型措施经济影响评价专题研究；召开了气候变化与荒漠化高级专家咨询会，明确了防治荒漠化是应对气候变化和促进可持续发展的重要措施。二是完成“全球干旱地区土地退化评估项目（LADA）”。将LADA干旱地区土地退化评估技术方法与中国实践相结合完成了国家评估和各个试点的当地评估；针对全球评估中国部分的方法和结论进行了验证；在中国首次使用世界水土保持联盟（WOCAT）方法完成了中国可持续土地管理最佳实践模式的收集和编撰；召开了LADA项目国家最终研讨会，参加了全球LADA项目最终研讨，中国的项目成果得到各界充分肯定。按照项目计划，积极筹备为亚洲国家进行土地退化评估技术培训。三是以中国技术和成效为吸引力稳步推进与发展中国家交流与合作。选派两名荒漠化监测专家前往蒙古国，为蒙古应用全球干旱地区土地退化评估项目方法和借鉴中国荒漠化监测评估经验，进行当地培训和实地指导；在与阿根廷环境部双边部门合作的基础上，形成荒漠化领域合作交流实施计划和土地退化评估专题工作计划。荒漠化防治纳入中国—阿拉伯国家经贸合作协议，中国—突尼斯、中国—伊朗经贸合作以及中国—印度双边林业合作等双边协议或合作意向。四是参与全球环境基金第五周期土地退化领域项目规划，支持中国荒漠化监测评估体系建设和技术升级。

野生动植物保护专项国际合作 2010年，野生动植物保护专项合作迈上新台阶。一是顺利完成中央政府赠送澳门大熊猫场馆选址、个体选定、场馆验收和大熊猫欢送与交接仪式；完成神户大熊猫延期、东京大熊猫协议磋商及与沙特猎隼合作项目，以华盛顿大熊猫到期为契机理顺了中美大熊猫合作关系。二是完成中俄候鸟保护名录修改和审定，与阿联酋签署中阿波斑鸨保护协议工作，积极推动合作建设波斑鸨繁育中心；完成《中日朱鹮保护合作计划》修改和续签，启动了中日合作“人与朱鹮和谐共存环境建设项目”；组织研究并提出“气候变化条件下中国东北地区水鸟及其栖息地生态系统服务可持续发展”等全球环境基金（GEF）项目申请；主办了大鸨保护国际研讨会，与联合国亚太经社理事会次区域机制合作秘书处联合召开“东北亚跨境区域自然保护专家组会议”。三是派团参加中日、中澳、中韩候鸟保护协定工作会议和第五次东亚—澳洲迁徙水鸟保护伙伴关系会议；举办第十四届、十五届“海峡两岸自然保护区业务交流研讨会”、“亚太野生动物疫病国际研讨会”等；完成中美自然议定书附件十相关合作计划，接待美国“避难所/保护区管理、伙伴关系和长期合作”考察团。四是派团参加“中俄跨界自然保护区与生物多样性保护工作组第四次工作组会议”、“中美能源和环境十年合作联合工作组第六次工作组会议”。与联合国粮农组织（FAO）等组织在主动预警、边境联防联控、本底调查等方面初步达成合作意向。

湿地保护专项国际合作 2010年，湿地保护专项合作稳步推进。一是成功争取到“亚洲湿地论坛”在中国江苏无锡的举办权。二是对国内36块国际重要湿地进行全面系统调查，及时掌握了国际重要湿地最新情况。三是“中澳湿地保护政策和能力建设项目”获得了批准，在2010～2012年间，澳大利亚政府将提供120多万澳元开展相关湿地项目活动。四是中美能源和环境合作框架下的“中美湿地合作十年行动计划”项目进展顺利，组织完成了首次中美湿地保护互访团；中美双方在“中美能源和环境十年合作联合工作组第六次会议”上达成共识，进一步在湿地保护恢复、生态系统管理技术等方面开展合作与交流；组织实施了《中美自然保护交流与合作议定书附件十》互访项目。五是启动并签署了“中国湿地生物多样性保护”中德技术合作项目执行协议，召开了项目启动会，在2010～2014年间，德国政府将资助300万欧元，用于开展中国生物多样性保护。与湿地国际、世界自然基金会、美国大自然协会等国际组织开展的合作项目进展顺利。

中日民间绿化合作“小渊基金”项目 2010年中日民间绿化合作“小渊基金”项目成功实施十周年。中日民间绿化合作自2000年10月启动以来，已争取日方援助资金总额近50亿日元，实施项目180个，累计造林4.2万公顷，项目区涉及29个省（自治区、直辖市），合作领域涉及防沙治沙、水土保持、水源涵养、海防林建设、地震灾后恢复重建等多个领域。合作团体涉及林业、青联、妇联、对外友协、工会、建设、环保等部门，参与造林人员约30万人次。十年来，中日民间绿化合作取得了积极的生态效益、经济效益和社会效益，为推进我国现代林业建设、发展中日友好关系做出了积极的贡献，政治影响不断扩大。中日民间绿化合作列入了中日两国领导人会谈的重要议题，成为发展两国关系的亮点。

亚太森林恢复与可持续管理网络 2010年，亚太森林恢复与可持续管理网络（简称“亚太网络”）机构发展成果丰富。一是“亚太网络”注册工作取得实质性进展。“亚太网络”注册手续已经完成，已报请民政部审批。二是三方磋商取得突破性进展。原则确定网络指导委员会由中国、美国、澳大利亚、马来西亚、印度尼西亚、越南和巴布亚新几内亚组成，为亚太网络技术指导机构。三是制定“亚太网络”长远发展规划。组织专家，结合国内林业优势和亚太区域发展中经济体林业发展的实际需求，起草了《网络发展战略规划》（草案）、《网络十二五发展规划》等。四是成功启动了越南森林恢复与森林可持续管理能力建设示范项目、尼泊尔社区参与森林可持续经营示范项目等4个“网络”首批示范项目，落实资金676万元。

（四）履行国际公约

《濒危野生动植物种国际贸易公约》（CITES） 2010年，CITES履约取得显著成效。一是派团参加第十五届缔约国大会，我国代表团成功应对了欧盟针对我国虎保护和管理的提案，否决了关于鲨鱼的四项提案，最大限度地维护了国家权益。二是加强履约主动性。组织渔业、公安、海关部门及有关国际组织、网站等召开了控制濒危物种网络交易研讨会，积极协调开展敏感物种入药问题的战略研究；召开“鲟鳇鱼及其产品履约管理工作会”，指导行业做好相关养殖及加工设施的公约备案管理；积极应对公约要求，向公约秘书处报送我国2010年度鲟鳇鱼捕捞和利用限额。三是妥善处理敏感物种热点问题。制定了老虎问题对外谈判方案及在缔约国大会上应对老虎问题执行方案；提出《中国关于虎保护和贸易问题的立场》，并提交公约登载在秘书处网站；派团参加在泰国召开的亚洲虎保护部长级会议及俄罗斯召开的老虎峰会，成功应对老虎问题；针对国内外广泛关注的我国养犀取角、犀角治癌等说法以及走私和非法经营利用犀角、象牙等问题，宣传我国的管理措施和执法成就。四是加强履约交流合作，确定了中英两国履约部门合作协议，派员赴英国开展交流与培训活动，并接待英国警方回访；在新疆召开了赛加羚羊保护国际研讨会，为传统医药行业发展提供支持；加强与公约秘书处、国际刑警组织等政府间国际组织以及有关缔约国的联系，开展信息交流、口岸查验等对外履约合作。五是推动履约执法工作，向公约秘书处等国际组织报送了2009年查获的860多起走私濒危物种案件案情；召开了第六届敏感物种履约执法研讨会；在云南开展了为期3个月的专项打击行动，开展了边境巡护和一线口岸培训活动；在西双版纳国家级自然保护区实施大象MIKE项目。

《联合国防治荒漠化国际公约》（UNCCD） 2010年，UNCCD履约工作有序推进。一是组织协调各有关部门和受荒漠化影响主要省区，按照荒漠化公约要求，完成我国第四次国家履约报告，反映我国履约成效。二是利用公约执行秘书来华访问机会，宣传中国民间企业改善生态与发展绿色经济相结合的治沙模式，促成中国企业在荒漠化公约正式注册为民间组织，获得参与国际活动的资格。三是代表亚洲受荒漠化影响国家，应邀参加“联合国防治荒漠化十年”亚洲启动仪式，介绍中国人民在荒漠化防治中的贡献和成绩，体现中国在受影响发展中国家中的代表性、重要性和参与国际活动的话语权。四是围绕世界防治荒漠化和干旱日，开展公众宣传活动。在中央电视台、人民日报等媒体开辟宣传专栏，同时向公众发送公益短信。与公约秘书处合作，设计和发行了2010年世界防治荒漠化日明信片；与荒漠化公约秘书处合作，联合全国青联等组织，在上海世博园联合国馆举行主题为“改良四方土壤，造福天下众生”的全球荒漠化日纪念活动，宣传了我国荒漠化防治政策和治理成效。

《湿地公约》（RAMSAR） 2010年，我国《湿地公约》履约工作取得积极进展。一是不断强化湿地履约的跨部门协调机制。组织召开了中国履行《湿地公约》国家委员会第三次会议，通报了2010年RAMSAR履约和保护管理工作的进展，研究讨论了2011年履约工作的计划安排。二是积极参加国际湿地公约第41次常委会等履约会议，通过公约各种会议及公约网站等主动宣传中国湿地保护管理成就，扩大了国际影响力。积极推动公约相关议题及公约相关事务的发展，特别是争取了在“喜马拉雅区域动议”等重大问题上的主动权，维护了国家权益。三是进一步加强国际重要湿地管理，妥善处理鄱阳湖、达赉湖、崇明东滩等国际重要湿地敏感问题。目前全球有59块国际重要湿地由于生态特征发生变化被列入“蒙特勒记录”（又名“黑名单”），中国没有一块湿地被列入其中。四是围绕2月2日世界湿地日广泛开展公众宣传教育活动。

《国际植物新品种保护公约》（UPOV） 2010年，UPOV履约工作取得新进展。一是两次派员参加在瑞士日内瓦召开的UPOV理事会会议、行政法律委员会、技术委员组等系列会议；承担了3项国际测试指南编制工作；组织开展了“UPOV1991年文本与1978年文本的异同及其对亚洲国家的影响”研究。二是积极参与海峡两岸知识产权保护合作协议的磋商谈判，促进《协议》于6月29日签署，9月12日正式生效，并于11月22日以公告形式对外发布《台湾地区申请人在大陆申请植物新品种权的暂行规定》，正式受理来自台湾的品种权。三是积极推动东亚植物新品种保护论坛工作，参加了在韩国举办的论坛第三次会议并积极发表意见，维护了国家利益。四是加强中荷植物新品种保护双边合作，认真组织实施合作项目，派出我国专家赴荷兰讲授中国植物新品种保护制度，安排4人赴荷兰参加技术培训。邀请荷兰专家来华培训林业新品种测试技术人员40多名。参加中荷专家组对我国植物新品种保护制度研究工作，在123个环节上对中、荷、欧盟三方植物新品种保护制度进行对比研究，提出了改进建议，有力提升了我国植物新品种保护水平。

《生物多样性公约—生物安全议定书》（ABS） 经过多方努力和艰苦谈判，《生物安全议定书赔偿责任与补救补充议定书》在2010年ABS缔约方大会第五次会议上获得通过，《生物多样性公约关于遗传资源获取及公正和公平地分享其利用所产生惠益的名古屋议定书》在2010年缔约方大会第十次会议上获得通过。

（五）重要国际会议

保护老虎国际论坛 2010年11月21日，“保护老虎国际论坛”在俄罗斯圣彼得堡召开。包括俄罗斯、中国、孟加拉国、老挝和尼泊尔等五国政府首脑在内的来自所有老虎分布国、二十多个国际组织以及其他方面代表共500余人出席论坛。此次论坛是迄今为止举办的最高级别的国际老虎保护会议。分部长级会议和虎分布国政府首脑会议两个阶段，交流各国老虎恢复计划、研究全球老虎恢复计划资金机制，批准全球老虎恢复计划，通过老虎分布国政府首脑宣言。会议期间，我国代表团详细介绍了中国为拯救野生虎所做的工作及取得的效果。

大森林论坛2010年年会 2010年9月20～23日，大森林论坛2010年年会在福建武夷山市召开。会议由中美双方共同主办，来自中国、美国、巴西等8个国家的近40位高级别林业官员出席会议。本届会议的主题为“过渡时期的森林治理”，与会各国代表就林业发展所面临的机遇和挑战、林业在应对气候变化中的作用和林权改革等议题进行了认真研讨。

气候变化和森林大会 2010年5月27日，“奥斯陆气候变化与森林大会”在挪威举行。会议由挪威首相斯托尔滕贝格和印度尼西亚总统苏西洛共同主持，来自50多个国家、20多个国际组织、非政府组织代表与会，其中包括8位国家元首或政府首脑、18位部长或部长级官员。此次会议的主要目的是减少发展中国家毁林、森林退化排放及森林保护、可持续管理等增加碳汇行动的自愿临时性伙伴关系（简称“减少毁林等行动伙伴关系”，英文缩写“REDD+”）。我国政府派团参加了此次会议。会议宣布正式建立自愿性的、不具法律约束力的、临时的REDD+伙伴关系，明确了伙伴关系的核心目标、原则、组织管理和伙伴成员责任。50多个国家加入了该伙伴关系。发达国家承诺将提供40多亿美元用于REDD+行动，发展中国家表示愿将发展和保护森林作为参与减缓全球气候变暖、推进本国可持续发展措施尽早付诸实施。我国代表团在会上代表中国政府宣布加入伙伴关系，并强调了中国的立场。

亚洲虎保护部长级会议 2010年1月27～29日，“首届亚洲虎保护部长级会议”在泰国华欣召开。来自亚洲13个虎分布国的部长和高级官员及世界银行、濒危野生动植物种国际贸易公约秘书处和有关动物保护的非政府组织的代表近150人出席了会议。我国政府组团参会。13个虎分布国分别介绍了各自虎保护现状和发展战略。会议就虎栖息地保护、国际执法、生态旅游、社区发展和虎保护资金投入等议题进行了深入研讨。在此基础上，会议经过激烈磋商，形成并通过了亚洲虎保护部长级宣言，简称“华欣宣言”。

专栏 11 中欧天然林管理项目

中欧天然林管理项目是欧盟援助我国的第一个林业发展项目，于1998年开始准备，2003年7月正式实施，2010年结束。实施地点在四川、湖南、海南3个省的6个县，11个乡镇，58个行政村，以及3个森工林业局和3个县级国有林场。项目包括4个组成部分，即天然林管理、社区发展（含小额信贷）、培训和推广、项目管理。欧盟援助1 690万欧元，中方配套600万欧元，项目执行期为7年。

中欧天然林管理项目通过国际专家、国内专家、各级项目办官员和技术人员的密切配合，逐步引入了国外先进的天然林经营管理理念和技术体系，并结合项目区社会经济条件和森林资源现状，在项目区进行了试验和示范，取得了一系列成果。

一是天然林管理部分，共完成并提交了39个成果报告，《多资源清查》等6本技术培训推广手册，主要包括多资源清查、生态建模、制定森林经营规划、“森林共管”试点、营林示范等方面成果内容。

二是社区发展部分，共完成并提交了150多篇项目成果报告，《中华蜜蜂饲养管理技术》等11本实用技术推广手册，《中国天然林管理项目小额信贷政策建议报告》等5项政策建议，为我国天保工程区森林可持续经营和林区居民社区和谐发展提供了重要的借鉴和指导。主要成果包括制定参与式村级发展规划、小型基础设施建设、小型可替代生计示范、主题性示范、社区组织建设等方面内容。

三是小额信贷设立了总预算为144.3万欧元的小额信贷基金，解决林区职工和农民贷款难问题。在项目区开展了NGO、森工企业和村社区基金3种模式的林区小额信贷试点工作。共建立了24个小额信贷法人机构，其中，村社区模式19个，森工企业模式4个，NGO模式1个。到项目结束时，以累计向会员发放贷款7 000多笔，3 200多个家庭或森工企业职工受益。

项目开展了森工企业下岗职工培训、经营管理人员培训、林业职工技术培训、林农技能培训等不同群体人员的培训活动。项目组织专题研讨会、技术讲座、培训者培训、参观访问、考察学习、出国考察、咨询论坛、野外现场培训等各种不同形式培训和推广活动366次，培训6 500多人次。此外，项目还为各级项目办公室配备了汽车和办公设备以及GIS、GPS等技术设备，有效提高了县、乡、村的管理能力。项目还开展了大量的宣传和推广活动，提高了项目区的天然林保护意识，为天然林可持续经营培养了一批技术和管理人才。农户和林业职工的收入，都实现了大幅度的增长，增长超过了30%。

J

P105-120

改革、政策与法制

- 林业改革
- 林业政策
- 林业法制

改革、政策与法制

（一）林业改革

2009年，在中央林业工作会议精神的鼓舞下，各地区各部门积极行动起来，认真贯彻落实中央决策部署，集体林权制度改革（以下简称林改）进展顺利，取得明显成效。

1. 集体林权制度改革

2010年，各地认真贯彻落实中央林业工作会议精神和林改百县经验交流会精神，加大林改确权力度，加紧完善相关政策，集体林权制度改革取得了重大进展。

林改确权取得重大进展 全国已确权面积16 240.01万公顷，占集体林地总面积的88.8%，比2009年增长37.3%，其中：家庭承包经营的10 393.34万公顷，占已确权面积的64.1%，包括自留山2 540万公顷、均山到户7 066.67万公顷、联户承包786.67万公顷；集体经营的3 580万公顷，占已确权面积的21.9%，包括集体股份制经营2 046.67万公顷，集体统一经营1 533.33万公顷；其他形式经营2 266.67万公顷，其中大户承包800万公顷，占已确权面积的14%。全国已发放林权证7 753万本，比2009年增加了30.21%，发证宗地数1.9亿宗，发证面积13 400万公顷，占已确权林地总面积的82.6%。

抵押贷款增长明显 全国有26个省（自治区、直辖市）开展了抵押贷款工作。抵押林地面积280.5万公顷，贷款322亿元，比2009年增加了45.4%，平均每公顷贷款51元。其中：农民抵押林地面积173.1万公顷，贷款131亿元，比2009年增长31%，平均每公顷贷款32.4元。

森林保险快速发展 有17个省（自治区、直辖市）开展森林保险，投保面积3 166.67万公顷，比2009年增长75.9%；保险金额2 061.78亿元，增长80.6%；保费3.82亿元，增长1.12倍，其中政策性补贴2.82亿元，增长1.35倍；平均公顷保险金额38.90元，保费0.05元。

林权流转稳步推进 全国有26个省（自治区、直辖市）成立了851个林权管理服务机构，618个资产评估机构。累计流转集体林地813.33万公顷，占已确权林地的5%，流转宗地4 089万宗，流转总金额178亿元。

合作组织方兴未艾 全国有29个省（自治区、直辖市）共建立林业合作组织9.45万个，比2009年增长1.17倍，加入合作组织的农户1 136万户，合作组织经营林地面积2.15亿亩，比2009年增长43.3%，占已确权林地面积的8.8%，其中，林业专业合作社1.78万个，加入合作社的农户为655万户，合作社经营的林地面积为7 294万亩，占已确权林地面积的3%。

增收贡献稳步提升 据29个省（自治区、直辖市）不完全统计，2010年农民人均年收入为5 669元，其中来自林业的收入829元，占人均年收入的1/7。

全国集体林权制度改革百县经验交流会召开 2010年10月10～11日，全国集体林权制度改革百县经验交流会在京召开。党中央、国务院对这次会议高度重视，温家宝总理做出重要批示，回良玉副总理出席会议并发表重要讲话，中央农村工作领导小组全体成员和来自全国107个林改典型县的县委书记，部分乡镇党委书记、村支部书记参加了会议。会议带来了全国林改的成功典型、基层群众的伟大创造、林改政策的生动解读，对全国2 500多个林改县产生了巨大影响。会议提出，要继续加大集体林权制度改革的攻坚力度，不断巩固和扩大林改成果。主要抓好以下五项重点工作：一是切实明晰产权，坚持承包到户，确保农民享有平等的承包经营权。二是加大投入力度，强化政策扶持，完善林业支持保护制度。三是健全服务体系，创新服务机制，提高林业社会化服务水平。四是发展林业产业，拓展增收渠道，增强农民兴林致富能力。五是加强林权管理，规范流转行为，维护农民合法权益。在林改政策上，会议要求，进一步细化实化落实已有政策，抓紧研究出台新的支持保护措施。要不断完善森林生态效益补偿制度，逐步提高补偿标准。扩大森林保险保费补贴试点范围，建立健全森林保险制度。切实改善林业金融服务，完善林权抵押贷款办法，引导更多资金投向林业和林区。加快完善森林资源资产评估管理办法，规范森林资源资产评估行为。出台支持发展林下经济和森林旅游的财税金融政策。各地应将林区基础设施建设纳入本地区相关行业发展规划，进一步改善林区生产生活条件。

国务院开展集体林权制度改革专项督促检查 国家林业局配合国务院办公厅督查室，会同发改委、财政部等七部门组成5个督查组，分赴云南、海南、福建、广西、四川、陕西、湖南、河南、吉林、内蒙古10省（自治区）进行了林改督查。督查组深入基层，了解林改，指导林改；调查问题，研究对策，提出加大中央财政转移支付、增加西部贫困地区林改工作经费的政策建议并得到落实。温家宝总理在林改督查报告上做了重要批示，对全国林改工作起到了强有力的推动作用。

解决历史遗留问题、深入推进集体林权制度改革 为突破历史遗留问题对林改的制约，维护农民的合法权益，2010年国家林业局在海南召开了“全国解决历史遗留问题、深入推进集体林权制度改革工作现场会”，总结推广各地在解决林权历史遗留问题方面的成功经验，提高认识，统一思想，深入推进集体林权制度改革。会后，各省（自治区、直辖市）党委政府高度重视，不断加大工作力度，已有多个省出台了妥善处理历史遗留问题的政策文件。截至2010年底，全国累计调处山林权属纠纷80多万起，调处率达97%，群众满意率达98%，进一步消除了妨碍农村社会和谐的不稳定因素。

2. 国有林场和国有林区改革

国有林场改革 2010年，国务院第111次常务会议对《关于加快国有林场改革的意见》进行了审议。会议确定由国家发展改革委和国家林业局牵头，会同有关部门组成改革工作小组，就国有林场和国有林区改革问题做进一步深入调查研究，提出意见，通过试点，总结经验，有序推进，不断完善。根据国务院常务会议要求，正式成立了相关部门参与的国有林场和国有林区改革工作小组，明确了部门分工。组织了各省区国有林场改革调研，召开了国有林场和国有林区改革座谈会，进一步研究了国有林场改革思路。

国有林区改革　一是2010年1月，国家林业局召开森林资源管理体制改革试点工作总结会。总结了东北、内蒙古重点国有林区森林资源管理体制改革试点工作取得的成效和存在的问题，研究了深化重点国有林区森林资源管理体制改革的意见。二是草拟了《关于东北内蒙古重点国有林区国有森林资源管理体制改革的意见》和说明稿。2010年，在深入研究和总结试点经验的基础上，结合制定天保工程后续政策和编制大小兴安岭生态保护与经济转型规划，对“四大家”已探索的不同改革模式、经验，进行了对比、分析，草拟了《关于东北内蒙古重点国有林区国有森林资源管理体制改革的意见》和说明稿。三是积极协调有关部门，把重点国有林区改革的意见纳入“十二五”规划、大小兴安岭林区生态保护与经济转型规划之中。2010年底，国务院批复了《大小兴安岭林区生态保护与经济转型规划（2010～2020年）》，明确要求：“用5年左右的时间，完成将地方行政管理、森林资源管理和企业经营分开的改革。稳步推进森林资源管理体制改革，深化国有森工企业改革”，“以林区行政管理体制改革和资源管理体制改革为突破口，实现政、事、企分开”。

（二）林业政策

1. 林业生态建设支持政策

天然林资源保护二期工程政策　2010年12月29日，国务院常务会议决定2011～2020年实施天然林资源保护二期工程。实施范围在一期基础上增加丹江口库区的11个县（市、区）。主要任务，一是长江上游、黄河上中游地区继续停止天然林商品性采伐；东北、内蒙古等重点国有林区进一步调减木材产量，由一期定产的年均1 094.1万立方米在“十二五”期间分3年调减到440万立方米。二是强化森林管护，管护森林面积17.32亿亩。三是继续加强公益林建设，建设任务1.16亿亩。四是加强森林经营，国有中幼林抚育2.63亿亩，后备资源培育4 890万亩。五是保障和改善林区民生，增加林区就业，提高职工收入，完善社会保障，使职工收入和社会保障接近或达到社会平均水平。

政策措施，一是继续实施森林管护补助政策。对国有林，中央财政安排森林管护费每亩每年5元。对集体林，属于国家级公益林的，由中央财政安排森林生态效益补偿基金每亩每年10元；属于地方公益林的，主要由地方财政安排补偿基金，中央财政每亩每年补助森林管护费3元。二是完善社会保险补助政策。

中央财政继续对森工企业和国有林场（以下简称国有林业单位）负担的在职职工基本养老、基本医疗、失业、工伤和生育五项保险给予补助，并相应提高补助标准；对符合现行就业政策的国有林业单位代管的灵活就业的就业困难人员，地方人民政府按国家有关规定统筹解决这部分人员的社会保险补贴，对国有林业单位跨行政区域的由所在地、市或省级人民政府统筹解决。三是完善政策性社会性支出补助政策。中央财政继续对国有林业单位负担的教育、医疗卫生、公检法司经费及政府经费给予补助，并相应提高补助标准；为鼓励推进改革，对将国有林业单位承担的消防、环卫、街道等社会公益事业移交地方政府管理的省（自治区、直辖市），中央财政给予补助。四是继续实行公益林建设投资补助政策。中央基本建设投资继续对长江上游、黄河上中游地区安排公益林建设，人工造林每亩补助300元，封山育林每亩补助70元，飞播造林每亩补助120元。五是增加森林培育经营补助政策。中央财政对国有中幼林抚育每亩补助120元；中央基本建设投资对东北、内蒙古重点国有林区后备资源培育中的人工造林和森林改造培育每亩分别补助300元和200元。

与一期工程相比，二期工程取消了地方配套资金；大幅提高了森林管护、政策性社会性支出和社会保险补助标准，并将进行动态调整；将森林经营纳入了天保二期工程，增加了中幼林抚育和森林改造培育补助政策；建立了对改革的奖励机制；扩大了政策性社会性支出补助范围。

退耕还林工程管理政策 2010年，国家发展改革委、监察部、国土资源部、水利部、农业部、审计署、国家统计局、国家林业局和国家粮食局九委（部、局）联合出台了《巩固退耕还林成果专项规划建设项目管理办法》，从建设项目应遵循的原则与目标、组织管理、计划管理、建设管理、资金管理、验收与管护、信息统计与效益监测等7个方面做出了规定。

在组织管理方面，建立巩固退耕还林成果部际联席会议制度，明确了各成员单位的职责；建设项目实行省级人民政府负总责，坚持目标、任务、资金、责任“四到省”。在建设管理方面，建立健全领导责任制、项目法人责任制、招标投标制、工程监理制、合同管理制等各项制度，对较小项目难以落实项目法人责任制、招标投标制、工程监理制的，要积极采取有效的管理办法；实行建设项目公示制，县级有关部门要会同乡镇政府把项目的名称、目标、任务、资金来源与建设内容和规模等，以村为单元进行公示。在验收与管护方面，建设项目检查验收分为自查验收和联合复查。自查验收由县级负责组织实施，联合复查在县级自查验收的基础上，由省级负责组织实施。

野生动植物和自然保护区管理政策 2010年，国务院办公厅印发了《关于做好自然保护区管理有关工作的通知》（以下简称《通知》）。《通知》要求，一要强化对自然保护区范围和功能区调整的管理。任何部门和单位不得擅自改变自然保护区的性质、范围和功能分区，不得随意撤销已批准建立的自然保护区；自然保护区自批准建立或调整之日起，原则上5年内不得进行调整。二要严格限制涉及自然保护区的开发建设活动。禁止在自然保护区核心区和缓冲区内开展任何形式的开发建设活动；在自然保护区实验区内开展的开发建设活动，不得影响其功能，不得破坏其自然资源或景观；限期对自然保护区内违法违规探矿和采矿活动予以清理，加强对自然保护区内旅游活动的监管。三要加强涉及自然保护区开发建设项目管理。涉及自然保护区的开发建设项目的环境影响评价文件，应对项目可能造成的对自然保护区功能和保护对象的影响做出预测，提出保护与恢复治理方案。四要规范自然保护区内土地和海域管理。加强自然保护区内土地和海域权属管理，依法确定土地所有权和使用权及海域使用权；对自然保护区内的集体所有土地，可采取签订委托管理协议等方式妥善解决管理问题；依法使用自然保护区内土地的单位和个人，不得擅自改变土地用途，扩大使用面积；禁止任何单位和个人破坏、侵占、买卖或者以其他方式非法转让自然保护区内的土地。五是加强监督检查。定期开展自然保护区专项执法检查和管理评估，严肃查处各类违法行为。

2010年，国家林业局与农业部联合下发了《关于加强鳄鱼管理有关工作的通知》，加强对鳄鱼驯养繁殖和经营利用等的监督管理。一是统一鳄鱼保护管理级别。自本通知下发之日起，对我国特有的扬子鳄，仍按《国家重点保护野生动物名录》所列国家一级保护野生动物由林业主管部门进行保护管理；对其他外来鳄鱼，由渔业、林业主管部门按统一标准进行管理，属于《濒危野生动植物种国际贸易公约》附录一所列物种按国家一级保护野生动物管理，属于《公约》附录二所列物种按国家二级保护野生动物管理。二是对现有鳄鱼驯养繁殖和经营利用企业进行清查，积极研究推行标识制度。对因鳄鱼保护管理级别调整应重新申办驯养繁殖许可证的鳄鱼驯养繁殖单位，要严格审核其驯养繁殖设施和技术等条件，凡符合规定要求的，依法定程序核发驯养繁殖许可证；对不符合规定要求的，要责令其限期整改，对在规定期限内仍未能达到整改要求的，要坚决取缔，并依法处理。三是规范鳄鱼驯养繁殖技术条件，积极配合海关、公安、工商等执法部门加大对鳄鱼走私犯罪行为的打击力度。农业部和国家林业局将共同制定并发布全国鳄鱼驯养繁殖技术规范。

2. 林地林权管理政策

2010年，国务院《关于全国林地保护利用规划纲要（2010～2020年）的批复》，进一步明确了林地用途管制和占用征收林地定额管理制度。一是要严格保护有林地和生态脆弱地区的灌木林地，严厉打击毁林开垦和违法占用林地，防止林地退化。二是要加大投入力度，加强政策扶持和科技支撑，提高森林经营水平，挖掘林地增产增收潜力，优化林地结构。三是严格实施林地用途管制，严禁擅自改变林地性质和范围；国家每五年编制或修订一次占用征收林地定额，并按年度分解到省（自治区、直辖市），实行森林面积占补平衡。四是完善规划体系，分别编制国家、省、县三级林地保护利用规划，并与土地功能区规划、土地利用总体规划等相关规划做好衔接。五是将森林保有量、征占用林地定额作为政府目标考核的重要内容，建立并落实考核体系和考核办法。

2010年，国家林业局《关于下达“十二五”期间占用征收林地总额和2011年占用征收林地年度定额的通知》，明确国家林业局审定下达的“十二五”期间占用征收林地总额，是各省“十二五”期间审核同意建设项目占用征收林地面积的上限，各地必须严格执行，不得突破。按年度分解的占用林地年度定额实行“五年总控、年度调剂”。同时，要加强占用征收林地审核审批管理。没有年度定额的，林业主管部门不得审核同意建设项目占用征收林地；严禁将应当审核的占用林地建设项目，以临时占用林地和直接为林业生产服务名义审批；省级林业主管部门必须建立年度定额使用管理台账，县级林业主管部门要加强对本辖区内的占用征收林地行政许可项目执行情况的监督检查。

2010年，国家林业局下发了《关于石油天然气管道建设使用林地有关问题的通知》，明确石油天然气管道工程“管道中心线两侧各5米范围内”按临时占地办理使用林地手续，建设单位依法支付林地和林木补偿费，缴纳森林植被恢复费，并以项目所在地占用征收林地补偿标准（相应类型）为基数，分类型确定了临时占用林地补偿费标准。其中，国家级及省级自然保护区、国家级森林公园和东北内蒙古重点国有林区范围内的所有林地，依据有关规定界定的重要江河源头、江河两岸的防护林林地、特种用途林林地为基数的100%；防护林林地、特种用途林林地为基数的90%；用材林林地、经济林林地、薪炭林林地和国家特别规定的灌木林地为基数的80%；疏林地、灌木林地为基数的55%；宜林地等其他林地为基数的40%。按上述规定确定的林地补偿标准低于当地临时占用林地补偿标准的，执行当地临时占用林地补偿标准。

3. 沙产业发展支持政策

2010年，国家林业局出台了《关于进一步加快发展沙产业的意见》，明确了促进和扶持沙产业发展的4项政策措施。一是多渠道增加投入。依托林业重点工程和现有扶持政策，加大对沙区林草植被资源建设的支持。对能促进沙产业发展的资源基地培育项目，凡列入工程规划并满足工程建设要求的，按政策享受国家补助；中央财政对符合条件的林业龙头企业开展的种植业、养殖业以及林产品加工业贷款项目，各类经济实体营造的工业原料林、木本油料经济林以及有利于改善沙区生态环境的种植业贷款项目，国有林场（苗圃）、集体林场（苗圃）、国有森工企业开展的多种经营贷款项目以及自然保护区和森林公园开展的森林生态旅游项目，农户和林业职工个人从事的营造林、林业资源开发和林产品加工贷款项目予以贴息，年贴息率为3%，贴息期限最长为3年。农户和林业职工个人营造林小额贷款，贴息期限最长为5年；支持沙产业企业通过发行短期融资债券、中期票据和发行股票上市等形式多渠道融资；协调财政支农、农业综合开发、小城镇建设、科学研究和技术推广、教育培训等方面资金对沙产业发展领域加大支持力度；落实国家扩大农牧民经营林业补贴范围，提高补贴标准；争取政府设立沙产业技术创新发展基金，促进沙产业企业技术创新。地方财政根据实际情况，加大对发展沙产业的资金扶持力度。二是加大信贷支持力度。积极争取银行业金融机构开办林权抵押贷款、林农及中小企业小额信用贷款和林农联保贷款，贯彻落实沙区林地、林木资源抵押政策，为发展沙产业服务。鼓励地方政府、林业专业合作组织、林业企业和林农等出资组建或扶持壮大互助性沙产业担保体系，为沙产业贷款融资服务。三是落实税收、保险等相关优惠政策。对以沙区三剩物、次小薪材为原料自产的综合利用产品，按照有关规定，享受相关的增值税即征即退政策；为发展沙产业需要进口设备的，凡属于国家产业结构调整指导目录鼓励类投资项目的进口自用设备，除国内投资项目不予免税的进口商品外，免征进口关税和进口环节增值税；沙产业企业从事农、林、牧、渔业项目的所得，可以免征、减征企业所得税，符合条件的小型微利企业，减按20%的税率缴纳企业所得税；沙产业企业被认定为国家需要重点扶持的高新技术企业的，减按15%的税率征收企业所得税。各地可通过保费补贴等必要的政策手段引导保险公司、林业企业、林业专业合作组织和林农积极参与森林保险，有条件的地方可设立森林保险补偿基金，建立统一的基本森林保险制度。沙区非林业用地上的林木，不纳入采伐限额管理，商品林抚育采伐和其他采伐可占用主伐指标，各项指标可结转使用；育林基金按照最高不超过林木产品销售收入的10%计征。四是切实保障投资者合法权益。进一步深化沙区集体林权制度改革，治理后的沙化土地可依法进行流转、继承，维护治理者的合法权益；征占用治理后的沙化土地，由征占者给予治理者合理的经济补偿；充分发挥农民林业专业合作社和行业协会在促进沙产业发展中的作用。

4. 林业财政金融政策

中央财政开展造林补贴试点　2010年，财政部、国家林业局联合下发了《关于开展2010年造林补贴试点工作的意见》，明确了中央财政造林补贴试点范围、补贴对象、补贴标准、资金拨付等政策，标志着中央财政造林补贴试点工作正式启动。2010年中央财政造林补贴试点选择在西南、西北造林任务重，已经完成集体林权制度主体改革，以及地方政府支持造林力度大的三类省区，包括河北、山西等20个省区。在宜林荒山荒地、沙荒地人工造林和迹地人工更新过程中，使用先进技术培育的良种苗木、面积不小于1亩（含1亩）的林农、林业合作组织以及承包经营国有林的林业职工。造林补贴包括造林直接补贴和间接费用补贴。造林直接补贴，是指对造林主体实施造林所需费用的补贴。人工营造乔木林每亩补助200元，灌木林每亩补助120元，木本粮油经济林每亩补助160元，水果、木本药材等其他经济林每亩补助100元，新造竹林每亩补助100

元；迹地人工更新每亩补助100元。造林直接补贴应全部落实到造林主体。享受中央财政造林补贴营造的乔木林，造林后10年内不准主伐。间接费用补贴，是指对试点县组织开展补贴造林工作必要的经费补贴。按照中央财政造林补贴总额5%的比例安排，主要用于试点县组织开展政策宣传、作业设计、技术指导、监督检查、档案管理等方面工作的支出。省、地（市）两级组织开展造林补贴工作所需经费，分别由同级财政部门预算安排。

中央财政造林补贴政策，是继建立森林生态效益补偿制度、森林抚育补贴制度后我国林业政策的又一重大突破。一是突破了过去对林业重点工程以外的造林主体即群众造林中央资金没有扶持的盲区；二是突破了一般商品林、竹林造林、迹地更新等过去没有资金扶持的盲区，不论生态林还是商品林，只要造林就给补贴，只是林种、造林更新方式不同补贴标准不同而已；三是突破了过去国家林业重点工程（退耕还林除外）没有工作经费的政策；四是突破了过去先拨付资金后开展造林的资金兑付和组织管理机制，相当于启动实施了报账制，将从政策机制上保证造林质量和成效。

中央财政开展林木良种补贴试点 2010年，财政部、国家林业局联合下发《关于开展2010年林木良种补贴试点工作的意见》，对国家重点林木良种基地建设和林木良种苗木培育给予补贴。试点对象为131处国家重点林木良种基地、22个省和龙江森工集团的国有育苗单位。试点任务为国家重点林木良种基地34.2万亩，培育良种苗木5亿株。补贴标准为种子园、种质资源库每亩分别补贴600元，采穗圃每亩补贴300元，母树林、试验林每亩分别补贴100元；每株良种苗木平均补贴0.2元，试点省可根据实际情况确定不同树种苗木的补贴标准。2010年中央财政共安排林木良种补贴试点资金2亿元。

国家启动了湿地保护补助政策 2010年，财政部、国家林业局联合印发了《关于2010年湿地保护补助工作的实施意见》，决定从2010年起启动中央财政湿地保护补助工作。2010年中央财政首次安排专项资金2亿元用于湿地保护补助，为20个国际重要湿地、16个湿地类型自然保护区和7个国家湿地公园提供了资金支持。2010年，全部项目已完成湿地恢复2 253公顷，清淤50.5万立方米，生态补水2亿立方米，聘用管护人员341人，部分监测监控设备的配备，湿地监测站点建设等正在开展设计、招标、采购等工作。通过项目实施，加快了湿地保护和恢复的进程，提高了湿地监测监控和科研水平，改善了周边社区居民的生活和生存条件。这项工作的开展具有里程碑的意义，对中国湿地保护将产生深远的影响。

林业有害生物防治器械纳入补贴范围 2010年3月，农业部、财政部联合印发了《2010年农业机械购置补贴实施指导意见》，将林业有害生物防治器械纳入国家农机购置补贴范围。农业机械购置补贴产品种类范围由2009年的12大类38个小类128个品目扩大到2010年的12大类45个小类180个品目，将电动喷雾器、机动喷雾喷粉机、动力喷雾机、喷杆式喷雾机、风送式喷雾机、烟雾机、杀虫灯7类林业有害生物防治器械品目纳入了补贴范围。

中央财政加大森林保险保费补贴力度 2010年，财政部下发了《关于2010年度中央财政农业保险保费补贴工作有关事项的通知》，明确了2010年度中央财政森林保险保费补贴地区、补贴比例、补贴标准及试点地区选择标准。在2009年江西、湖南、福建省基础上，增加浙江、辽宁、云南三省内有条件、有能力、有意愿的市、县先行试点。对商品林保险，维持现有保费补贴比例30%不变，对公益林保险，将中央财政保费补贴比例提高至50%；商品林，省级财政至少补贴25%的保费；公益林，地方财政至少补贴40%的保费，其中，省级财政至少补贴25%的保费。

实施林权抵押贷款政策 2010年，国家开发银行和国家林业局联合下发了《关于开展林权抵押贷款工作的指导意见》，明确了林权抵押担保范围、贷款对象、用途和条件，贷款重点支持领域，可作为贷款抵押的林权范围和不得作为贷款抵押范围，以农村集体经济组织统一经营的森林、林木以及共有林权进行抵押贷款的附加条件。《意见》还对贷款期限与利率、抵押评估、抵押率确定、抵押登记、抵押林权管理、抵押林权处置、贷款程序、贷款贴息做出了明确的规定。

专栏12 辽宁省集体林权制度改革的情况

1. 主体改革进展情况

2004年12月，辽宁省人民政府组建了以省政府主要领导为组长，由林业、发展改革、财政等部门参加的集体林权制度改革工作领导小组。省林业厅成立了集体林权制度改革办公室，制定下发了《集体林产权制度改革试点工作方案》。2005年3月，省政府在本溪市启动了集体林权制度改革试点；9月召开了集体林权制度改革现场会，林改在东部山区5市18县率先展开；11月省政府出台了《关于深化集体林产权制度改革的意见》，至此林改在全省全面推开。截至2010年末，辽宁省集体林确权率达99%以上，林权纠纷调处率达99%以上，群众满意率达98%以上，基本完成了集体林权制度明晰产权的任务。

2. 配套改革进展情况

主体改革明晰的是山林权属，使农民有了致富的生产资料；而配套改革是通过完善政策、放活经营、健全服务，促进生态优、农民富。全省在2007年末，集体林权主体改革基本结束，但随着主体改革的结束，农民群众经营林业面临"五难"（管理分散，农民办事难；束缚太多，放活经营难；经营分散，闯市场难；技术缺乏，搞经营难；资金短缺，大发展难），针对"五难"，全省开展了一系列配套改革，促进了生态得保护，农民得实惠。

搭建了一个平台，破解群众办事难 辽宁省从2007年开始一些县陆续建立了林权管理服务中心，2009年，省厅制定了林权管理服务中心建设标准，并要求每个重点涉林县（区）至少要建设一个高标准、多功能的林权管理服务中心。截至2010年末，全省已投入使用的林权管理服务中心达40个，有的县（区）还在林业重点乡镇建立林权管理服务分中心，这些服务中心的建立，为广大林农提供了林业行政许可、咨询指导等一站式高效便捷的服务，极大地方便了林农，树立了服务型政府的良好形象。

编制了一个方案，破解放活经营难 科学编制简易村级森林经营方案，坚持公开、公平、公正原则，将采伐限额分解落实到小班，落实到林权所有者。有效地解决了林木采伐限额分配不公的问题，群众再也不用为得不到采伐限额发愁了。截至2010年末，已经有750个村编制了村级森林经营方案，深受群众欢迎。

培育了一个体系，破解闯市场难 积极引导农民组建新型的林业合作社、家庭合作林场、股份制林场等林业合作经济组织和各种林业专业协会。截止2010年末，全省已组建林业合作经济组织2 286个，中药材、人参、林蛙、板栗、育苗等专业协会907个。提高了分林到户后农民的组织化程度，有效地解决了分散经营闯市场难的问题。

形成了一个网络，破解搞经营难 辽宁省各级林业工作站依托覆盖全省的电子信息网络，已初步形成面向林农，连接各科研单位，沟通各部门，上传下达、上下连通、四通八达的技术服务网络，较好地解决了广大林农技术缺乏搞经营难的问题。

建立了一套制度，破解大发展难 2009年5月，辽宁省林业厅和中国人民银行沈阳分行联合下发了《关于进一步推进林权抵押贷款业务发展的意见》，在全省多家银行开展以林抵押贷款。截至2010年末，全省各银行已向农民投放抵押贷款32亿元，有效地缓解了农民群众发展资金短缺的问题。政策性保险开始起步，2010年末，全省已落实参保森林面积1 150万亩。

3．改革的主要特点

辽宁省林业区域类型较多，主要分为东部山区、中部平原地区和西部风沙干旱地区。公益林比重大，全省公益林地面积占林业用地面积的56%，公益林中集体林占70%以上。根据全省的省情林情特点，全省的林改相应地采取了分类改革、分区施策。

实行分类改革 根据全省的林情实际和改革彻底性的需要，在广泛调查和反复论证的基础上，将集体林除特殊保护地区的公益林外，都纳入改革范围。对商品林采取相对放宽经营政策，鼓励对林地适度开发，合理利用，自愿流转。对公益林坚持公益性质不变，经营方式不变，实行“确权到户，补偿到户，双重管护，生态优先，适度利用，科学经营，有序管理”的办法（即分到户、补到户、管到户）。

实施分区突破 东部多林地区，农民对林业的依赖程度较高，改革的模式主要是家庭承包，基本是均山均林，解决山区农民的生产致富问题，让农民在经营林业发展林业的同时，取得一定的经济效益；中部平原农田防护林区，农民对林业的依赖程度不高，改革模式主要是竞价转让等其他承包方式，就是调动承包者对残次林网改造和农防林建设的积极性，努力提高农田防护林的建设质量和防护效益。即对农田林网实行竞价转让承包，收取更新造林抵押金，造林验收合格后退还抵押金，实现改制改造的双赢；西部三北防护林区，林业建设以沙化和荒漠化治理为重点，在生态优先的情况下，积极发展林业产业。该地区的改革模式为“一包、二送、三补贴、四均股”：“一包”，即在多林村实行家庭承包；“二送”，即对于大多数群众不愿意承包的高山、远山、低劣质山，无偿确权给愿意承包的人；“三补贴”，即对于无偿确权的地块，在资金和项目上给予扶持；“四均股”，即对于不便于分山到户的重点公益林采取均股分利的股份制承包形式。

专栏 13　京津风沙源治理工程政策十年回顾

京津风沙源治理工程2000年开始试点，2002年，国务院正式批准《京津风沙源治理工程规划（2001～2010年）》，工程建设全面启动。

基本政策 工程采取粮食和现金两种补贴方式。工程中退耕还林部分执行国家退耕还林补贴政策；造林补助标准为人工造林每亩300元，飞播造林每亩120元（含飞后管护），封山育林每亩70元；草地治理补助标准为人工种草每亩120元，飞播牧草每亩100元，围栏封育每亩70元，基本草场建设每亩500元，草地基本建设每亩1 200元；禁牧后饲料粮补助标准为0.225千克/（天·公顷）；水源及节水配套工程每处中央补助1万元；小流域综合治理工程每平方千米中央补助20万元；生态移民每人补助标准为5 000元。

随着工程的深入实施，针对出现的新情况、新问题，国家陆续出台了相应政策。从2003年1月到2010年2月，国务院发布了《关于进一步加强防沙治沙工作的决定》，国家林业局陆续下发了《关于进一步加强京津风沙源治理工程区宜林荒山荒地造林的若干意见》，《京津风沙源治理工程林业建设技术规定（试行）》，《全国荒漠化和沙化监测管理办法（试行）》，《关于加快京津风沙源治理工程区沙产业发展的指导意见》，《营利性治沙管理办法》，《关于切实做好京津风沙源治理工程区林分抚育和管护工作的通知》，《关于加强全国防沙治沙综合示范区建设的意见》，《关于进一步加快发展沙产业的意见》等文件，不断强化工程管理，创新建设机制，加大扶持力度，确保了工程健康有序推进。

主要成效 京津工程通过十年建设，已取得明显成效，为国家生态建设和当地经济与社会发展做出了显著贡献。

一是初步建立了京津地区生态防护体系。初步建成了首都生态圈三道生态屏障：在沙化草原区通过沙障、灌草结合的措施固定流沙；在坝上及晋北、京北地区营造防护林带和林网，阻止风沙的侵袭；在北京及城郊地区建设纵横交错的绿化网，形成了功能强大的空气净化器。生态防护功能得到明显加强，地表起沙得到有效遏制，风沙危害明显减轻，京津工程区已经从沙尘暴加强区变为减弱区，森林覆盖率由工程建设之初的12.4%提高到18.2%；自然灾害损失率由2.2%下降到0.6%；农田和草牧场防护林率从3.5%提高到14.8%。

二是产业结构得到优化调整。工程区第一产业比重在下降，第二产业、第三产业的比重在增加。根据2009年国家林业局组织的国家林业重点工程经济效益监测结果，监测样本县（旗）粮食播种面积比工程启动之初下降12.91%，粮食总产量增加58.24%；农业产值占比下降，畜牧业产值占比增加。样本县（旗）农村居民收入持续增长，人均纯收入年增长幅度超过15%。自2000年工程实施以来，样本县（旗）农村居民人均纯收入增长156.75%，增幅高于同期全国平均水平。

三是工程区经济社会发展步伐加快。目前，工程区已初步实现从游牧放养到舍饲圈养、从毁林开荒到植树种草、从广种薄收到精耕细作的三大转变，由单纯从事第一产业向第二、三产业转移，工程区社会经济可持续发展指数上升22个百分点，其中四成来自于工程治理的贡献。干部群众生态意识明显增强，增绿、爱绿、护绿的生态文明氛围日益高涨，为生态文明建设做出了重要贡献。

（三）林业法制

1. 林业立法

法律的修改 稳步推进《森林法》修改工作。2010年，就集体林权制度改革、林木采伐、林地管理等重大问题，进行了立法调研，形成《森林法》（修改草稿第一次征求意见稿）及其说明，并再次形成了《森林法修改章节安排及主要内容》。

行政法规制定 2010年，不断加快林业行政法规立法进程。一是继续开展《沿海防护林保护管理条例》立法工作，初步审查了沿海防护林保护管理条例。二是加快《湿地保护条例》立法进程。与国务院法制办公室及有关部门进行沟通协调，不断修改完善条例。此外，继续督导地方湿地立法工作。在原有8个已完成湿地立法的省（自治区）基础上，2010年，吉林、四川、西藏3个省（自治区）颁布实施了地方湿地保护条例。

部门规章审查制定 2010年，审查修改形成了《野生动植物进出口证书核发管理办法》（征求意见稿）、《大熊猫借展管理办法》（征求意见稿）、《国家级森林公园管理办法》（草案）。对有关林权登记、公益林管理、集体林权改革档案管理等方面的部门规章（草案）提出了修改意见。

部门规章及规范性文件清理 2010年，根据《国务院办公厅关于做好规章清理工作有关问题的通知》的要求，国家林业局组织开展了部门规章和规范性文件清理工作，形成了《国家林业局关于废止和修改部分林业部门规章的决定》（草案），提出了1 000多件规范性文件的清理目录。

2. 林业执法及执法监督

全国林业行政案件查处 2010年，全国共发生林业行政案件30.45万起，查处林业行政案件29.95万起，查处率为98.36%。其中：盗伐林木案2.17万起，占7.13%；滥伐林木案3.71万起，占12.18%；毁坏林木、苗木案0.68万起，占2.23%；违法征占用林地案1.56万起，占5.12%；非法收购、运输木材案16.82万起，占55.24%；非法经营、加工木材案1.71万起，占5.62%；其他案件3.80万起，占12.48%。通过查处林业行政案件，全国共收缴木材54.13万立方米、苗木2 612.16万株、种子18 317.53千克；挽回经济损失325 470.27万元，其中，处以罚款、责令赔偿损失、补征林业金费275 838.42万元，没收违法所得49 631.85万元；责令补种树木1 325.31万株；行政处罚人数31.93万人次。与2009年相比，2010年全国林业行政案件有以下特点：一是全国林业行政案件发生总量略有增加；二是非法收购运输木材案件呈高发势头；三是集体林改主体改革基本完成的省区的林业行政案件发生总量呈明显下降趋势。

重大森林资源案件的受理与督办 2010年，国家林业局发函责成有关省级林业主管部门和专员办查处督办破坏森林资源案件63起；派工作组现地督办重大案件3起，集中查处信访案件5起。共计涉案林地654.68公顷，林木6 676.04立方米。森林资源监督机构共查办、督办各类林业行政案件400余起。

开展林木种苗执法检查 一是为进一步落实林木种苗生产经营许可证制度，严把市场准入关。2010年，国家林业局下发了《关于进一步加强林木种苗生产经营许可证管理的通知》，对本辖区内林木种子生产经营许可证发放情况进行清理。2010年，全国共发放林木种子生产经营许可证29 097份。二是继续开展全国林木种苗质量抽查。重点对林木种苗生产经营和使用者档案情况，林木种苗生产经营许可、标签制度执行情况，采种林确定和采种期公告情况，主要林木品种审（认）定情况，林木种苗质量自检情况，林木种子来源情况以及林木种子产地情况进行检查。结果显示，林木种子样品合格率为91.70%，苗木苗批合格率为78.70%。三是开展《种子法》执法检查。组成3个检查组，赴江苏、浙江、重庆、湖北、辽宁、山西六省（直辖市）检查贯彻实施种子法情况。检查的重点是品种选育与审定，品种权益人保护情况；种苗生产经营情况以及查处违法经营情况。四是开展油茶种苗质量专项检查。年初，组织南方、北方、长沙、呼和浩特等4个国家级种苗质检机构对油茶等林木种苗进行质量抽检的基础上，7～8月，组成了5个由司局长带队的检查组，对湖北、重庆等10省（自治区、直辖市）油茶种苗和造林质量进行了专项检查，形成了专项检查报告，进一步强化了油茶良种和造林质量监督工作，有效地保障了油茶种苗和造林质量。

森林公安执法成效显著 2010年，全国森林公安机关共受理森林和野生动物行政案件178 637起，比2009年上升9.1%；查处行政案件176 557起，比2009年上升10.3%。共处罚违法人员340 495人次，收缴林木树木和木材579 479立方米、野生动物835 051头（只），涉案金额86.1亿元；全国森林公安机关共立森林和野生动物刑事案件近2万起，比2009年上升15.6%，破案1.5万余起，打击处理违法犯罪人员近2万人，收缴林木9万余立方米、野生动物33余万头（只），涉案金额55亿余元。

开展林业执法专项打击活动 一是开展“春季行动”，打击破坏森林资源违法犯罪。各地共出动人员100余万人次、车辆21余万台次，清查木材收购加工经营场所3万余处、征占用林地场点8 003处，查处案件6万余起，打掉犯罪团伙200余个，打击处理违法犯罪人员9万余人，收缴林木木材20余万立方米，收回林地6 000余公顷，涉案总价值达1亿余元。二是组织开展野生动物专项执法工作。共查办野生动物案件3 853起，打击处理违法犯罪人员4 388人（次），收缴野生动物68.7万头（只）。三是开展“冬季行动”。集中查处了一批森林和野生动物案件，共查办森林和野生动物案件2万余起，打击处理违法犯罪人员4万余人，打掉团伙179个，收缴林木木材近5万立方米、野生动物15万余头（只）；成功抓捕了一批涉案在逃人员，共抓获在逃人员543人，其中网上在逃人员240人，外省在逃人员58人，森林和野生动物案件在逃人员254人。

进一步规范林业行政许可工作 2010年，国家林业局启动行政许可公告修改工作，进一步简化或明确申请人需要提交的材料，简化申报程序，进一步规范行政许可行为；加强了对省级林业主管部门行政许可指导工作，及时纠正一些地方行政许可项目初审不规范的情况，有效地推动地方行政许可工作的规范化和程序化；部署开展了行政许可监督检查，对部分省开展行政许可专项监督检查工作。2010年，共实施林业行政许可事项197 725件，其中准予188 976件，不准8 749件。

做好林业行政复议和行政诉讼应诉工作 一是继续做好黑龙江虎林独木河行政复议案件办理工作；二是加强行政复议案件办理工作，通过开展案件实地调查、制发《行政复议建议函》、协调局行政许可办及时下发《行政许可监督建议函》等工作，积极探索行政复议案件有效办理形式；三是加强对地方林业行政复议工作的指导，组织召开了全国林业行政复议案例研讨会；四是积极做好朱炳焕行政诉讼案的应对工作，经全力努力，2010年5月20日，北京市高级人民法院做出了驳回朱炳焕上诉的终审判决；五是依法办理了宁夏桃园生态林开发有限公司行政赔偿案。

配合全国人大常委会完成了农业技术推广法和种子法的执法检查工作 一是组织起草完成了《国家林业局关于贯彻实施农业技术推广法、种子法情况的汇报》。二是会同有关业务司局，参加了全国人大执法检查组赴辽宁、浙江等6省的执法检查，参与了执法检查总报告的起草工作。三是按照全国人大要求，在认真研究基础上就《全国人大常委会执法检查组关于农业技术推广法实施情况的报告（征求意见稿）》提出了修改意见。

3. 林业普法

印发林业法制宣传教育要点 2010年，结合林业系统“五五”普法规划总体部署和年度重点工作安排，国家林业局印发了《2010年林业系统法制宣传教育工作要点》，指导林业系统法制宣传教育工作。

组织实施“五五”普法检查验收 2010年是实施“五五”普法规划的最后一年，印发了《国家林业局关于开展林业系统“五五”普法检查验收工作的通知》，全面部署林业系统“五五”普法检查验收工作。

深入开展法律法规宣传 2010年，国家林业局组织开展了一系列普法宣传教育活动。一是继续组织拍摄系列普法短剧。根据《农村党员干部现代远程教育专题教材制播工作实施意见》和国家林业局摄制普法短剧的总体安排，以制售假冒伪劣种苗、无证生产经营和超范围经营等违法行为作为案例，组织拍摄普法系列短剧。二是组织了普法考试。三是广泛宣传《森林防火条例》。2010年，国家森林防火指挥部办公室编印发行了2 000册《森林防火条例解读》，会同《绿色时报》社在全国组织开展了《森林防火条例》知识竞赛活动。四是组织开展了《种子法》实施十周年系列宣传活动，组织种子法知识竞赛活动。

“六五”普法规划研究 2010年，按照司法部、全国普法办印发的《2010年全国普法依法治理工作要点》的要求，国家林业局积极组织开展了“六五”普法规划研究工作，对林业系统法制宣传教育“六五”规划的有关理论问题进行研究，组织开展了“林业系统法制宣传教育第六个五年规划”课题研究，为确保林业“六五”普法工作顺利实施打下了良好基础。

K

P121-146

林产品市场

- 木材产品市场供给与消费
- 主要林产品价格
- 主要林产品进出口

林产品市场

(一) 木材产品市场供给与消费

1. 木材产品供给

木材产品市场供给由国内供给和进口两部分构成。国内供给包括商品材、农民自用材和农民烧柴、木质纤维板和刨花板；进口包括进口原木、锯材、单板、人造板、家具、木浆、木片、纸和纸制品、废纸及其他木质林产品。2010年木材产品市场总供给为43 189.92万立方米，比2009年增长 2.26%。

商品材 2010年，全国商品材产量为8 089.62万立方米，比2009年增长14.45%；其中，原木产量7 513.21万立方米，比2009年增长16.01%，薪材（不符合原木标准的木材）576.41万立方米，比2009年下降2.64%。

农民自用材和烧柴 根据测算[①]，农民自用材和烧柴折合木材供给量为5 269.44万立方米，其中农民自用材为1 785.84万立方米，农民烧柴为3 483.60万立方米。

木质纤维板和刨花板 2010年，木质纤维板产量为4 246.18万立方米，比2009年增长23.78%，木质刨花板（普通刨花板和定向刨花板）产量为1 212.08万立方米，比 2009年下降15.02%；木质纤维板和刨花板折合木材供给9 461.24万立方米，扣除与薪材产量的重复计算部分，木质纤维板和刨花板相当于净增加木材供给9 374.78万立方米。

进口 2010年，我国木质林产品进口折合木材18 356.08万立方米，其中原木3 434.75万立方米，锯材（含特形材）1 927.90万立方米，单板和人造板233.72万立方米，纸浆及纸类（木浆、纸和纸板、废纸和废纸浆、印刷品）11 767.27万立方米，木片833.71万立方米，家具、木制品及木炭158.74万立方米。

其他 2010年，超限额采伐、上年库存等形式形成的木材供给约为2 100万立方米。

2. 木材产品消费

木材产品市场消费由国内消费和出口两部分构成。国内消费包括工业与建筑用材消费、农民自用材和烧柴消费；出口包括出口原木、锯材、单板、人造板、家具、木浆、木片、纸和纸制品、废纸及其他木质林产品。 2010年木材产品市场总消费为43 177.04万立方米，比2009年增长2.34%。

工业与建筑用材消费 据国家统计局和有关部门统计，按相关产品木材消耗系数推算，2010年我国建筑业与工业用材折合木材消耗量为31 726.53万立方米，比2009年下降2.43%。其中：建筑业用材（包括装修与装饰）10 221.21万立方米，比2009年下降12.37%；家具用材（指家具的国内消费部分，出口家具耗

---

① 根据“十一五”采伐限额推算。

材包括在出口项目中）6 493.24万立方米，比2009年增长29.62%；造纸业用材12 773.12万立方米，比2009年下降8.00%；煤炭业用材1 019.36万立方米，比2009年增长7.84%；车船制造、铁路、化纤等其他部门用材1 219.59万立方米，比2009年增长20.38%。

农民自用材和烧柴 根据产量测算，农民自用材消耗量为1 785.84万立方米，农民烧柴消耗量为3 483.60万立方米。由于农民自用材消耗中有很大一部分用于农民建房，约合1 607.26万立方米，扣除这部分与建筑用材消耗的重复计算后，农民自用材和烧柴消耗量为3 662.19万立方米。

出口 2010年，我国木质林产品出口折合木材7 788.33万立方米，其中原木2.84万立方米，锯材（含特形材）136.60万立方米，单板和人造板2 413.61万立方米，纸浆及纸类（木浆、纸和纸板、废纸和废纸浆、印刷品）1 682.34万立方米，家具3 281.60万立方米，木片、木制品和木炭271.34万立方米。

3. 木材产品市场供需的特点

2010年，我国木材产品市场供需的主要特点表现为：供给方面，国内实际供给小幅增长、进口总量略有下降，木材产品供给总规模小幅增长；需求方面，国内需求略有回落，出口大幅增长，木材产品总需求小幅扩大；木材供求缺口收窄；价格方面，木材产品总体价格水平较大幅度上扬。

国内实际供给小幅增长、进口总量略有下降，木材产品供给总规模小幅增长 从国内供给看，2010年除刨花板、薪材产量下降外，商品材、纤维板、农民自用材和烧柴等木材产品产量均有不同程度的增加，国内木材产品实际供给小幅增长。同时，尽管原木、锯材进量高速增长，但由于木浆和废纸进口量的大幅减少，木材产品进口总量略有下降。

国内需求略有回落、出口大幅增长，木材产品总需求小幅扩大 2010年，尽管我国宏观经济快速增长，但由于国家实施房地产调控政策，全社会建筑竣工面积和住房交易量下降，建筑用材和装修用材需求大幅下降，同时由于造纸用材需求下降，国内总需求略有回落；另外，随着国际金融危机后世界经济的逐渐回升，家具、胶合板、纸和纸板等主要产品的出口量大幅增长，带动木材产品总需求的小幅扩大。

木材产品总体价格水平较大幅度上扬 2010年木材产品市场价格总体价格水平高于 2009年水平。主要原因：一是由于美国实施量化宽松的货币政策，美元贬值，加上石油价格和运费的上涨，导致木材产品进口价格的大幅上涨；二是受国内通货膨胀和生产成本增加的推动，国内木材产品价格不断上涨；三是随着国内国际经济的逐渐复苏，市场对2009年木材产品价格因国际金融危机而过度下跌的理性修正，也必然导致木材产品价格的反弹。

（二）主要林产品价格

根据国家统计局社会经济调查大队的统计，2010年全国林产品生产价格平均上涨了20.57%，其中一季度上涨了8.25%，二季度上涨了22.11%，三季度上涨了22.73%，四季度上涨了29.20%；全国木材生产价格平均上涨了5.74%，其中一季度上涨了0.18%，二季度上涨了7.41%，三季度上涨了7.47%，四季度上涨了7.90%（图17）。

图17　2010年各季度木材和林产品价格指数变动情况

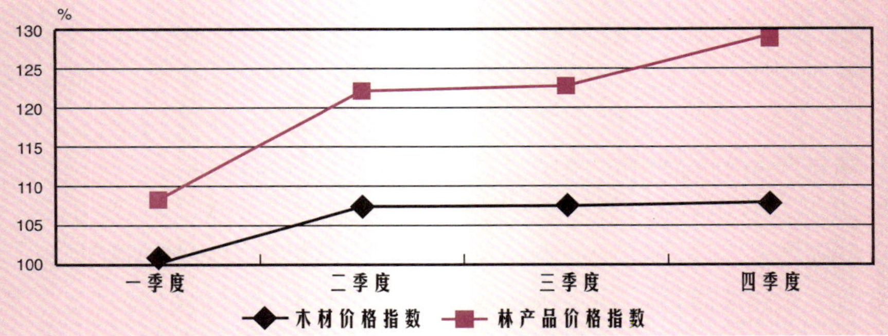

原木　根据国家统计局社会经济调查总队调查的月度数据，2010年除云南松和红松外，各种原木的购进价格基本平稳。红松原木的购进价格从年初的1 129.40元/立方米开始小幅攀升，4月份达到了1 299.00元/立方米的水平，然后价格开始缓慢回落，到8月份达到了1 178.90元/立方米的地位，然后又开始上扬到9月份的1 294.70元/立方米，之后缓慢回落，年末达到了1 253.30元/立方米；落叶松原木的价格相对稳定，年初时的价格是912.40元/立方米，6月份价格小幅上升后缓慢回落，年末到了947.10元/立方米；马尾松原木的价格水平保持稳定，一直在630～650元/立方米范围，直到10月份开始小幅上涨，到12月份达到了674.10元/立方米；杉木原木的价格小幅波动，从年初的787.90元/立方米，其间小幅波动，12月份达到了826.50元/立方米；云南松原木的价格波动起伏较大，在1月份的价格为1 164.40元/立方米，到4月份达到一个高位1 403.20元/立方米，然后开始又迅速下降到1 243.50元/立方米的水平，8月份价格上扬到另一个高位1 308.70元/立方米，上涨后价格回落到9月份的1 151.20元/立方米，之后价格开始攀升，11月份的价格为1 255.60元/立方米，年末价格回落到1 234.00元/立方米（图18）。

锯材　2010年普通锯材的全年平均购进价格为2 287.30元/立方米，比2009年下降了2.65%[①]。其中，落叶松厚板波动较大，从1月份的1 128.30元/立方米开

[①] 根据国家统计局社会经济调查大队公布的价格指数测算得到。

图18　2010年原木月度价格变动情况

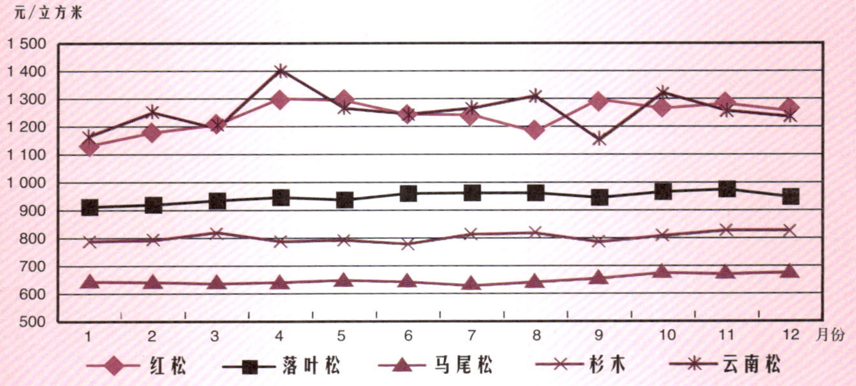

图19　2010年锯材月度价格变动情况

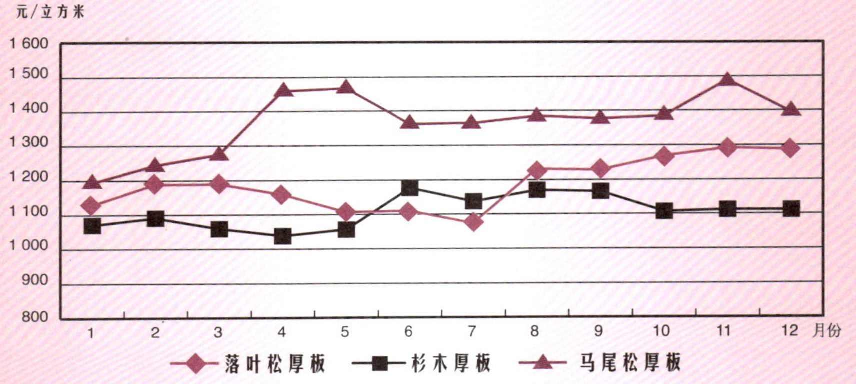

始波动，小幅上升到3月份的1 188.50元/立方米，然后开始下降到7月份的最低点1 072.30元/立方米，之后迅速上扬到8月份的1 230.60元/立方米，到年末达到了1 286.20元/立方米。杉木厚板价格起伏波动也比较大，价格从年初1 070.30元/立方米开始波动，4月份达到了价格最低点1 037.70元/立方米，6月份价格迅速上扬到了1 177.20元/立方米的水平，然后开始缓慢回落，12月份下降到1 110.80元/立方米；马尾松厚板从1月份的1 192.70元/立方米上升到4月份的1 459.40元/立方米，然后开始回落，一直下降到6月份的1 361.10元/立方米，8月份开始回升，一直上涨到11月份的1 488.40元/立方米的水平，年底回落到1 394.30元/立方米（图19）。

人造板　2010年，胶合板的平均出厂价格为1 240.50元/立方米，比2009年提高了1.51%；纤维板的平均出厂价格840.10元/立方米，比2009年上涨了1.71%；刨花板的平均出厂价格为737.50元/立方米，比2009年提高了1.94%。从各月出厂价格走势看（图20），胶合板价格基本平稳，从年初的1 180.00元/立方米，小幅上升后基本维持1 200元/立方米的水平，6月份价格上扬到1 374.40元/立方米，7月份回落到1 266.10元/立方米， 然后基本保持平稳，年末价格为1 260.70元/立方米；纤维板价格持续小幅上升，从年初的780.60元/立方米，增长到年末940.80元/立方米；刨花板在前半年价格有些波动，1月份是全年价格的最低点628.90元/立方米，2月份上升到790.70元/立方米，之后小幅波动，到5月份达到了价格的最高点838.40元/立方米，6月份价格回落到700.00元/立方米，之后价格微幅波动，年末达到了706.00元/立方米。

图20　2010年人造板月度出厂价格变动情况

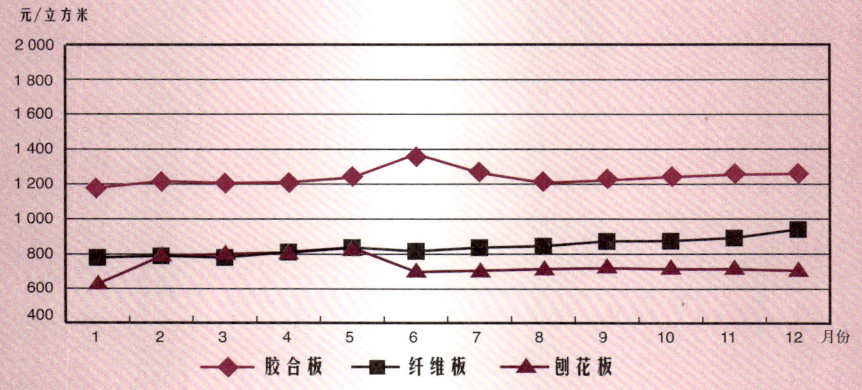

木浆　2010年机械木浆平均出厂价格为3 744.90元/吨，比2009年提高11.54%。化学木浆的平均出厂价格为4 745.50元/吨，比2010年提高了22.15%。从各月的出厂价格走势看（图21），机械木浆的价格上升幅度较小，从年初的3 328.80元/吨左右开始缓慢上升，6月份价格上升到3 963.80元/吨，7月份开始下降，8月份回落到3 695.10元/吨，然后逐步上升到10月份的3 929.10元/吨的水平，年末逐步回落到3 870.90元/吨；而化学木浆波动幅度较大，年初在4 463.60元/吨的水平，小幅上升后，5月份达到5 455.80元/吨左右，6月份价格开始下降，到8月份达到4 502.50元/立方米的低点，之后价格稳步攀升，12月份价格达到4 801.00元/吨。从购进价格来看，机械木浆和化学木浆的年均价格分别为4 927.00元/吨和5 157.60元/吨。机械木浆和化学木浆价格都是先下降后上升，机械木浆从年初的4 587.70元/吨持续下降到2月份的4 475.30元/吨的水平，然后开始稳步上升，6月份

图21　2010年木浆月度出厂价格变动情况

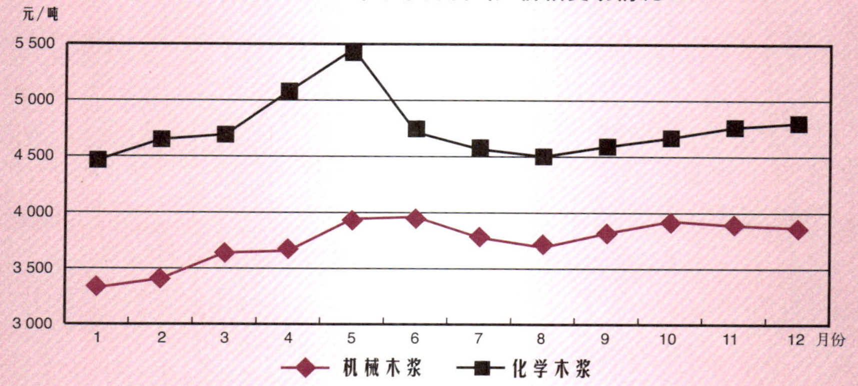

图22　2010年木浆月度购进价格变动情况

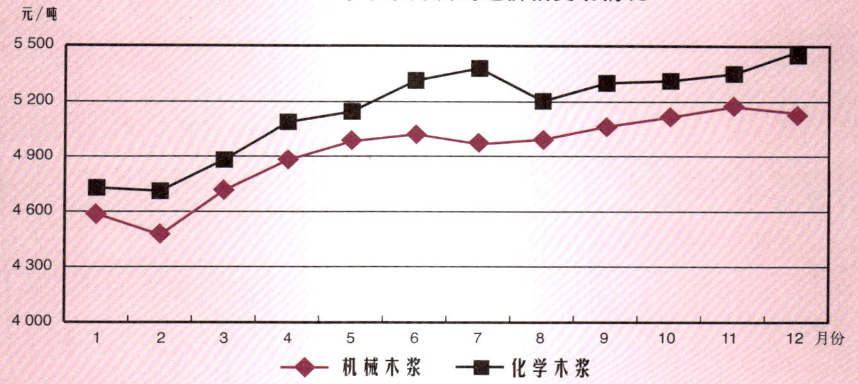

达到了5 023.50元/吨，之后开始下降，7月份达到了4 967.70元/吨，之后价格小幅上扬，年末达到了5 138.30元/吨。化学木浆从1月份的4 728.00元/吨，下降到2月份的最低点4 710.30元/吨，然后开始回升，到7月份上涨到5 379.40元/吨，8月份又降至5 203.90元/吨，之后继续上扬，到12月份达到了5 470.10元/吨（图22）。

其他林产品　2010年，橡胶、椰子油、柑橘和苹果的平均购进价格分别为8 579.00元/吨、9 795.30元/吨、1 067.80元/吨、1 185.40元/吨，与2009年相比，橡胶的平均购进价格上涨了19.46%，椰子油的平均购进价格提高了9.31%。柑橘的购进价格上升了23.06%，苹果的平均购进价格上升了23.67%。从各月价格变化看，橡胶价格波动较大，从1月份的6 708.00元/吨，开始缓慢上升，4月份增幅最大，达到9 363.10元/吨，之后价格开始小幅上涨到5月份的10 037.40元/吨，6月份回落到了8 324.20元/吨，之后波动，10月份达到了价格的最低点7 122.70

元/吨，11月份强力上扬，直到年末达到12 632.40元/吨的最高点；椰子油价格基本呈现下降态势，在年初的价格为10 323.20元/吨，其他月份价格小幅波动，12月份价格达到了最低点8 929.70元/吨（图23）。苹果价格从年初的1 150.30元/吨的水平开始下降，之后有小幅波动，6月份下降到1 030.20元/吨，然后出现小幅的稳定攀升，8月份开始上升幅度强劲，12月份达到1 557.00元/吨的水平。柑橘的月度价格基本保持波动，前半年波动较小，后半年波动较大，从1月份的1 020.40元/吨，小幅波动后保持小幅持续增长，9月份达到了1 120.40元/吨，10月份开始下降，11月份达到1 010.30元/吨，12月份又强劲上扬达到了全年最高点1 253.30元/吨（图24）。

图23　2010年橡胶、椰子油购进价格变动情况

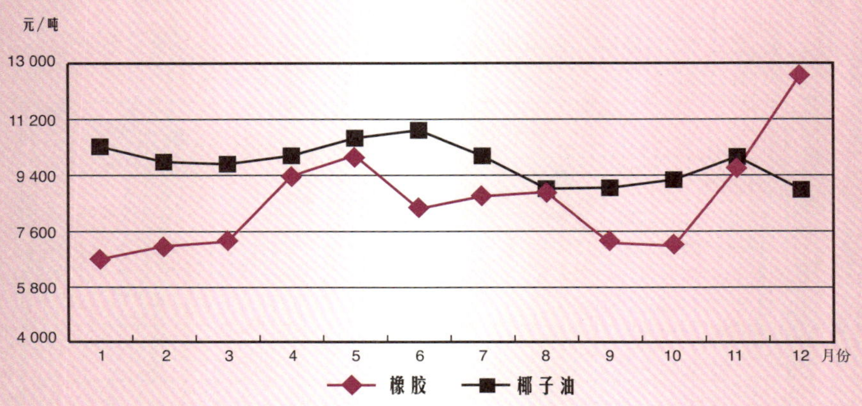

图24　2010年柑橘、苹果购进价格变动情况

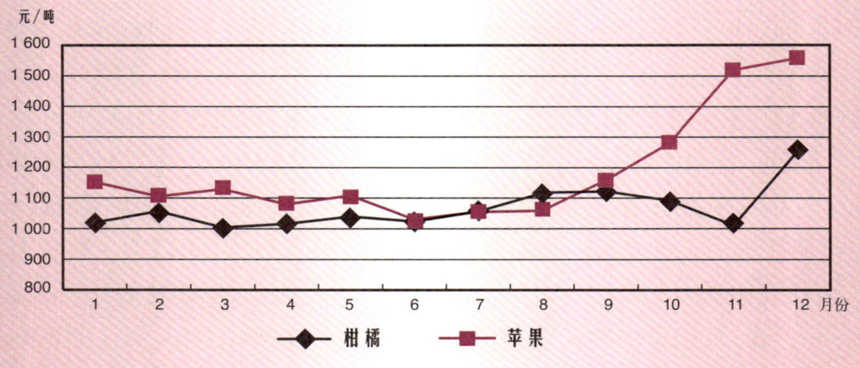

（三）主要林产品进出口

1. 基本态势

林产品进出口贸易大幅增长，且进口增速高于出口增速，重现贸易逆差；在全国商品进出口贸易中，林产品出口所占比重微降，进口所占比重略升 2010年，林产品进出口贸易总额为938.24亿美元，比 2009年增长33.62%；其中，林产品出口463.17亿美元，比 2009年增长27.54%，但低于全国商品出口31.31%的增长速度，占全国商品出口额的2.94%，比2009年降低了0.08个百分点；林产品进口475.07亿美元，比 2009年增长40.13%，高于全国商品进口38.71%的增长速度，占全国商品进口额的3.41%，比 2009年提高了0.04个百分点（图25）。2010年林产品贸易逆差为11.90亿美元。

林产品进出口贸易以木质林产品为主，但出口产品中木质林产品的比重高于进口产品，而且出口产品中木质化程度有所提高，进口产品中木质化程度有所下降 2010年，林产品进出口贸易总额中，木质林产品和非木质林产品分别占 69.42%和30.58%，与 2009年相比，木质林产品的份额降低了0.32个百分点；在林产品出口额中，木质林产品占74.82%，比2009年提高了0.88个百分分点；在林产品进口额中，木质林产品占64.15%，比2009年下降了1.09个百分点（图 26）。

林产品贸易仍然维持亚洲、北美洲和欧洲市场为主的格局；从主要贸易伙伴看，出口以美、日市场为主，进口则主要集中于美、东南亚、俄市场，但俄罗斯的市场份额有所下降 2010年，林产品出口总额中各洲所占份额分别为：亚洲42.37%、北美洲27.03%、欧洲21.41%、非洲3.49%、大洋洲3.09%、拉丁美洲2.61%，与 2009年相比，亚洲和拉丁美洲分别提高了0.20和0.55个百分点，

图25 2001～2010年林产品进出口额占全国进出口总额的比重

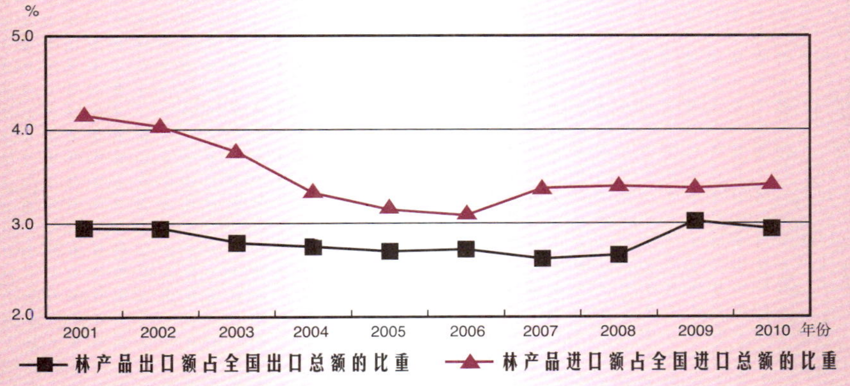

图26 2001～2010年林产品进出口额中木质林产品所占比重

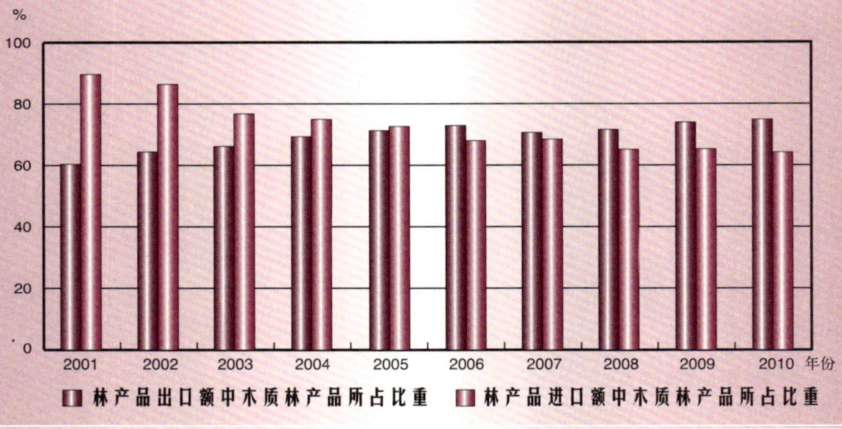

图27 2010年按贸易额计算的前5位林产品进出口贸易伙伴

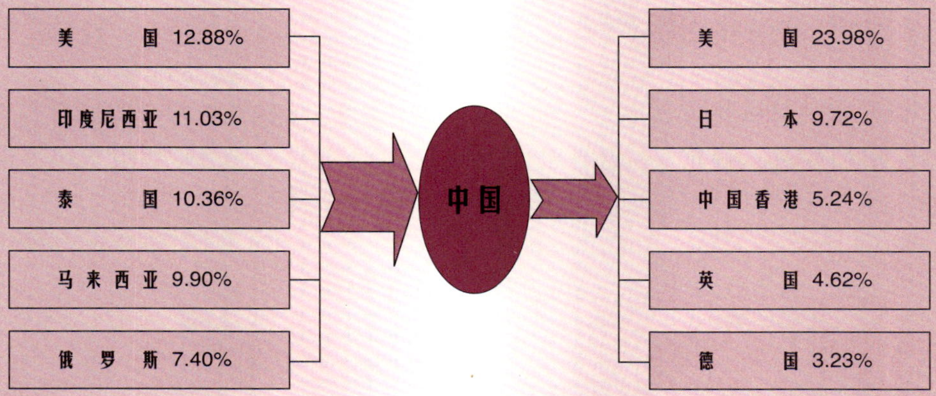

北美洲下降了0.48个百分点；林产品进口总额中各洲所占份额分别为：亚洲44.64%、北美洲20.12%、欧洲18.55%、拉丁美洲7.86%、大洋洲5.64%、非洲3.19%，与 2009年相比，亚洲、北美洲和大洋洲分别提高了1.01、2.04和0.64个百分点，欧洲和拉丁美洲分别下降了2.30和1.61个百分点。

从主要贸易伙伴看（图27），前5位出口贸易伙伴依次是美国、日本、中国香港、英国和德国。前5位出口贸易伙伴集中了46.79%的林产品出口市场份额，比2009年减少2.46个百分点，其中日本和美国分别减少了1.27和0.56个百分点；前5位进口贸易伙伴分别为美国、印度尼西亚、泰国、马来西亚和俄罗斯。前

5位进口贸易伙伴集中了51.57%的林产品进口市场份额，比2009年提高了0.33个百分点，其中泰国、美国和印度尼西亚分别提高了1.37、0.71和0.37个百分点，俄罗斯和马来西亚分别下降了 1.38和0.74个百分点。

2. 木质林产品进出口

木质林产品进出口快速增长，但出口增速低于进口增速；贸易顺差缩小。

2010年木质林产品进出口贸易总额为651.30亿美元，比2009年增长33.00%；其中出口346.55亿美元，进口304.75亿美元，分别比2009年增长29.06%和37.78%。木质林产品贸易顺差为41.80亿美元，比2009年减少5.53亿元。

从产品结构看，2010年木质林产品出口以家具、纸及纸浆、人造板（含单板）、木制品为主，其中家具、纸及纸浆所占份额超过70%（图28），家具的份额进一步提高，纸及纸浆的份额有所下降；进口以纸及纸浆、原木、锯材为主，其中纸及纸浆、原木和锯材所占份额接近95%（图29），而且原木和锯材

图28 2010年木质林产品出口结构

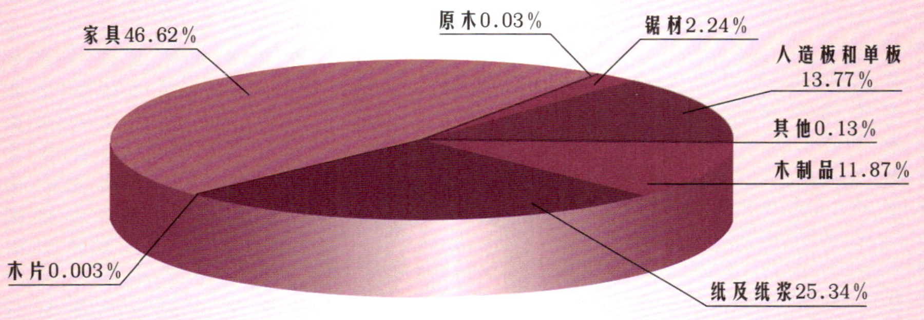

图29 2010年木质林产品进口结构

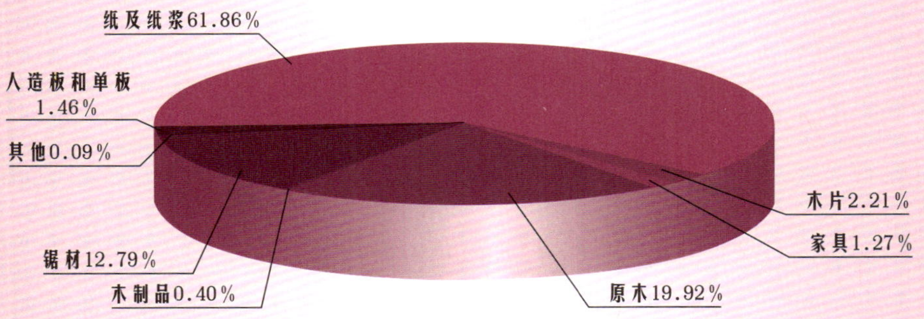

所占份额提高，纸及纸浆的份额明显下降。与 2009年相比，木质林产品出口额中，家具的份额提高了1.80个百分点，纸及纸浆的份额下降少了1.16个百分点；木质林产品进口额中，原木、锯材的份额分别增加了1.44和2.20个百分点，纸及纸浆的份额减少了4.00个百分点。

从市场结构看，木质林产品出口以美国和日本市场为主，林产品进口市场则主要集中于美国、俄罗斯、加拿大；出口市场的集中度进一步下降，进口市场的集中度有所提高。按贸易额排序，前5位出口贸易伙伴依次为：美国27.67%、日本8.36%、英国5.59%、中国香港5.00%、加拿大3.38%，与 2009年相比，前5位出口贸易伙伴的市场份额减少了2.84个百分点，其中，日本的份额减少了1.35个百分点；前5位进口贸易伙伴依次为：美国17.95%、俄罗斯11.50%、加拿大11.24%、日本6.12%、巴西6.02%，与 2009年相比，前5位进口贸易伙伴的市场份额提高了1.82个百分点，其中，美国、加拿大所占份额分别提高了1.54和2.23个百分点，俄罗斯的份额下降了1.80个百分点。

原木 2010年，原木进出口量值高速增长；平均进出口价格上涨，平均进口价格涨幅高于平均出口价格涨幅；原木进口量中阔叶材的份额有所回升。

2010年出口原木2.84万立方米，出口额10 526.24千美元，分别比 2009年增长了123.62%和129.81%，其中针叶材出口0.02万立方米，合50.93千美元，阔叶材出口2.82万立方米，合10 475.31千美元。进口原木3 434.75万立方米，进口额60.71亿美元，分别比2009年增长22.41%和48.58%；其中针叶材进口2 427.40万立方米，比2009年增长19.56%，占原木进口量的70.67%，比2009年下降了1.69个百分点，进口额32.41亿美元，比 2009年增长45.07%；阔叶材进口1 007.35万立方米，进口额28.30亿元，分别比2009年增长29.87%和52.81%。从价格看，原木平均出口价格为370.88美元/立方米，比2009年上涨了2.83%，其中针叶原木

图30 2001～2010年原木进口量变化趋势

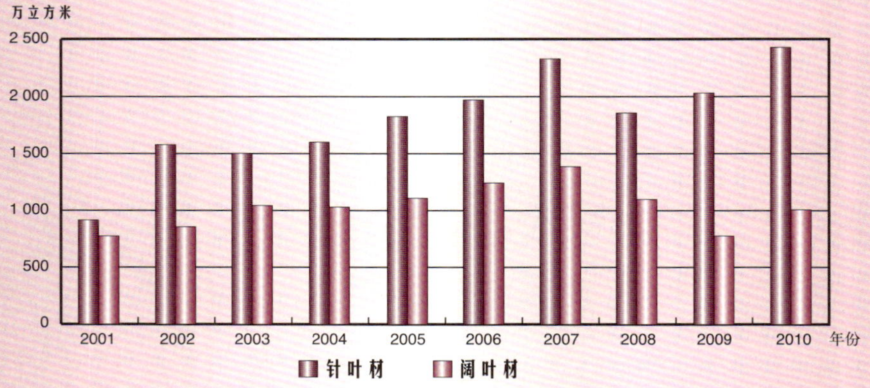

平均出口价格为292.72美元/立方米，比2009年回落了14.60%，阔叶原木平均出口价格为371.36美元/立方米，比2009年上涨了2.63%；原木平均进口价格176.76美元/立方米，比2009年上涨了21.38%，其中针叶材和阔叶材原木平均进口价格分别为133.51美元/立方米和280.97元/立方米，分别比2009年提高了21.33%和17.68%（图30）。

2010年原木进口中，俄罗斯仍然占绝对优势，但其份额进一步大幅减少，北美市场份额较大幅度提高，市场集中度明显下降。按进口量计算，前5位贸易伙伴的份额依次是：俄罗斯40.86%、新西兰17.29%、美国8.10%、巴布亚新几内亚7.21%、所罗门群岛4.24%，与2009年相比，前5为贸易伙伴的总份额下降了4.67个百分点，其中，俄罗斯和加蓬的份额分别下降了11.93和1.78个百分点，美国、新西兰、巴布亚新几内亚的份额分别提高了5.39、1.56和1.30个百分点。针叶材进口量中，主要贸易伙伴的份额为：俄罗斯54.14%、新西兰24.43%、美国10.57%、加拿大4.83%、澳大利亚4.04%，与2009年相比，俄罗斯的份额下降了13.90个百分点，美国、加拿大和新西兰的份额分别提高了7.44、3.01和2.74个百分点。阔叶材进口量中，前5位贸易伙伴的份额依次为：巴布亚新几内亚24.60%、所罗门群岛14.44%、马来西亚9.42%、俄罗斯8.86%、加蓬7.33%，与2009年相比，前5位贸易伙伴的总份额下降了7.62个百分点，其中，加蓬和俄罗斯的份额分别减少了6.89和4.00个百分点，巴布亚新几内亚的份额增加了3.21个百分点。

2010年原木进口数量和价格变化的主要原因：一是随着国内和国际经济的复苏，一方面国内固定资产投资和社会消费规模的扩大，增加了对木材产品国内市场的需求，另一方面，国际市场对木材加工产品的需求回升，我国木材加工企业产品出口增长，导致对进口原木需求的大幅增长；二是加入东盟自由贸易区，对东盟的家具等产品的出口快速增长，加大了对进口原木的需求；三是由于自然灾害的影响，国内原木供应增长缓慢，进一步推动了原木进口数量的增加；四是由于从俄罗斯进口原木数量的持续大幅减少，从新西兰、北美进口针叶材原木数量有了较大幅度增加；五是由于美国实施货币量化宽松政策，美元贬值，国际市场上以美元计价的原木价格普遍上涨；同时，由于国际油价的反弹，木材进口成本和运费上涨，导致进口木材的到岸价格提高；另外由于受比价关系影响，俄罗斯原木价格的上涨也带动了新西兰辐射松原木价格的上涨，从而推动原木进口价格的整体上扬。

锯材 2010年，锯材出口略有减少，进口大幅增加；进口量中以针叶锯材为主，但针叶材所占比重微降；进出口价格全面上涨，进口价格涨幅远大于出口价格涨幅。

2010年锯材（不包括特形材）出口53.94万立方米，合3.42亿美元，分别比2009年下降3.87%和1.16%；其中，针叶锯材出口量为20.37万立方米，比2009

图31　2001～2010年锯材进出口量变化趋势

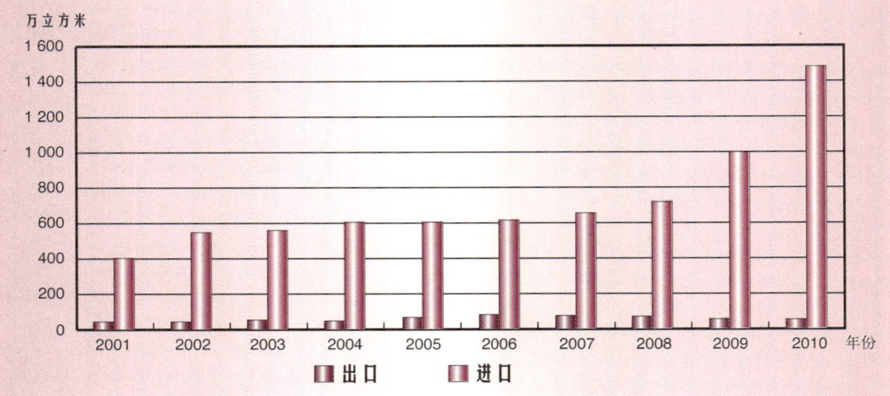

年增长0.29%，阔叶锯材出口量33.58万立方米，比2009年下降6.20%。锯材进口量为1 481.22万立方米，进口额为38.78亿美元，比2009年分别增长49.09%和66.65%；其中，针叶锯材和阔叶锯材进口量分别为942.72万立方米和538.50万立方米，分别比2009年增长47.43%和52.08%（图31）。从产品构成看，锯材进口总量中，针叶锯材占63.64%，比 2009年下降了0.72个百分点。从价格看，锯材的平均出口价格为634.00美元/立方米，比2009年上涨了2.81%，其中针叶锯材和阔叶锯材的平均出口价格分别为566.44美元/立方米和674.98美元/立方米，比2009年分别上涨了0.92%和4.16%；锯材的平均进口价格为261.82美元/立方米，比2009年提高了11.79%，其中针叶锯材和阔叶锯材的平均进口价格分别为194.53美元/立方米和379.62美元/立方米，比2009年分别上涨了12.37%和10.18%。

从市场结构看，日、韩集中了近70%的锯材出口市场，而近60%的进口锯材来源于俄罗斯和加拿大，但俄罗斯的市场份额继续下降，北美的市场份额进一步提高。按进出口数量计，锯材出口的前5位贸易伙伴依次为：日本55.90%、韩国12.27%、美国6.73%、越南5.17%、德国3.59%，与2009年相比，日本的份额提高了2.12个百分点，美国的份额下降了2.34个百分点；前5位进口贸易伙伴依次为：俄罗斯29.85%、加拿大27.15%、美国9.67%、泰国9.52%、菲律宾3.68%，与2009年相比，加拿大的份额增加了2.61个百分点，俄罗斯的份额减少了2.03个百分点。针叶锯材进口量中，前5位贸易伙伴依次为加拿大42.10%、俄罗斯41.34%、新西兰4.37%、美国3.62%和智利2.63%，与2009年相比，加拿大的份额提高了4.41个百分点，俄罗斯和新西兰的份额分别下降了3.63和2.15个百分点；阔叶锯材进口量中，前5位贸易伙伴依次为泰国26.18%、美国20.26%、菲律宾10.12%、俄罗斯9.73%、印度尼西亚7.57%，与 2009年比，泰国和美国的份额分别下降了2.75和1.63个百分点，菲律宾、俄罗斯和印度尼西亚的份额分别提高了1.85、1.47和1.58个百分点。

2010年特形材（含竹地板条）进出口量值全面大幅增加。出口43.20万吨，合6.55亿美元，比2009年分别增长13.03%和29.86%；进口1.06万吨，合0.20亿美元，比2009年分别增长32.50%和33.33%。特形材进出口中，地板条（包括竹地板条）出口40.84万吨，合6.22亿美元，分别比2009年增长12.67%和8.93%；进口0.68万吨，合 0.13亿美元，比2009年分别增长41.67%和30.00%。

按出口额计，特形材出口前5位贸易伙伴的市场份额依次为：美国30.15%、加拿大16.57%、日本12.34%、英国10.78%、澳大利亚4.56%，与2009年比，美国、英国的份额分别减少了2.26和1.11个百分点，加拿大和澳大利亚的份额分别增加了3.97和1.27个百分点。

锯材进口数量与价格变化的主要原因：一是我国经济的快速增长和世界经济的复苏，以及因加入东盟自由贸易区产生对东盟出口家具等产品的刺激效应，一方面国内木材消费需求增加，另一方面木材产品出口的扩大，导致锯材进口数量的增加；二是俄罗斯等越来越多的国家实行原木出口限制政策，导致木材进口中锯材对原木的替代率不断提高，在国内木材供给难以满足需求的情况下，进口锯材的增加是木材贸易发展的必然趋势；三是由于美国实施货币量化宽松政策，美元贬值，国际市场上以美元计价的锯材价格普遍上涨；四是由于国际油价、人工费的上涨，导致木材进口成本和运费上涨，推动锯材进口价格的上扬。

单板　2010年，单板进出口量值快速增长、价格进一步下降。单板出口15.82万立方米，出口额2.11亿美元，比2009年分别增长38.41%和22.67%，其中，针叶单板出口1.80万立方米，阔叶单板出口14.02万立方米；单板进口10.95万立方米，合0.88亿美元，比2009年分别增长51.45%和37.50%，其中针叶单板进口0.37万立方米，阔叶单板进口10.58万立方米。单板平均出口价格为1 333.25美元/立方米，平均进口价格为804.11美元/立方米，比2009年分别下降11.40%和9.16%。

单板进出口中，按贸易额计，前5位出口贸易伙伴依次为：韩国15.34%、日本9.93%、墨西哥7.13%、美国6.02%、俄罗斯5.56%，与2009年比，韩国、马来西亚和日本的份额分别减少了2.51、1.56和1.21个百分点，墨西哥和俄罗斯的份额分别增加了1.07和1.05个百分点；前5位进口贸易伙伴依次为：美国24.39%、俄罗斯13.01%、马来西亚9.62%、德国8.70%、意大利8.10%，与2009年比，美国和俄罗斯的份额分别提高了1.24和1.77个百分点，德国的份额下降了1.79个百分点。

人造板　2010年，除纤维板进口量减值增外，人造板进出口量值总体上表现出高速增长的态势，且出口增速远高于进口增速。从品种结构看，人造

表2 2010年"三板"进出口变化情况

产品	出口量		出口平均价格		进口量		进口平均价格	
	2010年（万立方米）	比2009年增减（%）	2010年(美元/立方米)	比2009年增减（%）	2010年（万立方米）	比2009年增减（%）	2010年(美元/立方米)	比2009年增减（%）
胶合板	754.69	33.93	450.80	0.64	21.37	19.25	543.09	9.35
纤维板	256.95	26.51	433.65	-0.36	40.01	-11.68	311.58	17.62
其中 硬质板	29.69	11.66	659.99	-4.62	8.48	3.29	272.73	11.95
其中 中密度板	226.05	28.81	404.01	1.87	30.27	-15.33	330.44	20.54
其中 绝缘板	1.20	15.38	417.86	8.64	1.26	-5.97	119.79	60.51
刨花板	16.55	32.51	250.03	-5.37	53.94	20.81	211.88	6.30
其中：OSB（定向结构刨花板）	2.91	33.48	170.03	-25.82	8.44	28.66	301.57	-20.87

板出口额中，胶合板仍占绝对比重，且份额有所提高，纤维板的份额略有下降；人造板进口额中，纤维板仍然位居第一，但份额下降，胶合板和刨花板的份额有所提高；从价格看，胶合板和纤维板的平均出口价格基本稳定，刨花板平均出口价格较大幅度下降；人造板的平均进口价格则全面较大幅度上扬（表2）。

2010年人造板出口45.60亿美元，进口3.56亿美元，分别比2009年增长32.33%和18.67%；其中，胶合板、纤维板和刨花板出口额分别为34.02亿美元、11.14亿美元和0.41亿美元，分别比 2009年增长34.79%、26.02%和24.24%；胶合板、纤维板和刨花板进口额分别为1.16亿美元、1.25亿美元和1.14亿美元，分别比2009年增长 30.34%、4.17%和28.09%。"三板"出口额中，胶合板、纤维板和刨花板的比重分别为74.64%、24.45%和0.91%，与2009年比，胶合板的比重提高了1.29个百分点，纤维板的比重下降了1.24个百分点；"三板"进口额中，胶合板、纤维板和刨花板的份额分别为32.69%、35.12%和32.19%，与2009年比，胶合板和刨花板的份额分别增加了2.82和2.32个百分点，纤维板的份额减少了5.15个百分点。

2010年人造板进出口总量与价格变化的主要原因：一是受全球经济复苏的影响，国际市场对人造板需求增加，直接导致我国人造板出口量的大幅增加；二是由于我国人造板工业的快速发展，多年来人造板进口下降的趋势依然在延续，导致人造板进口量的增幅低于出口量的增幅；三是由于美元贬值，以及国际石油价格的大幅回升，人造板进口成本和运费上涨，以美元计价的人造板进口价格随之大幅上扬。

胶合板出口市场相对分散，以美、日和欧洲市场为主；胶合板进口市场则高度集中于东南亚、俄罗斯和芬兰。纤维板出口市场以北美、俄罗斯和中东地区为主，进口市场主要集中在东南亚和大洋洲地区；刨花板出口以俄罗斯和

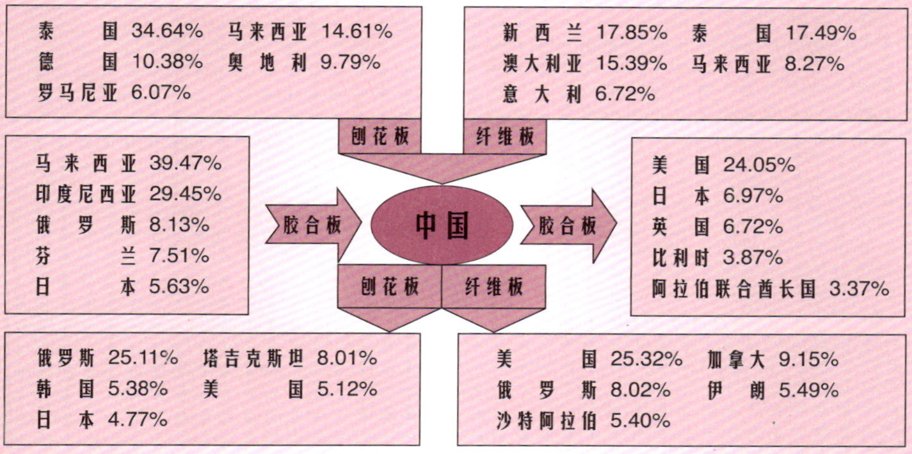

图32 2010年按贸易额计算的“三板”进出口贸易伙伴

亚洲市场为主，市场集中度较低，进口则主要来源于东南亚和欧洲市场。从贸易额看，胶合板出口的前5位贸易伙伴的市场总份额为44.98%，与2009年基本持平，其中阿拉伯联合酋长国的份额下降了1.17个百分点，英国的份额提高了1.27个百分点；胶合板进口的前5位贸易伙伴的总份额为90.19%，比2009年提高了4.49个百分点，其中，芬兰、印度尼西亚和俄罗斯的份额分别提高了3.85、3.83和1.98个百分点，马来西亚和日本的份额分别下降了2.93和2.24个百分点。纤维板出口的前5位贸易伙伴的总份额为53.38%，与2009年持平，其中美国的份额下降了1.91个百分点，俄罗斯的份额提高了1.30个百分点；纤维板进口的前5位贸易伙伴的总份额为65.72%，比2009年减少了1.87个百分点，其中马来西亚的份额下降了1.82个百分点，意大利的份额提高了1.04个百分点。刨花板出口的前5位贸易伙伴的总份额为48.39%，比 2009年减少了1.89个百分点，其中塔吉克斯坦和韩国的份额分别增加了2.12和1.78个百分点，日本的份额下降了3.01个百分点；刨花板进口的前5位贸易伙伴的总份额为75.49%，比2009年下降了10.42个百分点，其中泰国的份额下降了13.58个百分点，马来西亚和罗马尼亚的份额分别提高了2.62和3.33个百分点（图 32）。

木家具 2010年，木家具进出口量值全面大幅增长；出口价格水平远低于进口价格水平，但出口价格全面提高；进口家具价格有涨有落，总体价格水平小幅回落；贸易顺差进一步扩大；出口市场中亚洲的份额进一步扩大，进口市场中欧洲的份额大幅下降、亚洲和北美的份额相应提高。

2010年木家具出口2.98亿件，合161.57亿美元，分别比2009年增长20.65%和

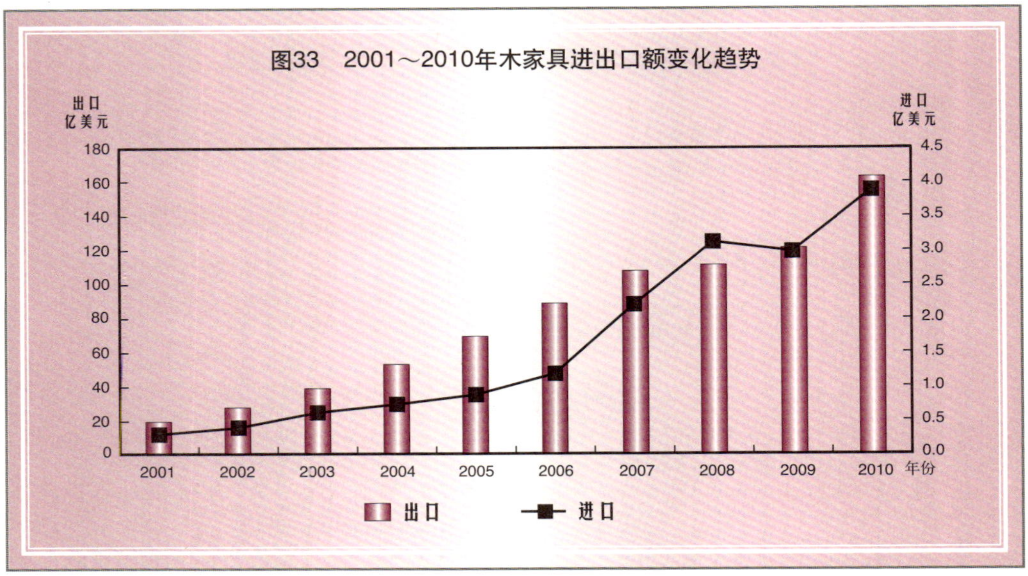

34.25%；进口436.14万件，合3.88亿美元，分别比2009年增长32.20%和30.20%（图33）；进出口贸易顺差为157.69亿美元，比2009年扩大34.35%。

从产品结构看，出口产品以木框架坐具和卧室用木家具为主，但两类家具的份额持续下降；进口产品以木框架坐具、厨房用木家具和卧室用木家具为主，木框架坐具的份额有较大幅度的提高，厨房用木家具和卧室用木家具的份额有不同程度的下降。木家具出口额中各类家具所占比重分别为：木框架坐具34.66%、卧室用木家具16.08%、厨房用木家具4.62%、办公用木家具4.33%、其他木家具40.30%，与2009年比，木框架坐具和卧室用木家具的份额分别下降了2.29和1.35个百分点，其他木家具的份额提高了4.09个百分点；木家具进口额中各类家具所占比重分别为：木框架坐具27.71%、厨房用木家具17.05%、卧室用木家具14.20%、办公用木家具2.40%、其他木家具38.65%，与2009年比，木框架坐具的份额提高了5.45个百分点，厨房用木家具、卧室用木家具和其他木家具的份额分别减少了2.94、1.91和0.62个百分点。

从价格看，2010年家具出口平均价格为54.16美元/件，比2009年提高11.37%，进口平均价格为88.90美元/件，比 2009年下降1.48%；各类家具的出口价格分别为：木框架坐具59.12美元/件、办公用木家具40.86美元/件、厨房用木家具40.33美元/件、卧室用木家具83.87美元/件、其他家具47.54美元/件，分别比2009年提高3.72%、7.53%、4.72%、12.72%、21.83%。各类家具的进口价格分别为：木框架坐具138.38美元/件、办公用木家具154.69美元/件、厨房用木家具216.88美元/件、卧室用木家具144.25美元/件、其他家具52.79美元/件；与2009年比，木框架坐具、厨房用木家具和卧室用木家具的价格分别上涨了

18.27%、18.07%和16.35%，办公用木家具和其他家具的价格分别下降了7.13%和10.61%。

从市场分布看，出口主要集中于北美、亚洲和欧洲市场，但市场份额进一步由欧美向亚洲转移；进口市场中欧洲仍然占有绝对优势，但其份额大幅下降，而亚洲和北美的份额进一步提高。2010年，木家具出口额中，各洲的市场份额依次为：北美洲38.56%、亚洲33.52%、欧洲19.62%、大洋洲4.12%、非洲2.12%、拉丁美洲2.06%，与2009年相比，亚洲和拉丁美洲的份额分别上升了1.69和0.79个百分点，欧洲和北美洲的份额分别下降了1.15和0.87个百分点；木家具进口额中，各主要洲的市场份额依次为：欧洲60.20%、亚洲30.08%、北美洲9.43%，与2009年相比，北美洲和亚洲的份额分别上升了4.30和3.30个百分点，欧洲的份额下降了7.64个百分点。从主要贸易伙伴看，依贸易额，前5位出口贸易伙伴为：美国34.41%、英国6.02%、日本5.67%、加拿大4.15%、泰国4.04%，与2009年相比，美国、英国和日本的份额分别下降了0.96、0.91和0.98个百分点，泰国的份额提高了3.11个百分点；前5位进口贸易伙伴为：意大利22.76%、德国15.97%、越南11.57%、美国9.16%、波兰6.29%，与2009年相比，美国和意大利的份额分别提高了4.38、1.77个百分点，越南、德国和波兰的份额分别减少了2.81、2.58和2.21个百分点。

2010年家具进出口数量、市场结构与价格变化的主要原因：一是受全球经济复苏的影响，国际市场对木家具的需求回升，促进了木家具出口的增长。二是加入东盟自由贸易区，扩大了对东盟国家的家具出口。与2009年相比，2010年对东盟10国的木家具出口额按现价计算增长了67.60%，东盟10国的市场份额提高了3.00个百分点。三是受原材料、人工成本提高等因素影响，国内家具生产成本上升，加上人民币升值因素的影响，我国出口家具的价格保持上涨趋势；四是由于国际金融危机对中小家具企业的淘汰效应，以及我国家具产品质量、设计与工艺水平的提高等因素的影响，出口家具的整体质量水平和市场竞争力有所提升，也在一定程度上推动了出口家具的价格上涨。

木制品 2010年，木制品进出口高速增长，贸易顺差进一步扩大。木制品出口额和进口额分别为41.15亿美元和1.22亿美元，分别比2009年增长23.76%和45.24%；进出口贸易顺差39.93亿美元，比2009年扩大了23.20%。从各类木制品出口看，建筑用木工制品、木餐具与厨房用木制品、木工艺品和其他木制品的出口额分别比 2009年增长22.48%、6.45%、24.00%和28.80%；出口额中各类木制品的份额依次为：建筑木制品24.09%、木工艺品22.30%、木餐具与厨房用木制品9.35%、其他木制品44.26%，与 2009年相比，木餐具与厨房用木制品的份额下降了1.52个百分点，其他木制品的份额提高了1.73个百分点。

2010年，木制品出口的前5位贸易伙伴的份额依次为：美国28.27%、日本15.57%、英国5.40%、德国5.38%、荷兰3.66%，与2009年相比，美国的份额提高了1.81个百分点，日本的份额下降了2.69个百分点。

纸类 2010年，纸类产品出口量值快速增长，进口量减值增；从产品结构看，纸和纸制品进出口量值全面增长，且出口增速快于进口增速，木浆与废纸进口量减值增；进出口价格水平大幅上扬；贸易逆差进一步扩大。

2010年纸类产品出口87.81亿美元、进口188.51亿美元，分别比2009年增长23.43%和29.40%；进出口贸易逆差100.70亿美元，比2009年扩大了35.11%。出口产品主要是纸和纸制品、印刷品，分别占出口总额的86.04%和13.83%，与 2009年基本持平；进口产品以木浆、纸和纸制品、废纸为主，分别占进口总额的46.54%、24.46%和28.40%，与2009年相比，废纸的比重提高了2.34个百分点，纸和纸制品的比重下降了2.17个百分点。

纸和纸制品（按木纤维浆比例折合值）出口515.80万吨，合75.55亿美元，分别比2009年增长7.40%和23.26%；进口353.65万吨（图34），合46.11亿美元，分别比2009年增长1.16%和18.84%；纸和纸制品贸易顺差29.44亿美元，比2009年扩大30.90%；纸和纸制品平均出口价格为1 464.66美元/吨，平均进口价格为1 303.70美元/吨，分别比2009年上涨14.77%和17.46%。

木浆（不包括从回收纸和纸板中提取的纤维浆）出口1.44万吨，合0.11亿美元；木浆进口1 130.00万吨（图35），比2009年下降16.78%，进口额为87.74亿美元，比 2009年增长29.11%；木浆贸易逆差为87.63亿美元，比2009年扩大29.36%；木浆平均出口价格为785.97美元/吨，平均进口价格为776.47美元/吨，分别比2009年上涨 25.04%和55.14%。

图34 2001～2010年纸和纸制品进出口量变化趋势

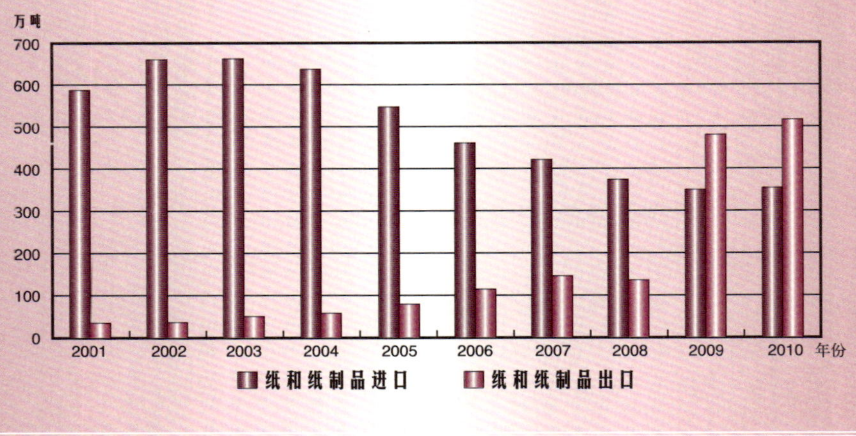

说明：2009～2010年纸和纸产品出口的折算标准与2000～2008年不同。

图35　2001～2010年木浆和废纸进口量变化趋势

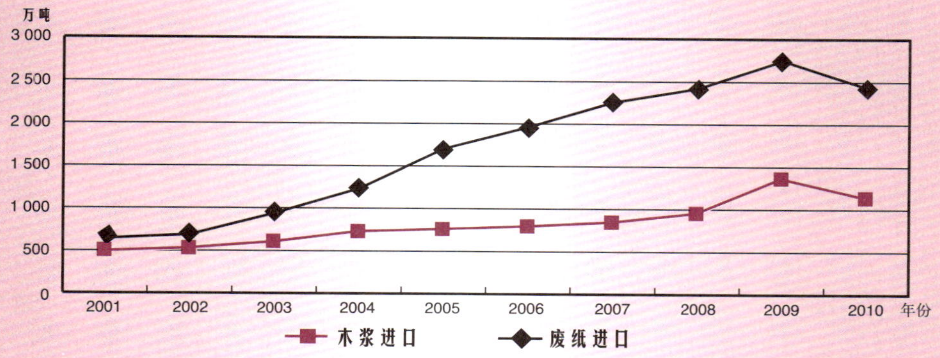

废纸进口2 435.22万吨（图35），比2009年下降11.45%；进口额为53.53亿美元，比2009年增长41.02%；进口平均价格为219.81美元/吨，比2009年上涨59.25%。

2010年木浆和纸类产品贸易的总体市场格局变化不大。按贸易额排序，木浆进口的前5位贸易伙伴的总份额超过75%，依次为：加拿大25.63%、巴西18.81%、美国13.09%、印度尼西亚9.87%、智利8.28%，与2009年相比，加拿大和印度尼西亚的份额分别提高了4.71和1.37个百分点，智利的份额下降了5.55个百分点；纸和纸制品出口的前5位贸易伙伴的份额依次是：美国16.50%、中国香港11.70%、日本9.62%、英国3.91%、澳大利亚3.79%，与 2009年相比，前5位出口贸易伙伴的总份额下降了5.16个百分点，其中美国、中国香港和日本的份额分别下降了1.85、1.76和1.61个百分点；纸和纸制品进口的前5位贸易伙伴的份额分别为：日本18.47%、美国15.80%、韩国9.85%、中国台湾8.78%、瑞典7.84%，与2009年相比，日本的份额提高了1.35个百分点，瑞典和中国台湾的份额分别下降了2.24和1.34个百分点；废纸进口中，前5位贸易伙伴集中了超过80%的市场份额，依次为：美国44.07%、日本14.65%、英国10.49%、荷兰6.45%、中国香港4.40%，与2009年相比，前5位贸易伙伴的总份额提高了3.43个百分点，其中美国和英国的份额分别提高了2.25和1.11个百分点。

3. 非木质林产品进出口

非木质林产品进出口快速增长，进口增速高于出口增速，贸易逆差大幅扩大；出口产品结构变动较大，进口产品结构相对稳定。2010年非木质林产品出口116.62亿美元，进口170.32亿美元，比2009年分别增长23.20%和44.53%，分别占全部林产品出口额和进口额的25.18%和35.85%；贸易逆差为53.70亿美元，比2009年扩大30.52亿美元。从产品结构看（图36，图37），与2009年相比，出口

图36　2010年非木质林产品出口结构

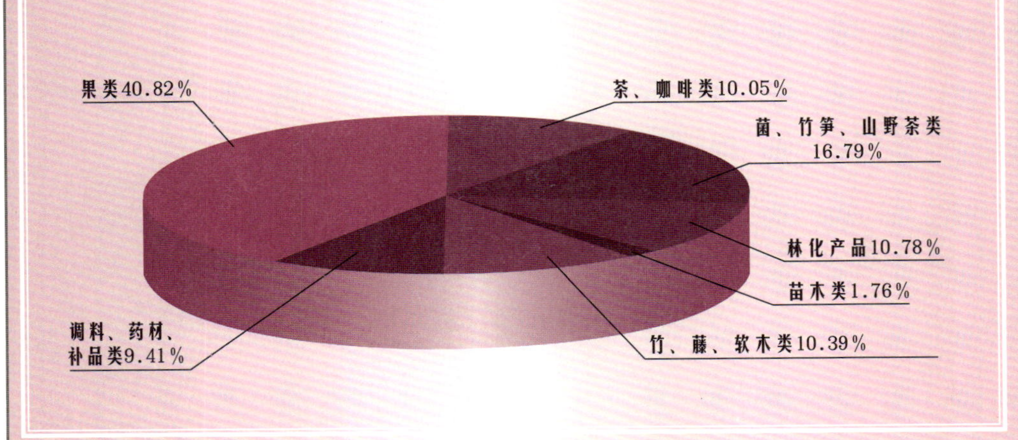

图37　2010年非木质林产品进口结构

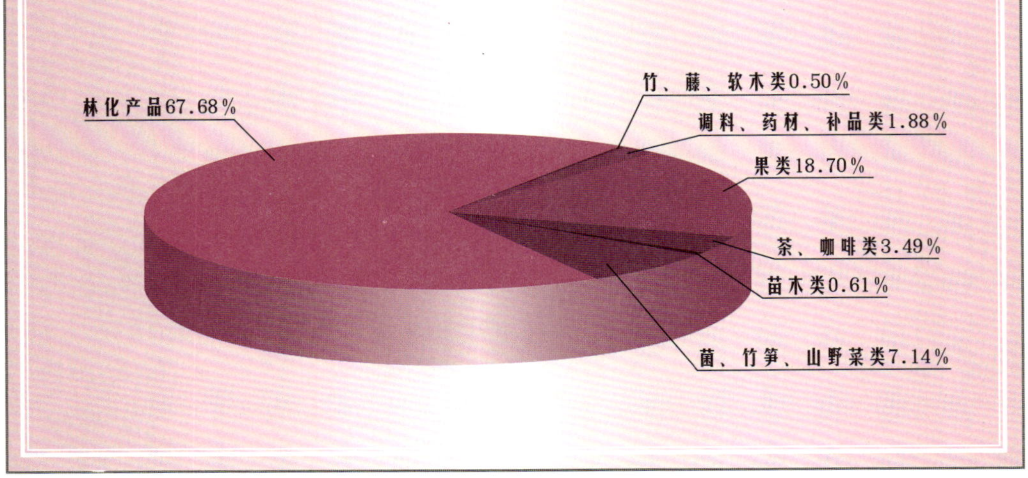

额中，菌、竹笋、山野菜类果类和林化产品的份额分别提高了3.65和1.93个百分点，竹、藤、软木类和果类的份额分别下降了2.78和2.93个百分点；进口额中，林化产品的份额提高了1.56个百分点，果类的份额下降了1.18个百分点。

从地区结构看，非木质林产品出口市场进一步分散化，而进口市场则高度集中于东南亚国家，但市场集中度有所下降；前5位出口贸易伙伴的市场总份额不足43%，依次为：日本13.76%、美国13.00%、中国香港5.96%、越南5.27%、德国4.65%；与 2009年比，美国的份额下降了1.62个百分点，越南和中国香港的份额分别提高了1.15和1.06个百分点；前5位进口贸易伙伴的市场总份额超过80%，分别是：马来西亚25.24%、泰国24.39%、印度尼西亚22.61%、越南5.25%、美国3.80%，与 2009年比，前5位进口贸易伙伴的总份额下降了1.36个百分点，其中，马来西亚的份额下降了2.90个百分点，泰国的份额提高了2.82个百分点。

果类 2010年，果类进出口快速增长，进口增速远高于出口增速；贸易顺差缩小；从产品结构看，干鲜果和坚果仍居首位，但份额有所下降。

2010年果类出口47.60亿美元，进口31.85亿美元，分别比2009年增长14.98%和35.94%；贸易顺差15.75亿美元，比2009年缩减2.22亿美元；果类出口额中，干鲜果和坚果、果类加工品和其他果类产品所占比重分别为52.88%、46.58%和0.54%，与2009年相比，干鲜果和坚果的比重下降了1.59个百分点，果类加工品的比重提高了1.63个百分点；在果类加工品出口额中，果汁、果类罐头、果酒和饮料、其他果类加工品的比重分别为37.81%、25.94%、4.17%和32.08%，与2009年相比，果汁和果类罐头的比重分别下降了1.15和1.14个百分点，果酒和饮料、其他果类加工品的比重分别提高1.16和1.13个百分点。果类进口额中，干鲜果和坚果占57.54%，果类加工品占40.15%，其他果类产品占2.32%，与2009年相比，干鲜果和坚果的比重下降了5.88个百分点，果类加工品的比重提高了4.90个百分点；在果类加工品进口额中，果酒和饮料、果汁、果类罐头和其他果类加工品的比重分别为73.64%、12.80%、0.70%和12.86%，与2009年相比，果酒和饮料的比重提高了4.87个百分点，果汁的比重下降了4.03个百分点。

从市场结构看，2010年果类出口仍然维持以美、日市场为主，总体分布相对分散的格局，而进口市场相对集中，但集中度明显下降。按贸易额，前5位出口贸易伙伴集中了近 50%的市场份额，依次为：美国17.98%、日本11.42%、印度尼西亚7.29%、俄罗斯7.11%、泰国5.51%。前5位进口贸易伙伴的市场总份额为66.29%，依次为：美国16.52%、泰国15.48%、法国15.09%、智利10.17%、越南9.03%，与2009年相比，前5位贸易伙伴的总份额下降了4.99个百分点，其中，泰国和越南的份额分别下降了5.42和2.68个百分点，法国的份额提高了3.02个百分点。

林化产品 2010年，林化产品进出口高速增长；大宗产品结构变化明显，松香、天然橡胶及树胶的份额大幅提高，木质活性炭、棕榈油及其分离品的份额大幅下降；进出口价格水平全面大幅上扬；贸易逆差进一步加大。

2010年林化产品出口12.57亿美元，进口115.27亿美元，比2009年分别增长50.00%和47.93%；进出口贸易逆差102.70亿美元，比2009年扩大47.68%。出口额中前5位的产品总份额为83.83%，依次为松香38.73%、松香和树酯酸的深加工品26.87%、桉叶油7.19%、天然橡胶及树胶6.37%、木质活性炭4.67%，与2009年相比，松香、天然橡胶和桉叶油的比重分别提高了17.05、5.62和1.66个百分点，木质活性炭的比重下降了20.73个百分点；其中，松香出口24.98万吨，合4.87亿美元，分别比2009年增长29.23%和167.58%，出口平均价格为1 948.55美元/吨，比2009年上涨107.26%，松香和树酯酸的深加工品出口14.61万吨，比2009年下降12.88%，出口额为3.38亿美元，比2009年增长45.06%。林化产品进口以天然橡胶及天然树胶、棕榈油及其分离品为主，二者的总份额超过90%，其中，天然橡胶及天然树胶进口186.14万吨，进口额为56.67亿美元，占林化产品出口额的49.17%，平均进口价格为3044.58元/吨，与2009年比，进口量和进口额分别增长8.81%和101.40%，平均进口价格上涨85.08%，占林化产品进口额的比重提高了13.06个百分点；棕榈油及其分离品进口569.61万吨，进口额为47.11亿美元，占林化产品进口额的比重为40.87%，与2009年比，进口量下降11.61%，进口额增长11.66%，平均进口价格上涨26.25%，占林化产品进口额的比重降低了13.28个百分点。

从市场结构看，按贸易额计算，前5位出口贸易伙伴为：日本13.38%、韩国9.39%、比利时7.24%、印度7.11%、德国6.62%，与 2009年比，印度、比利时和韩国的份额分别提高了2.23、2.12和1.55个百分点，日本的份额降低了6.20个百分点；前5位进口贸易伙伴依次为：马来西亚36.17%、印度尼西亚31.75%、泰国23.17%、越南3.08%、菲律宾1.04%，与2009年比，马来西亚和印度尼西亚的份额分别下降了5.45和1.30个百分点，泰国和越南的份额分别提高了4.61和1.70个百分点。

菌、竹笋、山野菜类　2010年菌、竹笋、山野菜类进出口大幅增加，出口增速高于进口增速；贸易顺差扩大。菌、竹笋、山野菜类出口19.58亿美元，比2009年增长57.40%；其中，菌类出口16.84亿美元、竹笋出口2.41亿美元，比2009年分别增长65.42%和19.31%；菌、竹笋、山野菜类进口12.16亿美元，比2009年增长35.71%；其中木薯产品进口12.05亿美元，比2009年增长35.55%。贸易顺差7.43亿美元，比 2009年扩大3.95亿美元。

从市场结构看，出口市场维持以亚洲为主的格局，但国家分布变化明显，市场份额由日本、泰国和美国向越南转移；进口市场高度集中于泰国和越南，并进一步向泰国集中。依贸易额，前5位出口贸易伙伴依次为：日本23.23%、越南13.26%、中国香港8.23%、美国7.48%、韩国5.96%，与2009年比，越南和中国香港的份额分别提高了9.86和1.78个百分点，日本、泰国和美国的份额分别下降了6.00、2.73和2.39个百分点；主要进口贸易伙伴的市场份额依次为：泰国79.43%、越南17.30%和印度尼西亚2.36%，与2009年比，泰国的份额提高了14.61个百分点，越南的份额下降了 14.26个百分点。

茶、咖啡类　2010年茶、咖啡类产品进出口快速增长，进口增速远高于出口增速，贸易顺差缩小。2010年茶、咖啡类出口11.72亿美元，进口5.94亿美元，比2009年分别增长19.11%和67.32%；贸易顺差5.78亿美元，比2009年缩减0.51亿美元。出口以茶叶和可可产品为主，其中茶叶出口30.25万吨，出口额为

7.84亿美元，占茶、咖啡类出口额的66.90%，出口平均价格为2 592.00美元/吨，与 2009年比，出口量下降0.17%，出口额增长11.21%，占茶、咖啡类出口额的比重下降4.75个百分点，出口价格上涨11.40%；可可及其制品出口2.13亿美元，比 2009年增长63.85%，占茶、咖啡类出口额的18.17%，比2009年提高4.96个百分点。进口以可可及其制品和咖啡为主，其中可可及其制品进口4.37亿美元，比2009年增长66.79%，占茶、咖啡类进口额的73.57%；咖啡（包括咖啡壳、咖啡皮和含咖啡的咖啡代用品）进口0.70亿元，比2009年增长37.25%，占茶、咖啡类进口额的11.78%。

从市场结构看，茶叶出口的市场格局基本稳定，但市场集中度有所提高；可可及其制品的进出口结构变化明显，出口的市场集中度进一步大幅下降，进口市场集中度略有提高。按贸易额排序，前5位茶叶出口贸易伙伴为：摩洛哥19.98%、日本7.18%、美国7.10%、中国香港6.70%、俄罗斯5.95%，与2009年比，前5位出口贸易伙伴的总份额提高了3.26个百分点，其中，美国和中国香港的份额分别提高了1.40和1.18个百分点；前5位可可及其制品出口贸易伙伴为：中国香港16.16%、德国8.35%、法国7.70%、菲律宾5.53%、美国3.88%，与2009年比，前5位出口贸易伙伴的市场总份额降低了7.76个百分点，其中美国和法国的份额分别降低了7.54和4.75个百分点，德国和菲律宾的份额分别提高了5.42和1.88个百分点；前5位可可及其制品进口贸易伙伴为：马来西亚18.03%、意大利16.04%、印度尼西亚14.46%、加纳9.68%、新加坡8.15%，与2009年比，前5位进口贸易伙伴的市场总份额提高了1.97个百分点，其中印度尼西亚和马来西亚的份额分别提高了4.86和1.80个百分点；美国、加纳和意大利的份额分别下降了2.88、1.29和1.17个百分点。

竹、藤、软木类　2010年竹、藤、软木类出口下降，进口增长；贸易顺差缩小。竹、藤、软木类出口12.11亿美元，比2009年下降2.89%，进口0.85亿美元，比2009年增长16.44%；贸易顺差11.26亿美元，比2009年缩小0.48亿美元。出口额中，柳条编结品（不含家具）占34.60%，竹及竹编结品（不包括家具）占29.49%，竹地板和其他竹制特形材占18.29%，藤及藤编结品（不含家具）占10.38%，竹藤柳家具占5.70%，软木及软木制品占1.34%，其他竹、藤、软木类产品占0.20%；与2009年相比，藤及藤编结品（不含家具）、柳条制篮筐及其他编结品的份额分别提高了1.10和2.51个百分点，竹及竹编结品（不包括家具）的份额降低了4.88个百分点，藤及藤编结品（不含家具）的份额超过竹及竹编结品（不包括家具）位居第一。进口以软木及软木制品、藤及藤编结品（不含家具）、竹及竹编结品（不含家具）为主，进口额中三者的份额依次为51.09%、38.62%和4.75%，与2009年相比，软木及软木制品、藤及藤编结品（不含家具）的份额分别提高了5.80和3.91个百分点。

从市场结构看，竹、藤、软木类产品的进出口市场格局变化明显，出口市场进一步由东南亚向欧美分散，进口市场则进一步向葡萄牙和印度尼西亚集中。按贸易额，前5位出口贸易伙伴的份额依次为：美国24.24%、荷兰7.42%、德国6.26%、日本5.45%、英国5.00%，与2009年比，前5位出口贸易伙伴的总份额下降了4.63个百分点，其中，新加坡、马来西亚的份额分别下降了5.30和4.35个百分点，荷兰的份额提高了1.46个百分点；前5位进口贸易伙伴的份额分别为：葡萄牙38.97%、印度尼西亚36.60%、中国台湾4.30%、意大利3.61%、缅甸3.27%，与2009年比，前5位进口贸易伙伴的总份额下降了1.98个百分点，其中，缅甸和意大利的份额分别下降了9.79和1.59个百分点，葡萄牙和印度尼西亚的份额分别提高了5.02和4.69个百分点。

调料、药材、补品类　2010年调料、药材、补品类出口10.97亿美元，进口3.21亿美元，比2009年分别增长32.65%和36.60%，贸易顺差7.76亿美元，比2009年扩大1.84亿美元。

调料、药材、补品类出口的前5位贸易伙伴的份额依次是：中国香港23.14%、日本20.38%、越南8.10%、韩国7.70%、中国台湾5.27%，与2009年比，中国香港、韩国和中国台湾的份额分别增加了1.02、1.33和1.04个百分点，越南的份额减少了2.99个百分点；前5位进口贸易伙伴的份额分别为：中国香港49.27%、德国11.86%、日本5.26%、加纳4.23%、美国4.16%，与2009年比，中国香港的份额下降了7.05个百分点，加纳、德国和美国的份额分别提高了3.45、1.53和1.37个百分点。

苗木类　2010年苗木类出口2.06亿美元，进口1.04亿美元，分别比2009年增长11.35%和15.56%。

专栏14　野生动植物国际贸易保护管理

2010年，野生动植物进出口管理进一步加强。一是完善规章制度，制定《野生动植物进出口证书核发管理办法》（征求意见稿），出台了受理文书办理规则、审批工作流程、对外确认证书管理规定。二是强化贸易监管基础建设，启动了两爬类物种动态监测试点，开展了大宗、敏感物种贸易评估工作；出版了苏铁、主要毛皮动物的识别手册，编制了热带木材识别手册。三是切实加强行政许可管理，组织开展了行政许可监督检查制度试点研究，在13个办事处辖区集中开展了被许可人实施重点物种进出口行政许可情况的监督检查工作。四是推进合署办公。五是积极服务企业发展。推动中国与印度尼西亚间沉香木的直接贸易；派员入住上海世博会园区加强现场服务，确保了世博会正常运行。

2010年，野生动植物出口137.66亿元人民币（动物出口35.97亿元，植物出口101.69亿元），进口337.71亿元人民币（动物进口18.33亿元，植物进口319.38亿元）。

L

P147-170

附录

2010年各地区林业产业总产值

（按现行价格计算）

单位：万元

地　区	总　计	第一产业	第二产业	第三产业
全国合计	**227790232**	**88952112**	**118769494**	**20068626**
北　京	1200400	756890	69637	373873
天　津	215642	189500	10144	15998
河　北	6937260	3708645	2942709	285906
山　西	1898999	1479152	322529	97318
内蒙古	2022097	1145325	556491	320281
辽　宁	9384692	5814337	2939787	630568
吉　林	7630018	1971996	4786975	871047
黑龙江	6933726	2654963	3183694	1095069
上　海	3369645	277591	3020056	71998
江　苏	15598797	3837674	10670733	1090390
浙　江	17137667	5494265	9787394	1856008
安　徽	7154214	2652311	3840572	661331
福　建	16731501	4272807	12084164	374530
江　西	10529719	4533001	3611699	2385019
山　东	18201442	8250803	9559429	391210
河　南	7590423	4159363	2833325	597735
湖　北	7069354	3221731	2961311	886312
湖　南	11503145	4194294	5031629	2277222
广　东	28021579	3790759	23781144	449676
广　西	12765494	4456981	7835773	472740
海　南	3468731	2405129	1001743	61859
重　庆	2656536	1639125	592764	424647
四　川	11567826	4340112	4402748	2824966
贵　州	2955417	1732419	585813	637185
云　南	5747968	4245984	1235434	266550
西　藏	161777	146083	12620	3074
陕　西	2612553	2233078	172977	206498
甘　肃	1620078	1391454	92546	136078
青　海	74904	72530		2374
宁　夏	712258	445957	210445	55856
新　疆	3591083	3106830	323434	160819
大兴安岭	725287	331023	309775	84489

2010年各地区按经济成分、造林方式、林种分的造林面积

单位：公顷

地区	当年造林面积											
	总计	按经济成分分		按造林方式分				按林种用途分				
		公有经济造林	非公有经济造林	人工造林		飞播造林	无林地和疏林地新封山育林	用材林	经济林	防护林	薪炭林	特种用途林
				合计	其中：竹林							
全国合计	**5909919**	**3266278**	**2643641**	**3872762**	**69978**	**195948**	**1841209**	**809937**	**1110896**	**3943432**	**18887**	**26767**
北京	13887	13816	71	7765			6122		721	11989		1177
天津	11315	2250	9065	11315				6246	750	4319		
河北	283878	148072	135806	138365		76601	68912	18951	14784	249143		1000
山西	282371	243864	38507	156785		2668	122918	10	52304	223722	6335	
内蒙古	655180	424106	231074	229930		76679	348571	10219	5434	638740		787
辽宁	190669	44244	146425	102903			87766	26344	7497	156795		33
吉林	82584	53683	28901	39329			43255		30	82487		67
黑龙江	233777	161088	72689	166411			67366	15211	659	210287	796	6824
上海	1349	1233	116	1349					465	884		
江苏	86256	49914	36342	73234	184		13022	15868	7476	62226	129	557
浙江	15214	9071	6143	12999	272		2215	1162	2329	11709		14
安徽	48711	18663	30048	28465	197		20246	10371	7765	30106	469	
福建	29875	8480	21395	29125	122		750	15345	3350	11148	30	2
江西	200778	47863	152915	170875	1298		29903	103883	32509	59733	2119	2534
山东	205131	94901	110230	198998			6133	36101	37856	129877		1297
河南	231700	66813	164887	178850			52850	50928	23208	157306		258
湖北	192213	49414	142799	119075	1093		73138	53721	28569	105752	1854	2317
湖南	213448	38777	174671	178146	2695		35302	71886	32285	108005	551	721
广东	95144	59148	35996	91952			3192	33620	11061	50383		80
广西	143254	18639	124615	125341	2398		17913	108013	9323	25577	1	340
海南	14166	1950	12216	14166	640			600	2085	11256	40	185
重庆	255235	145627	109608	173188	6900		82047	71723	27090	153755	1973	694
四川	382225	266293	115932	206421	21547		175804	66328	29189	286636		72
贵州	206603	168878	37725	72714	1875		133889	9541	35676	159885	1034	467
云南	661500	241181	420319	596879	30755		64621	71629	482862	104722	1125	1162
西藏	62299	62299		42010			20289	1667	585	60047		
陕西	364312	291620	72692	199534	2	40000	124778	3886	59410	300883	133	
甘肃	232761	151012	81749	148567			84194		32223	194671		5867
青海	117804	117790	14	33720			84084			117804		
宁夏	94932	87792	7140	71001			23931	1608	25153	68121		50
新疆	251601	128050	123551	203603			47998	1996	138248	108797	2298	262
大兴安岭	3080	3080		3080				3080				

注：全国合计造林面积中包括军事管理区 46 667 公顷人工营造的防护林。

2010年各地区营林生产主要指标完成情况

单位：公顷

地区	更新造林	四旁（零星）植树（万株）	年末实有封山（沙）育林面积	低产低效林改造面积	幼林抚育作业面积（公顷次）	成林抚育面积		当年苗木产量（万株）	育苗面积	
						合计	其中：中、幼龄林抚育面积		合计	其中：本年新育
全国合计	306708	246930	23938134	665598	13011459	10486104	6661746	4141786	660410	196854
北京	362	511	113703	1739	43798	66686	53799	10807	12321	802
天津		615	26014		88879	77983	54260	4986	6770	2871
河北	4201	10037	1008697	1062	577458	375502	263752	201385	42932	16118
山西		11098	830259	153	211516	44890	32473	172453	40047	19228
内蒙古	17278	4696	3244339	8825	491697	1480273	940438	279564	14433	9815
辽宁	6893	14169	1562327	12003	202001	60382	42381	489432	17936	7933
吉林		1332	372824	4174	737426	316075	245254	88701	4431	1430
黑龙江	6531	2202	630712	3078	759340	334223	292381	149238	13402	4085
上海		213		353	27052	56327	15400	6260	47	9
江苏	1871	14554	25124	1061	318756	483437	296557	367121	75084	12666
浙江	11846	2492	851008	27193	59118	171322	80744	263732	101405	15931
安徽	211	14318	512701	12864	528957	629653	310648	104099	37794	6709
福建	79892	1807	419340	10113	340217	101930	62382	47822	1396	971
江西	39010	12033	621188	37481	589194	217084	125178	126747	16201	4395
山东	4481	17830	262426	10114	1371050	1121663	861487	315057	83221	23347
河南	579	27328	367458	12144	973155	951213	634613	202990	25533	16852
湖北		12820	885823	27274	293644	304352	158559	113487	34293	7086
湖南		12261	481243	73567	471946	245566	206314	97798	24066	1860
广东	48088	6923	145192	19295	207321	182063	136501	59529	3029	964
广西	67520	5052	2150974	19896	668269	503878	180467	81735	1762	1194
海南	2003	1348	300030	1948	4194	11825	6725	6196	542	182
重庆		9893	314726	23351	96505	51145	49836	81422	15062	4215

（续）

地区	更新造林	四旁（零星）植树（万株）	年末实有封山（沙）育林面积	低产低效林改造面积	幼林抚育作业面积（公顷次）	成林抚育面积		当年苗木产量（万株）	育苗面积	
						合计	其中：中、幼龄林抚育面积		合计	其中：本年新育
四川	4578	30570	1496972	115392	483464	197520	155673	160938	6890	2873
贵州		2473	742098	3904	159610	68187	51202	102551	3266	1929
云南	6400	9261	1614501	143296	30632	48640	44972	118425	5823	3505
西藏	1467	159	958252					1623	728	272
陕西		11088	904986	77504	308859	313167	158743	217085	22138	9561
甘肃		5489	778433	1201	195685	231774	147527	144742	17361	8456
青海		1124	771513		51337	3489	2600	51799	2827	907
宁夏	452	947	233662		606395	422137	170294	31836	18114	5352
新疆	3045	2244	1311609	16613	2107134	1320334	787202	41010	11507	5322
大兴安岭		44			6850	93384	93384	1211	49	14

2010年各地区主要林产品产量

单位：吨

地　区	生　漆	油桐籽	油茶籽	乌桕籽	五倍子	棕　片	松　脂	竹笋干	核　桃	板　栗	紫胶（原胶）
全国合计	**20093**	**433624**	**1092243**	**33709**	**18197**	**55698**	**1115711**	**481192**	**1284351**	**1701680**	**3240**
北　京									11279	28399	
天　津									814	693	
河　北									74392	174640	
山　西									65156	1346	
内蒙古											
辽　宁									92499	101278	
吉　林									8339	551	
黑龙江									2453		
上　海											
江　苏								4291	1	26805	
浙　江		72	40301			485	1416	149182		71436	
安　徽	213	3054	25864	121	52	1048	7621	15113	16402	137239	
福　建	147	23244	94815	532	141	14847	87758	86387	36	63471	102
江　西	822	12663	179697	343	245	3960	71982	8659	91	24261	
山　东									62187	273542	
河　南	2034	120701	20823	11631	3986		2550	113	55407	206517	
湖　北	7823	16919	71054	9401	1892	1949	37813	9347	92286	276687	
湖　南	2484	38701	390455	902	3285	7819	36946	31873	5484	72469	49
广　东	188	6050	82417	527		2536	181141	30291		10616	360
广　西	29	72536	143749	118	109	2958	495750	24477	929	73059	6
海　南							3519	735			
重　庆	1085	14650	3505	5638	2223	637	407	19049	7881	6917	
四　川	675	22041	4360	1364	623	1774	11662	78952	126109	23979	101
贵　州	1614	63815	20368	2468	2216	4365	8215	11779	15356	19316	18
云　南	1031	22029	7774	83	122	9718	168065	9718	353301	53601	2604
西　藏									7589		
陕　西	1915	17096	7061	581	3152	3202	866	1218	60488	52037	
甘　肃	33	53			151	400		8	36288	2821	
青　海									391		
宁　夏									49		
新　疆									189144		
大兴安岭											

1981～2010年全国分造林方式、分林种造林面积

单位：千公顷

年份	造林面积合计	按造林方式分			按林种用途分				
		人工造林	飞播造林	无林地和疏林地新封	用材林	经济林	防护林	薪炭林	特种用途林
1981年	4110.07	3681.00	429.07		2531.20	630.47	636.87	192.00	119.53
1982年	4495.60	4115.80	379.80		2630.60	652.80	860.93	222.33	128.94
1983年	6324.40	5603.13	721.27		3804.60	819.53	1098.40	451.07	150.80
1984年	8253.67	7290.74	962.93		5065.67	939.07	1476.40	585.47	187.06
1985年	8336.80	6948.80	1388.00		5291.40	793.07	1472.80	598.67	180.86
1986年	5274.00	4158.20	1115.80		3326.67	689.20	768.93	392.47	96.73
1987年	5414.20	4207.27	1206.93		3338.46	865.27	752.47	373.80	84.20
1988年	5533.27	4574.80	958.47		3302.93	913.67	823.33	392.53	100.81
1989年	5023.33	4109.53	913.80		3015.33	752.20	817.07	364.67	74.06
1990年	5208.47	4353.34	855.13		3156.47	644.53	1029.73	340.07	37.67
1991年	5594.47	4751.80	842.67		3343.67	669.53	1243.67	311.67	25.93
1992年	6030.40	5083.70	946.70		3355.10	973.20	1442.10	235.30	24.70
1993年	5903.40	5044.40	859.00		2812.50	1563.60	1314.60	191.10	21.60
1994年	5992.66	5190.24	802.42		2504.47	2063.94	1253.31	152.07	18.87
1995年	5214.61	4629.35	585.26		1844.25	1969.85	1240.44	145.26	14.81
1996年	4919.38	4314.96	604.42		1710.85	1672.02	1368.61	150.04	17.86
1997年	4354.93	3737.75	617.18		1465.05	1371.31	1366.23	135.49	16.85
1998年	4811.05	4086.00	725.05		1459.68	1394.82	1772.02	167.03	17.50
1999年	4900.71	4276.85	623.86		1418.01	1403.88	1948.54	115.30	14.98
2000年	5105.14	4345.01	760.13		1218.46	1350.28	2430.83	82.34	23.23
2001年	4953.04	3977.32	975.72		905.52	1068.54	2913.54	45.61	19.83
2002年	7770.97	6896.04	874.93		898.74	964.21	5828.81	59.14	20.07
2003年	9118.89	8432.49	686.41		1175.81	797.32	7087.32	37.07	21.37
2004年	5598.08	5018.89	579.19		871.13	456.69	4210.77	49.97	9.52
2005年	3637.68	3221.30	416.39		607.55	337.82	2667.95	16.07	8.29
2006年	3838.79	2446.12	271.80	1120.87	481.63	403.32	2942.59	7.80	3.45
2007年	3907.71	2738.52	118.67	1050.52	610.37	478.42	2790.17	7.99	20.76
2008年	5353.74	3684.26	154.07	1515.41	782.11	850.77	3697.16	4.02	19.67
2009年	6262.33	4156.29	226.34	1879.70	801.32	1002.56	4407.65	23.71	27.10
2010年	5909.92	3872.76	195.95	1841.21	809.94	1110.90	3943.43	18.89	26.77

注：根据造林技术规程（GB/T 15776-2006），本表自2006年起将无林地和疏林地新封山育林面积计入造林总面积。

2010 年各地区林业重点工程造林面积

单位：公顷

地区	全部造林面积	重点工程造林面积						其他造林
		合计	天然林资源保护工程	退耕还林工程	京津风沙源治理工程	三北及长江流域等重点防护林体系建设工程	速生丰产用材林基地建设工程	
全国合计	5909919	3669648	885479	982617	439126	1360649	1777	2240271
北　京	13887	8100			7787	313		5787
天　津	11315	11315			170	11145		
河　北	283878	244442		24132	131358	88952		39436
山　西	282371	226426	54129	64335	17066	90896		55945
内蒙古	655180	606397	116902	51997	282745	154753		48783
辽　宁	190669	138468		36180		102199	89	52201
吉　林	82584	80198		34685		45513		2386
黑龙江	233777	170464		40672		129792		63313
上　海	1349							1349
江　苏	86256	37645				37645		48611
浙　江	15214	11617				11617		3597
安　徽	48711	48615		22659		25956		96
福　建	29875	10822				10822		19053
江　西	200778	53910		36651		17259		146868
山　东	205131	37393				37393		167738
河　南	231700	98183	13331	44333		40519		133517
湖　北	192213	103159	62665	30160		10334		89054
湖　南	213448	52025		35340		16685		161423
广　东	95144	32477				32477		62667
广　西	143254	55872		23406		30870	1596	87382
海　南	14166	12667		3370		9205	92	1499
重　庆	255235	90312	60000	30312				164923
四　川	382225	319953	248358	71595				62272
贵　州	206603	104336	46673	36663		21000		102267
云　南	661500	236593	71273	152749		12571		424907
西　藏	62299	11906	3165	8741				50393
陕　西	364312	291620	130701	60737		100182		72692
甘　肃	232761	148658	48996	44027		55635		84103
青　海	117804	63670	17955	20855		24860		54134
宁　夏	94932	94932	11331	20238		63363		
新　疆	251601	217726		39033		178693		33875
大兴安岭	3080	3080		3080				

注：退耕还林工程中包括军事管理区 46 667 公顷荒山荒地造林。

单位：千公顷

年别	合计	天然林资源保护工程	退耕还林工程		京津风沙源治理工程	三北及长江流域等重点防护林体系建设工程							速生丰产用材林基地建设工程
			小计	其中：退耕地造林		小计	三北防护林体系建设工程	长江中上游防护林体系建设工程	沿海防护林体系建设工程	珠江流域防护林体系建设工程	太行山绿化工程	平原绿化工程	
1979～1985年	**10109.80**					**10109.80**	**10109.80**						
1986年	1106.73					1106.73	1106.73						
1987年	1064.80					1064.80	1064.80						
1988年	1063.93					1063.93	1063.93						
1989年	1001.80					1001.80	956.07	45.73					
1990年	1662.06					1662.06	983.33	324.13			354.60		
“七五”小计	**5899.32**					**5899.32**	**5174.86**	**369.86**			**354.60**		
1991年	2082.20					2082.20	1170.47	462.40	223.60		225.73		
1992年	2308.00					2308.00	1255.20	584.60	235.80		232.40		
1993年	2602.10				132.80	2211.80	1160.00	573.00	131.20		275.20	72.40	257.50
1994年	2729.59				139.79	2366.48	1255.49	546.00	152.78		358.22	53.99	223.32
1995年	2862.17				168.59	2450.71	1333.26	535.71	103.27		427.04	51.43	242.87
“八五”小计	**12584.06**				**441.18**	**11419.19**	**6174.42**	**2701.71**	**846.65**		**1518.59**	**177.82**	**723.69**
1996年	2669.49				164.95	2316.73	1342.28	463.96	72.17		402.46	35.86	187.81
1997年	2642.61				215.95	2233.46	1266.12	447.75	63.48	56.72	366.32	33.07	193.20
1998年	2856.00	290.35			231.58	2196.02	1243.96	448.60	60.29	39.85	343.74	59.58	138.05
1999年	3275.63	477.56	447.93	381.47	211.58	2032.46	1245.41	369.84	44.48	32.09	293.36	47.28	106.10
2000年	3345.92	426.37	683.60	328.42	280.27	1708.80	1053.16	206.94	56.91	30.68	298.51	62.60	246.88
“九五”小计	**14789.65**	**1194.28**	**1131.53**	**709.89**	**1104.33**	**10487.47**	**6150.93**	**1937.09**	**297.33**	**159.34**	**1704.39**	**238.39**	**872.04**
2001年	3160.18	948.08	870.99	386.14	217.32	1034.92	541.71	162.72	90.90	27.05	141.29	71.25	88.87
2002年	6777.38	856.08	4423.61	2039.77	676.38	775.63	453.76	110.29	55.71	46.55	76.15	33.16	45.68
2003年	8262.78	688.26	6196.13	3085.93	824.43	533.54	275.30	108.75	38.56	44.71	50.05	16.18	20.43
2004年	4802.85	641.45	3217.54	824.90	473.27	448.32	232.34	113.28	30.18	31.76	30.92	9.85	22.27
2005年	3109.11	424.81	1898.36	667.39	408.25	368.20	217.89	65.94	22.68	30.67	28.52	2.50	9.49
“十五”小计	**26112.30**	**3558.68**	**16606.63**	**7004.13**	**2599.64**	**3160.62**	**1721.00**	**560.98**	**238.03**	**180.74**	**326.93**	**132.94**	**186.73**
2006年	2810.80	774.82	1050.53	218.49	409.54	566.82	326.83	78.67	16.96	28.82	114.67	0.87	9.10
2007年	2681.65	732.88	1056.02	59.46	315.13	574.22	381.53	76.40	23.85	17.42	73.93	1.10	3.39
2008年	3437.50	1009.02	1189.70	2.16	469.04	765.77	497.95	72.25	74.25	36.97	80.28	4.07	3.98
2009年	4596.24	1360.91	886.67	0.74	434.82	1893.08	1255.87	222.13	212.18	82.06	119.16	1.67	20.77
2010年	3669.65	885.48	982.62	0.33	439.13	1360.65	928.24	118.81	173.24	66.83	69.22	4.30	1.78
“十一五”小计	**17195.84**	**4763.11**	**5165.52**	**281.19**	**2067.66**	**5160.54**	**3390.42**	**568.26**	**500.48**	**232.10**	**457.27**	**12.01**	**39.01**
1979～2010年	**86690.97**	**9516.06**	**22903.69**	**7995.20**	**6212.81**	**46236.93**	**32721.43**	**6137.90**	**1882.49**	**572.18**	**4361.77**	**561.16**	**1821.47**

注：太行山绿化工程1990年造林面积354.60千公顷系指1984～1990年的造林面积，其中1990年造林面积为109.73千公顷。京津风沙源治理工程1993～2000年数据为原全国防沙治沙工程数据。速丰林基地工程1993～2000年数据为原利用世界银行贷款营造速丰林工程数据。根据造林技术规程（GB/T 15776-2006），本表自2006年起将无林地和疏林地新封山育林面积计入造林总面积。

1979～2010年林业重点工程完成投资及国家投资情况

单位：万元

指标名称		合计	天然林资源保护工程	退耕还林工程	京津风沙源治理工程	三北及长江流域等重点防护林体系建设工程							野生动物植物保护及自然保护区建设工程	速生丰产用材林基地建设工程
						小计	三北防护林体系建设工程	长江中上游防护林体系建设工程	沿海防护林体系建设工程	珠江流域防护林体系建设工程	太行山绿化工程	平原绿化工程		
1979～1989年	实际完成投资	62295				62295	53781	1167			7347			
	其中：国家投资	35443				35443	33076	427			1940			
1990年	实际完成投资	25537				25537	16733	6676			2128			
	其中：国家投资	13469				13469	10291	2616			562			
1991年	实际完成投资	34949				34949	19750	7747	5214		2238			
	其中：国家投资	20247				20247	14315	3205	1983		744			
1992年	实际完成投资	44640				44640	24921	10342	7250		2127			
	其中：国家投资	22888				22888	15978	3608	2613		689			
1993年	实际完成投资	118913			3351	66925	35080	15112	9773		4436	2524		48637
	其中：国家投资	32351			1914	27613	18076	5283	2346		949	959		2824
1994年	实际完成投资	144563			6822	79326	38928	18587	9485		6903	5423		58415
	其中：国家投资	36779			3064	32187	19589	6535	1899		1643	2521		1528
1995年	实际完成投资	162611			7259	86411	42459	18308	10268		7443	7933		68941
	其中：国家投资	43062			3523	36285	21454	5474	2089		2253	5015		3254
"八五"小计	实际完成投资	505676			17432	312251	161138	70096	41990		23147	15880		175993
	其中：国家投资	155327			8501	139220	89412	24105	10930		6278	8495		7606
1996年	实际完成投资	203110			15741	124720	71169	23114	16548		7371	6518		62649
	其中：国家投资	54772			4506	47433	30802	7455	2531		2085	4560		2833
1997年	实际完成投资	244737			33782	152324	80567	21095	12653	16430	12247	9332		58631
	其中：国家投资	68989			12247	52494	34704	7196	2198	502	2853	5041		4248
1998年	实际完成投资	495760	227761		37741	176215	90289	27774	21029	12060	11970	13093		54043
	其中：国家投资	285611	206365		10176	63797	37206	11154	3340	1557	5411	5129		5273
1999年	实际完成投资	761756	409225	33595	35477	235521	118754	31384	22897	16463	24232	21791		47938
	其中：国家投资	506707	351309	33595	8198	108432	57383	16345	5717	2775	14195	12017		5173

（续）

指标名称		合计	天然林资源保护工程	退耕还林工程	京津风沙源治理工程	三北及长江流域等重点防护林体系建设工程							野生动物植物保护及自然保护区建设工程	速生丰产用材林基地建设工程
						小计	三北防护林体系建设工程	长江中上游防护林体系建设工程	沿海防护林体系建设工程	珠江流域防护林体系建设工程	太行山绿化工程	平原绿化工程		
2000 年	实际完成投资	1106412	608414	154075	43102	300821	143682	31273	31551	14392	23781	56142		
	其中：国家投资	881704	582886	146623	15655	136540	71602	18427	13768	6831	13327	12585		
“九五”小计	实际完成投资	2811775	1245400	187670	165843	989601	504461	134640	104678	59345	79601	106876		223261
	其中：国家投资	1797783	1140560	180218	50782	408696	231697	60577	27554	11665	37871	39332		17527
2001 年	实际完成投资	1795799	949319	314547	183275	303066	102468	53406	40026	10678	16169	80319	20917	24675
	其中：国家投资	1355797	887717	248459	59283	145743	56163	22736	14425	6499	8832	37088	12109	2486
2002 年	实际完成投资	2558004	933712	1106096	123238	316711	139272	45837	41164	17657	17151	55630	39261	38986
	其中：国家投资	2250647	881617	1061504	120022	157582	66512	27942	13839	15481	10920	22888	28460	1462
2003 年	实际完成投资	3339160	679020	2085573	258781	232083	85437	41442	29155	13136	10436	52477	52406	31297
	其中：国家投资	2978139	650304	1926019	239513	136239	49105	27758	20127	11083	8097	20069	25609	455
2004 年	实际完成投资	3510242	681985	2142905	267666	352661	86645	109028	51946	11922	13048	80072	44465	20560
	其中：国家投资	2983123	640983	1920609	261857	135782	44014	26017	29705	9797	11268	14981	22133	1759
2005 年	实际完成投资	3616302	620148	2404111	332625	192556	85231	53607	23029	9134	14620	6936	51452	15410
	其中：国家投资	3212387	584777	2185928	325408	91292	41252	12808	19704	7039	10095	394	24450	532
“十五”小计	实际完成投资	14819507	3864184	8053232	1165585	1397077	499053	303320	185320	62527	71423	275434	208501	130928
	其中：国家投资	12780093	3645398	7342519	1006083	666638	257046	117261	97800	49899	49212	95420	112761	6694
2006 年	实际完成投资	3533372	643750	2321449	327666	179501	84328	24386	42553	6509	13949	7776	54718	6288
	其中：国家投资	3255411	604120	2224633	310029	85398	38539	8262	20637	4647	13108	205	30750	481
2007 年	实际完成投资	3480379	820496	2084085	320929	165879	94026	13912	37819	3994	13213	2915	79580	9410
	其中：国家投资	3029091	666496	1915544	298768	91273	48202	9964	23290	2811	6541	465	55464	1546
2008 年	实际完成投资	4202355	973000	2489727	323871	337349	184078	34916	94009	7142	16804	400	69800	8608
	其中：国家投资	3626077	923500	2210195	310795	139275	99184	13119	18429	4043	4275	225	41963	349
2009 年	实际完成投资	5087347	817253	3217569	403175	557076	270310	101057	140019	23828	21663	199	80097	12177
	其中：国家投资	4179556	688199	2886310	355377	209602	133198	27000	35953	8979	4422	50	39948	120
2010 年	实际完成投资	4720065	731299	2927290	382406	570888	284589	49422	192579	27177	16471	650	100107	8075
	其中：国家投资	3617431	591086	2499773	329166	138550	68632	19557	33802	12519	4000	40	57740	1116
“十一五”小计	实际完成投资	21023518	3985798	13040120	1758047	1810693	917331	223693	506979	68650	82100	11940	384302	44558
	其中：国家投资	17707566	3473401	11736455	1604135	664098	387755	77902	132111	32999	32346	985	225865	3612
1979～2010 年	实际完成投资	39222771	9095382	21281022	3106907	4571917	2135764	732916	838967	190522	263619	410130	592803	574740
	其中：国家投资	32476212	8259359	19259192	2669501	1914095	998986	280272	268395	94563	127647	144232	338626	35439

2010年各地区森林火灾情况

地 区	森林火灾次数（次）					火场总面积（公顷）	受害森林面积（公顷）			损失林木	
	合 计	一般火灾	较大火灾	重大火灾	特大火灾		合 计	其中 天然林	其中 人工林	成林蓄积（立方米）	幼林株数（万株）
全国合计	7723	4795	2902	22	4	116243	45800	20209	21049	740099	29228
北 京	3	3				2	2		2		
天 津	10	10				20	6		6	23	
河 北	34	34				221	6		6		20
山 西	17	10	7			499	164	17	147	9539	3
内蒙古	88	31	48	8	1	9129	8559	5423	8	63	
辽 宁	58	44	14			404	99	20	79	127	3
吉 林	19	18	1			84	5		5	12	
黑龙江	30	11	9	7	3	13779	11738	11738			
上 海											
江 苏	53	53				44	3		3	1	
浙 江	97	22	75			715	361		255	8773	34
安 徽	184	93	91			938	393		393	7203	37
福 建	131	7	124			1823	1449	68	1380	38840	13561
江 西	79	24	55			1338	729	37	692	4253	110
山 东	22	11	11			157	56	1	55	1	3
河 南	519	388	131			1374	505		505	1850	24
湖 北	682	598	84			3190	589	75	483	3151	46
湖 南	1047	490	556	1		7955	4893	112	4769	80039	7210
广 东	59	19	40			676	304	29	274	5847	15
广 西	715	382	333			16906	1600	51	1549	50014	3749
海 南	121	85	36			247	126		126	1766	5
重 庆	105	80	25			266	116	35	80	2306	7
四 川	361	301	58	2		4595	1241	1024	170	165287	118
贵 州	2537	1699	835	3		28675	9102	1207	7872	201825	1947
云 南	569	226	342	1		21686	3234	347	1973	158793	2319
西 藏	8	6	2			166	16			12	
陕 西	95	86	9			347	84	1	83	277	5
甘 肃	18	13	5			273	38	5	33	1	1
青 海	21	17	4			622	303		54		7
宁 夏	7	7				49	35		29	1	
新 疆	34	27	7			66	44	18	16	95	1

2010年各地区森林病虫鼠害防治情况

单位：公顷

地区	合计		森林病害		森林虫害		森林鼠害	
	发生面积	防治面积	发生面积	防治面积	发生面积	防治面积	发生面积	防治面积
全国合计	**11642430**	**8123614**	**1290648**	**895555**	**8523175**	**6286974**	**1828607**	**941085**
北京	39561	39333	2040	2040	37521	37293		
天津	46686	46687	5633	5634	41053	41053		
河北	577960	599905	33374	31093	530913	556293	13673	12519
山西	235419	150113	19773	16886	169953	102901	45693	30326
内蒙古	1128215	519101	13701	6587	814687	349480	299827	163034
辽宁	720920	640013	67153	54073	651007	583200	2760	2740
吉林	239746	110587	26140	20693	193093	76941	20513	12953
黑龙江	594512	460641	245127	151528	154499	138893	194886	170220
上海	7446	7387	547	547	6899	6840		
江苏	93987	69381	12947		81040	69381		
浙江	63906	61533	18180	17587	45713	43933	13	13
安徽	355954	304934	55587	45340	300260	259487	107	107
福建	191681	107627	12127	11127	179554	96500		
江西	396779	288853	57586	41287	339193	247566		
山东	602979	564194	115146	102407	487833	461787		
河南	516501	463660	31274	28133	485227	435527		
湖北	325074	274494	42173	28040	275154	244987	7747	1467
湖南	389095	223566	2767	6187	386194	217379	134	
广东	420447	145519	53340	43866	367107	101653		
广西	349541	84634	31300	2853	318241	81781		
海南	12487	9434	434	407	12053	9027		
重庆	276860	269561	15973	15301	209467	202894	51420	51366
四川	715560	573333	91860	58840	595280	492480	28420	22013
贵州	268594	216113	16420	14127	243274	196360	8900	5626
云南	349946	314882	35473	32321	308046	276647	6427	5914
西藏	282300	98346	110367	20833	138680	70843	33253	6667
陕西	402407	272639	17413	10039	270887	175860	114107	86740
甘肃	238300	188046	23019	27293	129707	94553	85574	66200
青海	283807	205397	30340	21413	110867	79305	142600	104679
宁夏	336326	206294			127846	84407	208480	121887
新疆	1051060	570974	80820	73573	470960	443574	499280	53827
大兴安岭	128374	36433	22614	5500	40967	8146	64793	22787

2010年各地区主要森林工业、林产化学产品产量

地区	木材（万立方米）	竹材（亿根）	锯材（万立方米）	人造板（万立方米）				松香（吨）	栲胶（吨）	紫胶（吨）
				合计	其中					
					胶合板	纤维板	刨花板			
全国合计	**8089.62**	**143007.80**	**3722.63**	**15360.83**	**7139.66**	**4354.54**	**1264.20**	**1332798**	**10925**	**3804**
北京	9.72			22.05		22.05				
天津	21.47			5.50	0.40		4.80			
河北	71.34		190.62	1190.81	389.90	299.05	233.68		1200	
山西	4.77		1.54	72.01	9.20	14.15	26.01			
内蒙古	320.55		400.33	82.93	25.03	14.31	26.22		763	
辽宁	194.64		189.63	262.86	121.92	74.58	30.24	500		
吉林	475.89		114.46	236.14	91.43	53.43	61.59			
黑龙江	571.43		124.32	162.38	31.12	30.92	58.54			
上海			1.64	110.05	8.61	19.00				
江苏	150.90	436.55	56.37	2301.19	1375.97	400.36	129.89			
浙江	198.21	16810.58	299.34	507.33	155.89	109.97	15.37	12800		
安徽	458.19	9383.87	139.09	730.47	381.18	211.44	42.66	3692		
福建	684.57	41386.00	163.84	749.45	283.75	174.59	165.62	86243		13
江西	340.74	6198.69	153.36	249.94	69.42	123.04	19.44	66045		
山东	301.28		599.82	3523.73	2207.78	806.30	121.24			
河南	237.98	203.20	104.21	1173.83	365.10	403.68	90.60	2550	1550	
湖北	221.10	2615.56	66.00	289.53	43.66	177.42	14.12	13871		
湖南	557.60	6029.20	238.17	479.95	211.82	82.71	26.74	24764	10	14
广东	654.91	13252.03	128.02	784.11	202.53	387.48	90.60	129081		517
广西	1270.36	26292.03	337.22	1468.35	898.01	439.12	40.57	801838	6376	
海南	95.75	1615.94	9.94	36.85	13.82	18.97	3.50	4242		
重庆	26.14	104.90	17.72	29.59	20.79	1.05	4.15	800		
四川	162.61	4446.99	136.96	583.37	157.09	310.93	52.17	2239		101
贵州	181.10	415.40	65.60	51.61	29.43	7.85	1.11	4593		
云南	532.24	13004.91	144.27	162.46	43.05	95.91	4.90	179540	946	3159
西藏	69.90	35.75	9.51							
陕西	32.60	776.22	0.83	58.06	0.61	57.21	0.25		80	
甘肃	3.03		0.02	0.89	0.60	0.29				
青海	1.61									
宁夏										
新疆	36.49		2.23	3.08	0.51	2.57				
大兴安岭	202.45		27.56	32.32	1.04	16.19	0.20			

1981～2010年全国主要森林工业、林产化学产品产量

年份	木材（万立方米）	竹材（万根）	锯材（万立方米）	人造板（万立方米）合计	其中：胶合板	其中：纤维板	其中：刨花板	松香（吨）	栲胶（吨）	紫胶（吨）
1981	4942.31	8656	1301.06	99.61	35.11	56.83	7.67	406214	40159	1095
1982	5041.25	10183	1360.85	116.67	39.41	66.99	10.27	400784	36000	1397
1983	5232.32	9601	1394.48	138.95	45.48	73.45	12.74	246916	34131	1045
1984	6384.81	9117	1508.59	151.38	48.97	73.59	16.48	307993	36523	1489
1985	6323.44	5641	1590.76	165.93	53.87	89.50	18.21	255736	36875	2102
1986	6502.42	7716	1505.20	189.44	61.08	102.70	21.03	293500	42059	1661
1987	6407.86	11855	1471.91	247.66	77.63	120.65	37.78	395692	50306	1909
1988	6217.60	26211	1468.40	289.88	82.69	148.41	48.31	376482	41862	1482
1989	5801.80	15238	1393.30	270.56	72.78	144.27	44.20	409463	26411	833
1990	5571.00	18714	1284.90	244.60	75.87	117.24	42.80	344003	20402	829
1991	5807.30	29173	1141.50	296.01	105.40	117.43	61.38	343300	19516	876
1992	6173.60	40430	1118.70	428.90	156.47	144.45	115.85	419503	26141	732
1993	6392.20	43356	1401.30	579.79	212.45	180.97	157.13	503681	26176	931
1994	6615.10	50430	1294.30	664.72	260.62	193.03	168.20	437269	18177	1001
1995	6766.90	44792	4183.80	1684.60	759.26	216.40	435.10	481264	19662	1393
1996	6710.27	42175	2442.40	1203.26	490.32	205.50	338.28	501221	23766	1450
1997	6394.79	44921	2012.40	1648.48	758.45	275.92	360.44	675758	19814	579
1998	5966.20	69253	1787.60	1056.33	446.52	219.51	266.30	416016	14081	255
1999	5236.80	53921	1585.94	1503.05	727.64	390.59	240.96	434528	10972	294
2000	4723.97	56183	634.44	2001.66	992.54	514.43	286.77	386760	7510	778
2001	4552.03	58146	763.83	2111.27	904.51	570.11	344.53	377793	9446	431
2002	4436.07	66811	851.61	2930.18	1135.21	767.42	369.31	395273	9132	561
2003	4758.87	96867	1126.87	4553.36	2102.35	1128.33	547.41	443306	11970	1078
2004	5197.33	109846	1532.54	5446.49	2098.62	1560.46	642.92	485863	12113	1117
2005	5560.31	115174	1790.29	6392.89	2514.97	2060.56	576.08	606594	7668	779
2006	6611.78	131176	2486.46	7428.56	2728.78	2466.60	843.26	915364	11750	3679
2007	6976.65	139761	2829.10	8838.58	3561.57	2729.85	829.07	1183556	15214	3746
2008	8108.34	126220	2840.95	9409.95	3540.87	2906.56	1142.23	1067293	9337	2899
2009	7068.29	135650	3229.77	11546.65	4451.24	3488.56	1431.00	1117030	11000	2755
2010	8089.62	143008	3722.63	15360.83	7139.66	4354.54	1264.20	1332798	10925	3804

注：自2006年起松香、栲胶、紫胶产品产量包括深加工产品。

2010年各地区林业系统固定资产投资完成额

单位：万元

地区	总计	营林固定资产投资			森工固定资产投资			
		合计	基本建设	更新改造	合计	基本建设	更新改造	其他投资
全国合计	15533217	11942956	11709639	233317	3590261	2782241	588752	219268
北京	348034	348034	304740	43294				
天津	30323	30323	30323					
河北	317065	317065	316564	501				
山西	657941	657941	657941					
内蒙古	819932	658289	658289		161643	111954		49689
辽宁	317498	317498	317498					
吉林	489491	260175	260175		229316	194721	22063	12532
黑龙江	1058455	448059	448059		610396	610196	200	
上海	47627	47627	47302	325				
江苏	720751	711251	709193	2058	9500	3000	4000	2500
浙江	52940	52690	52159	531	250	250		
安徽	152316	152316	152186	130				
福建	55557	52737	52737		2820	2219	473	128
江西	285369	284073	254838	29235	1296	296	1000	
山东	235169	235169	230203	4966				
河南	325638	325638	325638					
湖北	322295	297710	292026	5684	24585	18585	6000	
湖南	373541	373541	373541					
广东	77995	77995	77995					
广西	3716926	1297678	1159150	138528	2419248	1730570	541265	147413
海南	44111	44111	43860	251				
重庆	577434	577434	577434					
四川	1715300	1700603	1700326	277	14697	14577	120	
贵州	332761	332761	332761					
云南	459922	452575	448133	4442	7347	4936	74	2337
西藏	78515	77815	75792	2023	700	700		
陕西	376174	375069	374740	329	1105		1105	
甘肃	722797	722797	722797					
青海	147661	147661	147661					
宁夏	146527	146527	146527					
新疆	298387	295778	295035	743	2609	1560		1049
局直属单位	228765	124016	124016		104749	88677	12452	3620
大兴安岭	193656	88907	88907		104749	88677	12452	3620

1981～2010 年全国林业固定资产投资完成额

单位：万元

年 份	固定资产投资完成总额	营林固定资产投资			森工固定资产			
		合 计	基本建设	更新改造	合 计	基本建设	更新改造	其他投资
1981	140752	51231	51231		89521	81959	7563	
1982	168725	54403	54403		114321	64442	10166	39713
1983	164399	46578	46578		117822	73066	15414	29341
1984	180111	53300	53300		126811	78863	14059	33889
1985	183303	61898	61898		121405	76700	12771	31934
1986	231994	60296	59191	1105	171698	78862	16095	76741
1987	247834	69691	68157	1534	178143	87292	26561	64290
1988	261413	83782	81559	2223	177631	79603	37930	60098
1989	237553	93261	92160	1101	144292	75567	33100	35625
1990	246131	100957	100024	933	145174	84966	28508	31700
1991	272236	109462	107639	1823	162774	104359	27322	31093
1992	329800	140826	137411	3415	188974	120749	34706	33519
1993	409238	162777	158849	3928	246461	145700	54853	45908
1994	476997	194633	189541	5092	282364	173920	56376	52068
1995	563972	212546	208531	4015	351426	206932	112608	31886
1996	638626	295283	278722	16561	343343	203809	96678	42856
1997	741802	392904	384653	8251	348898	215739	80701	52458
1998	874648	610303	606051	4252	264345	164192	61143	39010
1999	1084077	917812	915591	2221	166265	79703	50288	36274
2000	1677712	1510541	1506583	3958	167171	62672	65347	39152
2001	2095636	1919835	1916182	3653	175801	61071	63968	50762
2002	3152374	2976388	2961367	15021	175986	101037	39574	35375
2003	4072782	3892793	3884708	8085	179989	67196	59867	52926
2004	4118669	3989023	3984506	4517	129646	55980	35139	38527
2005	4593443	4419596	4397842	21754	173847	69678	72280	31889
2006	4957918	4784890	4707672	77218	173028	82257	62164	28607
2007	6457517	6217121	6151056	66065	240396	146186	46343	47867
2008	9872422	8366173	8277170	89003	1506249	1245733	197183	63333
2009	13513349	11161861	11095168	66693	2351488	1786595	453854	111039
2010	15533217	11942956	11709639	233317	3590261	2782241	588752	219268

2001～2010年林产品进出口金额

单位：千美元

产品			2001	2002	2003	2004	2005	2006	2007	2008	2009	2010
总计		出口	**7855079**	**9579666**	**12235984**	**16300854**	**20574172**	**26377042**	**31930993**	**33488310**	**36316317**	**46316686**
		进口	**10982586**	**12897294**	**16641987**	**19939912**	**22102107**	**25798689**	**32360169**	**38439466**	**33902486**	**47506554**
原木	针叶原木	出口	178		57		91	94	17	21	274	51
		进口	541914	997164	945157	1168493	1387979	1713618	2404879	2414186	2234430	3240796
	阔叶原木	出口	5375	3174	2830	1959	1950	1275	1194	965	4306	10475
		进口	1152063	1141095	1501992	1635825	1855561	2215648	2950955	2769073	1852088	2830298
	合计	出口	5553	3174	2887	1959	2040	1368	1211	986	4580	10526
		进口	1693977	2138260	2447149	2804318	3243540	3929266	5355834	5183259	4086518	6071094
锯材		出口	196860	192332	236790	219843	281431	356490	392669	412265	346344	342001
		进口	988518	1167462	1198789	1387144	1516885	1697715	1774871	2039427	2327863	3878172
单板		出口	69746	89297	110806	120710	128529	171508	200086	243925	172678	210865
		进口	95889	89383	95536	109913	121181	118163	135718	98504	63736	88064
特形材		出口	94361	122967	187866	278238	557133	731094	519003	448662	371345	433189
		进口	9236	16018	21359	15043	25099	27429	21636	19774	15547	19708
刨花板		出口	6063	21940	20022	21394	18396	25183	34758	45873	32712	41387
		进口	83714	104455	113224	123197	115461	101730	106352	91859	88913	114283
纤维板		出口	9280	20536	20662	125120	396067	635782	1085801	1094538	884401	1114253
		进口	279101	302642	320892	272725	229268	195714	168916	140415	119570	124654
胶合板		出口	242272	427048	495433	1249941	1879039	2910501	3577941	3400530	2523949	3402140
		进口	254445	258957	355124	384280	276681	197174	170383	167469	89042	116042
木制品		出口	1578047	1864973	2299221	2934699	3139195	3791812	3828644	3522246	3324597	4114612
		进口	28190	26834	35366	52953	49605	61572	70251	75033	84081	121953
木家具		出口	1852066	2706327	3815513	5229343	6843165	8783827	10683050	11017339	12035202	16157214
		进口	28567	38628	60661	72706	87217	117585	220383	311952	297671	387711
木片		出口	105358	90730	95223	102486	92893	64321	25249	9034	887	558
		进口	3873	6184	31878	39929	122141	119140	158338	182490	353802	673817
木浆		出口	2704	2373	2041	925	10728	16480	27487	6916	22351	11344
		进口	2061438	2154478	2643336	3526709	3694780	43543212	5498741	6660933	6795615	8774104
废纸		出口	20	15	37	24	8	5	18	1	48	119
		进口	658612	732240	1231243	1726999	2457178	2748047	4041970	5556926	3796054	5352897
纸和纸制品		出口	415259	444050	599608	7683345	1060777	1457284	1844016	2070567	6129326	7554688
		进口	3649500	4136723	4393027	4637510	4387339	4215202	4287379	4363240	3879784	4610590
木炭		出口	54710	56191	63494	39067	22501	26111	20113	22979	26065	35748
		进口	2731	1283	2051	2809	6070	5922	9914	14663	17552	22952
松香		出口	141747	159505	139805	163850	254515	365260	274265	271944	181729	486750
		进口	1377	1901	3574	4392	4849	5815	6686	4739	6104	8830
水果	柑橘属	出口	40367	55673	75574	105020	143383	161510	257633	437373	592697	615797
		进口	30868	27969	47922	48433	44859	54642	54670	67312	74224	106072
	鲜苹果	出口	100648	149425	209773	274407	306313	372552	512645	698398	713518	831627
		进口	17074	22441	23708	29417	25428	25277	34674	45188	54108	75932

（续）

	产品		2001	2002	2003	2004	2005	2006	2007	2008	2009	2010
水果	鲜梨	出口	40826	59415	79968	90665	122078	147713	161765	215087	220716	243263
		进口	287	258	239	234	52	23	16	27	22	75
	鲜葡萄	出口			5827	7382	9982	19234	32944	47437	85926	104943
		进口			41608	67482	82385	69654	63180	95018	172077	189471
	山竹果	出口				10	1	1				1
		进口				29764	39547	25217	62230	69565	144383	147018
	鲜榴莲	出口				1						1
		进口				52501	47863	53929	71250	92850	124373	149562
	鲜龙眼	出口				1131	1348	2160	2718	2770	857	711
		进口				69286	73265	85219	98239	124192	157334	193182
坚果	核桃	出口	27693	21927	25842	31043	46112	56691	53887	60224	19849	24536
		进口	372	1131	1081	2648	3767	6324	6218	12624	28502	48596
	板栗	出口	52196	47236	49989	58461	49803	57404	62244	62981	68208	73434
		进口	3625	9096	22454	21813	21993	20264	18304	18531	18108	22090
	松子仁	出口	30468	46420	51334	68896	76324	103081	81610	47675	142974	159277
		进口	636	205	36	100	154	63	1091	6955	7875	5619
	开心果	出口			3233	4800	6403	5488	5906	13098	5622	7334
		进口			15295	17432	19252	14664	43178	76554	77461	203136
干果	梅干及李干	出口	5240	2332	1488	1568	1073	970	2136	1942	2311	3844
		进口	1745	2573	883	972	591	1071	1500	1783	2865	4942
	龙眼干、肉	出口	731	1013	858	1041	883	1079	1018	1005	1249	1742
		进口	13930	14789	19544	28730	26933	32991	52849	53530	88737	64630
	柿饼	出口	10389	10838	12911	13210	16314	12105	15983	10630	9098	13896
		进口	23	7		11	43	37	18			
	红枣	出口	6276	7939	9838	10942	11561	10717	10709	12187	17399	17447
		进口	7	17	1	25	1	5	3	14	20	90
	葡萄干	出口			10831	18397	21762	30880	36329	47225	65311	69960
		进口			9572	14666	15747	15695	17917	19686	18340	23010
果汁	柑橘属果汁	出口	3916	3657	3680	3347	3974	7402	10525	14424	14218	16064
		进口	16986	46090	65640	50443	62562	85830	122646	97790	106311	109036
	苹果汁	出口	147671	173066	254178	325345	458169	594846	1243994	1130079	655526	747088
		进口	459	372	348	1042	412	297	1224	4634	718	606
其他		出口	2614608	2799266	3351253	4029252	4612272	5456183	6924636	8116983	7640042	9459801
		进口	1057406	1596900	3440447	4344283	5299957	7412689	9683594	7559270	6718656	9727522

注：①资料来源：海关总署信息中心；

②木浆中未包括从回收纸与纸板中提取的木浆；

③纸和纸制品中未包括回收纸和纸板及印刷品等；

④ 2001～2008 年以造纸工业纸浆消耗价值中原生木浆价值的比例将从回收的纸与纸板中提取的纤维浆、回收纸与纸板出口额折算为木制林产品价值，2009～2010 年按木纤维浆(原生木浆和废纸中的木浆)价值比例折算。各年的折算系数为：2001 年取 0.23，2002～2003 年取 0.21，2004～2006 年取 0.22，2007 年取 0.214，2008 年取 0.221，2009 年取 0.80，2010 年为 0.78；

⑤ 2001～2008 年以造纸工业纸浆消耗价值中原生木浆价值的比例将纸和纸制品出口额折算为木制林产品价值，2009～2010 年按木纤维浆（原生木浆和废纸中的木浆）价值比例折算。各年的折算系数为：2001 年取 0.28，2002～2003 年取 0.26，2004～2006 年取 0.27，2007 年取 0.26，2008 年取 0.26，2009 年取 0.81，2010 年取 0.79；

⑥将印刷品、手稿、打字稿等的进（出）口额 = 进（出）口折算量 × 纸和纸制品的平均价格。

2001～2010年林产品进出口数量

产品			单位	2001	2002	2003	2004	2005	2006	2007	2008	2009	2010
原木	针叶原木	出口	立方米	646		417		742	113	66	100	851	174
		进口	立方米	9142210	15782950	15019747	16003654	18270100	19717608	23270909	18577008	20302606	24274023
	阔叶原木	出口	立方米	17093	10957	8980	6137	6185	4169	3655	2725	11885	28208
		进口	立方米	7721541	8550093	10435720	10304868	11097886	12435326	13861696	10992626	7756655	10073466
	合计	出口	立方米	17739	10957	9397	6137	6927	4282	3721	2825	12736	28382
		进口	立方米	16863751	24333043	25455467	26308522	29367986	32152934	37132605	29569634	28059261	34347489
锯材		出口	立方米	449748	448337	543013	489331	682072	829990	763544	717475	561106	539433
		进口	立方米	4034120	5483706	5598051	6051670	6054178	6153148	6557793	7181828	9935167	14812175
单板		出口	立方米	62324	93120	106626	110498	104091	143893	152746	146283	114327	158158
		进口	立方米	335736	286652	223395	154142	151800	134002	130215	91894	72327	109517
特形材		出口	吨	78006	99850	146197	221247	424922	518926	363790	310052	251560	302159
		进口	吨	13000	23384	22566	11962	13127	16523	13755	12333	7953	10513
刨花板		出口	立方米	24958	51183	67463	130751	95035	141658	179824	193171	124944	165527
		进口	立方米	447559	589686	623999	652594	633972	541102	524918	374137	446543	539368
纤维板		出口	立方米	26815	80338	63556	509945	1376697	1968316	3056768	2382562	2031141	2569456
		进口	立方米	1070243	1251646	1394222	1377045	1137113	924481	702512	504505	452979	400071
胶合板		出口	立方米	965361	1792423	2040470	4305484	5583972	8303695	8715903	7185060	5634800	7546940
		进口	立方米	650859	636130	797810	799298	589120	413429	304098	293937	179178	213672
木制品		出口	吨		1300712	1593213	1983984	2009708	2304919	2207534	1750049	1563994	1858712
		进口	吨		27195	31660	37844	39018	47047	52585	60187	39734	43652
木家具		出口	件	93611649	117969289	142179765	175777874	211601212	248149710	280364654	242633034	247470421	298327198
		进口	件	576391	571981	876469	851909	863112	1290094	2468740	3147981	3298999	4361353
木片		出口	吨	1771351	1559915	1137770	1094162	880655	596242	214540	73014	7247	5342
		进口	吨	3596	52271	279741	302680	871274	895437	1139607	1056387	2766012	4631704
木浆		出口	吨	5776	4639	3763	1504	20456	32007	50781	10628	35045	14433
		进口	吨	4873085	5232622	5988591	7214995	7520149	7881293	8383914	9460349	13578483	11299952
废纸		出口	吨	201	143	228	163	30	24	108	4	220	621
		进口	吨	6419109	6872609	9381794	12306851	17036170	19623353	22562110	24205826	27501707	24352214
纸和纸制品		出口	吨	352519	364822	502386	576634	790907	1145650	1457278	1356450	4802753	5157993
		进口	吨	5867244	6606778	6626430	6376108	5465318	4604689	4208691	3735959	3495948	3536533
木炭		出口	吨	97690	103759	106615	68141	37497	46652	42643	50976	54922	63398
		进口	吨	31279	21839	26654	31066	43013	39406	75003	136266	156678	175518
松香		出口	吨	302279	356308	301173	342888	347455	367148	329214	276517	193291	249801
		进口	吨	836	1136	1924	2152	2345	2872	3122	1076	2927	3589
水果	柑橘属	出口	吨	171240	216847	292034	361385	465623	435127	564471	862105	1113002	933089
		进口	吨	67860	58195	76637	66889	61530	78931	74421	79946	91652	105275
	鲜苹果	出口	吨	303558	438738	609052	774131	824050	804226	1019840	1153326	1174191	1122953
		进口	吨	39371	56014	41524	37281	33204	31075	36396	42395	54116	66882
	鲜梨	出口	吨	182270	243438	296962	318218	368298	375298	405189	446656	463159	437804
		进口	吨	622	746	689	500	81	16	14	9	13	13

（续）

产品			单位	2001	2002	2003	2004	2005	2006	2007	2008	2009	2010
水果	鲜葡萄	出口	吨			13433	17800	21257	34293	55790	63303	100225	89359
		进口	吨			53412	58887	57490	46021	42775	51613	89775	81744
	山竹果	出口	吨				2	3	1				1
		进口	吨				30811	35200	17161	40404	41084	91719	90918
	鲜榴莲	出口	吨				1						4
		进口	吨				85500	75371	85220	105667	138929	196147	172205
	鲜龙眼	出口	吨				1547	3251	3150	3560	2221	945	1177
		进口	吨				109418	143375	168482	174625	196451	256037	291336
坚果	核桃	出口	吨	24560	18614	22411	25805	32267	33617	28081	26179	10582	12086
		进口	吨	583	1270	1468	2687	3717	6290	7813	9033	21102	25918
	板栗	出口	吨	27884	29660	323689	37581	37065	43379	45409	40920	46640	37002
		进口	吨	3041	5755	9902	13503	13763	13343	11151	11890	10820	11983
	松子仁	出口	吨	6497	7015	6080	9542	11655	9948	7882	4178	7862	7027
		进口	吨	668	216	33	70	27	8	196	882	935	503
	开心果	出口	吨			2177	3572	4992	3931	3953	7691	2469	3382
		进口	吨			11435	9473	11965	9129	19290	29605	21545	52781
干果	梅干及李干	出口	吨	5296	3561	2041	1697	663	484	736	475	551	954
		进口	吨	2647	3834	785	1010	503	1095	1372	1552	3034	5635
	龙眼干、肉	出口	吨	280	347	292	311	250	287	254	222	232	283
		进口	吨	32652	35582	38361	55461	44385	58895	80996	76117	133616	62036
	柿饼	出口	吨	6549	8809	11535	11067	11603	7122	8546	5660	5001	6505
		进口	吨	16	3		21	59	123	7			
	红枣	出口	吨	9024	12277	17483	15796	13080	9539	9496	7884	8668	7686
		进口	吨	16	45	1	26	1	1		17	5	51
	葡萄干	出口	吨			7778	12122	13392	23392	25680	30620	41345	39850
		进口	吨			7931	10772	11274	11109	12338	12570	11743	13855
果汁	柑橘属果汁	出口	吨	3686	3716	4214	3266	3848	8984	11941	16895	20220	22563
		进口	吨	18635	37956	53057	48255	60814	64454	65324	47566	65108	71364
	苹果汁	出口	吨	228394	296568	418235	487139	648463	673047	1042326	692574	799505	788409
		进口	吨	802	570	478	1344	461	348	1028	2270	467	464

注：①资料来源：海关总署信息中心；

②表中数据体积与重量按刨花板 650 千克 / 立方米，单板 750 千克 / 立方米的标准换算；2001 ～ 2003 年按纤维板 700 千克 / 立方米折算，2004 ～ 2006 年纤维板分别按硬质纤维板 950 千克 / 立方米、中密度纤维板 650 千克 / 立方米、绝缘板 250 千克 / 立方米的标准折算；2007 ～ 2009 年纤维板折算标准：密度〉800 千克 / 立方米的取 950 千克 / 立方米、500 千克 / 立方米 < 密度 <800 千克 / 立方米的取 650 千克 / 立方米、350 千克 / 立方米 < 密度 <500 千克 / 立方米的取 425 千克 / 立方米、密度 <350 千克 / 立方米的取 250 千克 / 立方米；

③木浆中未包括从回收纸和纸板中提取的木浆；

④纸和纸制品中未包括回收的废纸和纸板、印刷品、手稿等；

⑤ 2001 ～ 2008 年废纸、纸和纸制品出口量按纸和纸产品中的原生木浆比例折算，2009 ～ 2010 年按木纤维浆（原生木浆和废纸中的木浆）比例折算，纸和纸制品出口量按纸和纸产品中木浆比例折算，出口量的折算系数：2001 年为 0.23，2002 ～ 2003 年为 0.21，2004 ～ 2006 年为 0.22，2007 年为 0.214，2008 年为 0.221，2009 年为 0.80，2010 年为 0.78；

⑥核桃进（出）口量包括未去壳核桃和核桃仁的折算量，其中核桃仁的折算量是以 40% 的出仁率将核桃仁数量折算为未去壳的核桃数量；

⑦柑橘属水果中包括橙、葡萄柚、柚、蕉柑、其他柑橘、柠檬酸橙、其他柑橘属水果。

2006年世界主要国家林业部门对就业和国内生产总值的贡献

国家/地区	就业					总增加值				
	原木生产	木材加工	纸浆和造纸	林业部门总计		原木生产	木材加工	纸浆和造纸	林业部门总计	
	（千人，全日制当量）	（千人，全日制当量）	（千人，全日制当量）	（千人，全日制当量）	（占总劳动力%）	（百万美元）	（百万美元）	（百万美元）	（百万美元）	（对GDP贡献份额%）
世界总计	**3876**	**5459**	**4374**	**13709**	**0.4**	**117508**	**149811**	**200589**	**467908**	**1.0**
非洲合计	**202**	**211**	**117**	**530**	**0.1**	**8991**	**2075**	**2843**	**13908**	**1.3**
中非	2	2	0	4	0.2	133	10	1	144	11.1
刚果（金）	6	0		6	0	185	2		186	2.3
加蓬	8	4	0	12	1.9	171	118	0	290	3.0
苏丹	1	2	1	4	0	57	15	36	107	0.3
亚洲合计	**1843**	**1866**	**2341**	**6049**	**0.3**	**32655**	**27414**	**55881**	**115950**	**0.9**
日本	32	150	211		0.6	892	9590	22422	32904	0.7
蒙古	1	1	0	1	0.1	2	3	1	7	0.2
韩国	12	25	63	99	0.4	1498	1099	5877	8473	1.1
印度尼西亚	69	148	104	321	0.3	3283	3896	2386	9564	2.5
老挝	1	2	0	3	0.1	103	1	0	104	3.0
马来西亚	88	126	35	248	2.3	2423	1514	661	4598	3.0
缅甸	24	21	3	48	0.2	35	1	1	38	0.3
泰国	8	62	67	137	0.4	149	333	1211	1693	0.8
越南	22	120	70	212	0.5	674	370	328	1372	2.4
欧洲合计	**1067**	**1861**	**886**	**3815**	**1.1**	**25134**	**56554**	**60348**	**14036**	**1.0**
芬兰	23	32	35	90	3.6	3329	1918	5082	10329	5.7
法国	31	87	74	191	0.7	5107	4147	5653	14907	0.7
德国	44	165	134	342	0.8	2259	9315	12324	23898	0.9
意大利	41	171	66	278	1.1	940	6778	5547	13265	0.8
俄罗斯	383	336	131	849	1.1	1029	3381	2417	6828	0.8
西班牙	23	100	51	174	1.0	1252	3770	4252	9273	0.8
瑞典	22	38	36	95	2.0	3108	2706	6939	12753	3.8
北美洲和中美洲合计	**266**	**839**	**690**	**1794**	**0.7**	**28296**	**53114**	**67786**	**149196**	**1.0**
加拿大	63	128	84	275	1.6	7229	13488	11284	32000	2.7
墨西哥	84	85	125	293	0.6	1720	1855	3477	7052	0.9
美国	85	565	459	1109	0.7	18528	37400	52500	108420	0.8
大洋洲合计	**36**	**65**	**27**	**128**	**0.8**	**1794**	**3862**	**2657**	**8313**	**1.0**
澳大利亚	11	42	21	74	0.7	695	2806	2061	5562	0.8
新西兰	7	16	5	28	1.4	691	897	584	2172	2.1
巴布亚新几内亚	8	4		12	0.4	316	84		400	6.7
南美洲合计	**463**	**616**	**314**	**1393**	**0.8**	**20638**	**6793**	**11074**	**38506**	**2.1**
巴西	306	503	201	1010	1.2	18198	3953	6055	28206	2.8
智利	44	27	15	86	1.2	448	1008	2153	3609	2.6
哥伦比亚	3	4	18	25	0.1	140	166	503	810	0.7
苏里南	1	3	0	4	2.2	6	9		15	0.9
委内瑞拉	8	25	33	66	0.5	540	629	484	1653	1.0

2010 年世界主要国家森林面积及变化

单位：万元

国家（地区）	土地面积（千公顷）	2010 年森林面积			2000~2010 年森林覆盖率变化		2010 年活立木生物量中的碳储量	
		森林面积（千公顷）	占国土面积的百分比（%）	人均面积（公顷 / 千人）	年变化量（千公顷）	年变化率（%）	活立木生物量中的碳储量（百万吨）	单位面积碳储量（吨 / 公顷）
世界总计	**13009550**	**4033060**	**31**	**597**	**-5211**	**-0.1**		
非洲合计	**2964388**	**674419**	**23**	**683**	**-3414**	**-0.5**		
中　非	62298	22605	36	5210	-30	-0.1	2861	127
刚果（金）	226705	154135	68	2399	-311	-0.2	19639	127
加　蓬	25767	22000	85	15193			2710	123
苏　丹	237600	69949	29	1692	-54	-0.1	1393	20
亚洲合计	**3093763**	**592512**	**19**	**145**	**2235**	**0.4**		
日　本	36450	24979	69	196	10			
蒙　古	155356	10898	7	4126	-82	-0.7	583	53
韩　国	9692	6222	63	129	-7	-0.1	268	43
印度尼西亚	181157	94432	52	415	-498	-0.5	13017	138
老　挝	23080	15751	68	2538	-78	-0.5	1074	68
马来西亚	32855	20456	62	757	-114	-0.5	3212	157
缅　甸	65352	31773	48	641	-310	-0.9	1654	52
泰　国	51089	18972	37	282	-3		880	46
越　南	31007	13797	44	158	207	1.6	992	72
欧洲合计	**2213507**	**1005001**	**45**	**1373**	**676**	**0.1**		
芬　兰	30390	22157	73	4177	-30	-0.1	832	38
法　国	54766	15954	29	257	60	0.4	1208	76
德　国	34863	11076	32	135			1405	127
意大利	29414	9149	31	153	78	0.9	558	61
俄罗斯	1637687	809090	49	5722	-18		32500	40
西班牙	49911	18173	36	409	119	0.7	422	23
瑞　典	41034	28203	69	3064	81	0.3	1255	45
北美洲和中美洲合计	**2132999**	**705393**	**33**	**1315**	**-10**			
加拿大	909351	310134	34	9325			13908	45
墨西哥	194395	64802	33	597	-195	-0.3	2043	32
美　国	914742	304022	33	975	383	0.1	19308	64
大洋洲合计	**848655**	**191384**	**23**	**5478**	**-700**	**-0.4**		
澳大利亚	768230	149300	19	7085	-562	-0.4		
新西兰	26331	8269	31	1955			1292	156
巴布亚新几内亚	45286	28726	63	4368	-141	-0.5	2306	80
南美洲合计	**1756239**	**864351**	**49**	**2246**	**-3997**	**-0.5**		
巴　西	845942	519522	62	2706	-2642	-0.5	62607	121
智　利	74353	16231	22	966	40	0.2	1349	83
哥伦比亚	110950	60499	55	1344	-101	-0.2	6805	112
苏里南	15600	14758	95	28656	-2		3165	214
委内瑞拉	88205	46275	52	1646	-288	-0.6		

说明：资料来源为联合国粮农组织《世界森林状况 2011》。

2008年世界主要国家林产品产量、贸易量和消费量

国家（地区）	工业原木（千立方米）				锯材（千立方米）				人造板（千立方米）				纸浆（千吨）				纸张和纸板（千吨）			
	产量	进口量	出口量	消费量	产量	进口量	出口量	消费量	产量	进口量	出口量	消费量	产量	进口量	出口量	消费量	产量	进口量	出口量	消费量
世界总计	**1541971**	**119856**	**117050**	**1544777**	**400246**	**106365**	**116040**	**390570**	**268788**	**73257**	**78342**	**263702**	**193146**	**45087**	**47032**	**191201**	**389237**	**114797**	**115319**	**388715**
非洲合计	**72059**	**754**	**3449**	**69365**	**8412**	**4862**	**1307**	**11967**	**2962**	**1019**	**574**	**3407**	**2632**	**515**	**437**	**2710**	**4285**	**3604**	**1153**	**6737**
刚果（金）	4452	5	156	4301	15	17	29	3	3	3	1	5					3	15	1	17
加　蓬	3400		2178	1222	230		62	169	267	1	80	188						6		5
乌干达	3489	1	19	3471	117	4	1	121	24	6	1	29					3	67	1	69
南　非	19867	60	273	19654	2056	488	55	2488	973	130	42	1061	1939	85	195	1828	3033	544	974	2604
尼日利亚	9418	1	40	9379	2000	2	8	1994	95	68	3	161	23	35	1	57	19	357	1	375
亚洲合计	**244515**	**55212**	**7926**	**291801**	**88202**	**25319**	**5174**	**108347**	**120935**	**19796**	**24838**	**115893**	**44289**	**17556**	**3102**	**58743**	**153251**	**22555**	**15296**	**160510**
日　本	17709	6766	49	24426	10884	6522	43	17363	4609	4656	42	9223	10706	1916	176	12447	28360	1544	1624	28280
韩　国	2702	4896		7598	4366	564	8	4922	3689	1825	37	5478	536	2482		3018	10642	804	2675	8771
印　度	23192	1768	14	24946	14789	48	40	14797	2592	126	65	2653	4048	432	21	4459	7600	1734	373	8961
印度尼西亚	35551	120	685	34986	4330	318	73	4575	4332	656	3329	1659	5282	813	2622	3473	7777	401	3574	4603
马来西亚	22744	217	4811	18150	4486	203	2514	2174	13054	785	6266	7573	124	220	10	334	1105	2016	308	2812
泰　国	8700	159		8859	2868	387	384	2871	3788	186	2556	1417	935	398	125	1208	4108	756	1026	3838
越　南	5850	203	8	6045	5000	563	129	5433	564	488	33	1018	626	132		758	1324	648	24	1948
欧洲合计	**507442**	**57383**	**76723**	**488103**	**136552**	**46939**	**72866**	**110625**	**77484**	**36291**	**36992**	**76783**	**50377**	**18336**	**14598**	**54114**	**112719**	**59126**	**69405**	**102440**
芬　兰	45965	13371	710	58626	9881	468	5992	4357	1715	411	1287	839	12087	396	2226	10257	13549	497	11852	2195
法　国	28366	2346	3505	27207	9690	3992	1077	12606	6168	2271	3065	5373	2220	1972	624	3568	9420	6144	4932	10632
德　国	46806	5758	7040	45524	23060	6303	12928	16435	14674	5284	8783	11175	2909	4887	1002	6794	22842	11139	13254	20727
意大利	2994	3478	33	6438	1384	6733	243	7874	5136	2570	997	6709	664	3210	45	3828	9467	5048	3389	11125
波　兰	30470	1868	369	31969	3786	918	481	4222	8124	1887	2275	7735	1151	648	33	1766	3044	2843	1496	4391
俄罗斯	136700	286	36784	100202	21618	23	15258	6383	10665	1594	2220	10039	7003	80	1875	5208	7700	1478	2634	6544
瑞　典	64900	6781	2349	69332	17601	381	12006	5976	875	1099	331	1644	12060	450	3412	9098	12557	985	10580	2962
北美洲和中美洲合计	**480192**	**6428**	**13387**	**473233**	**119622**	**28148**	**28182**	**119588**	**48499**	**14464**	**8741**	**54222**	**73012**	**7258**	**16193**	**64077**	**101476**	**22220**	**24537**	**99160**
加拿大	132232	4608	2839	134001	41548	1754	24219	19083	12220	3689	6153	9756	20405	337	9343	11399	15789	2914	12289	6414
墨西哥	6425	174	9	6590	2814	3468	64	6218	398	1079	52	1425	345	1264	20	1589	5141	3956	445	8652
美　国	336895	1430	10200	328125	72869	22136	3703	91303	35576	9195	2498	42274	52244	5601	6828	51017	80178	13411	11707	81882
大洋洲合计	**52378**	**17**	**11290**	**41104**	**9617**	**711**	**2250**	**8079**	**3715**	**649**	**1342**	**3022**	**2741**	**384**	**801**	**2324**	**3412**	**2023**	**1292**	**4143**
澳大利亚	27083	2	1065	26020	5064	575	377	5262	1662	545	427	1780	1195	348	10	1533	2541	1490	684	3347
新西兰	20214	6	6684	13536	4341	42	1794	2589	1939	73	900	1112	1546	32	791	787	871	472	600	743
巴布亚新几内亚	3040		2519	521	61	1	40	22	94	2	10	86						17		17
南美洲合计	**185385**	**61**	**4275**	**181171**	**37840**	**386**	**6262**	**31964**	**15193**	**1038**	**5856**	**10375**	**20096**	**1038**	**11902**	**9233**	**14093**	**5268**	**3635**	**15726**
巴　西	115390	34	121	115303	24987	103	2102	22988	8611	163	2757	6017	12697	330	7057	5971	8977	1268	2592	7654
智　利	39878		44	39834	7306	20	3335	3991	2657	179	2193	643	4981	13	4061	933	1391	523	586	1328
乌拉圭	7244	6	3818	3432	284	27	109	202	176	55	137	94	967	9	603	373	90	83	37	136

注 释

1. 文中林产品进出口部分，将林产品分为木质林产品和非木质林产品。木质林产品划分为 8 类：原木、锯材（包括特形材）、人造板及单板（包括单板、胶合板、刨花板、纤维板和强化木）、木制品、纸类（包括木浆、纸及纸板、纸或纸板制品、废纸及废纸浆、印刷品等）、木家具、木片、其他（薪材、木炭等）；非木质林产品划分为 7 类：苗木类，菌、竹笋、山野菜类，果类，茶、咖啡类，调料、药材、补品类，林化产品类，竹藤、软木类（含竹藤家具）。

2. 关于造林面积统计，根据造林技术规程（GB/T 15776-2006），自 2006 年起将无林地和疏林地新封山育林面积计入造林总面积。1985 年以前（含 1985 年），按造林成活率 40% 以上统计，1986 年以后按成活率 85% 统计。

3. 附表中所有统计资料和数据均未包括香港、澳门特别行政区和台湾省。

4. 附表中符号使用说明："空格"表示该项统计指标数据不足本表最小单位数、不详或无该项数据。

后　记

《2011 中国林业发展报告》是集体劳动的成果。在国家林业局领导的直接领导下，局发展规划与资金管理司和经济发展研究中心负责组织和编写，各司局、有关直属单位、北京林业大学参加了这项工作。

本报告在编写过程中，得到了国家统计局、海关总署、中国造纸协会等单位的大力支持，他们为之提供了有关资料，在此表示感谢。

我们诚恳希望广大读者关心林业发展并能提供宝贵的建设性意见。我们的联系方式是：

地址：北京市东城区和平里东街 18 号

国家林业局发展规划与资金管理司

国家林业局经济发展研究中心

电话：010-84238489，84239170

E-mail:tongjichu@forestry.gov.cn

编　　者

2011 年 10 月

图书在版编目 (CIP) 数据

2011 中国林业发展报告 / 国家林业局编著 . -- 北京 : 中国林业出版社 , 2011.10
ISBN 978-7-5038-6346-2
Ⅰ. ① 2… Ⅱ. ①国… Ⅲ. ①林业经济－经济发展－研究报告－中国－ 2011 Ⅳ. ① F326.23

中国版本图书馆 CIP 数据核字 (2011) 第 206210 号

责任编辑：刘家玲　张　锴

出版：中国林业出版社（100009 北京西城区刘海胡同 7 号）
E-mail:wildlife_cfph@163.com 电话：83225836
发行：中国林业出版社
制作：北京美光制版有限公司
印刷：北京佳信达欣艺术印刷有限公司
版次：2011 年 10 月第 1 版
印次：2011 年 10 月第 1 次
开本：889mm × 1194mm 1/16
印张：11.5
字数：238 千字
印数：1 ～ 2000 册
定价：88.00 元